발흥기엔 경력관리에 모든 것을 걸어라

불황기엔

경력관리에 모든 것을 걸어라

로나 오코너 지음 | 서영조 옮김

아인앤컴퍼니

불황기엔 경력관리에
모든 것을 걸어라

초판 제1쇄 인쇄 2004년 8월 25일
초판 제1쇄 발행 2004년 9월 1일

지은이 ㅣ 로나 오코너
옮긴이 ㅣ 서영조
펴낸이 ㅣ 조철선

펴낸곳 ㅣ (주)아인앤컴퍼니
등록번호 ㅣ 제22-2451호
주소 ㅣ 서울특별시 서초구 양재동 275-1 삼호물산 A동 1816호
전화 ㅣ 02-589-0130   팩스 ㅣ 02-589-0131
E-mail ㅣ books@einandcompany.com
홈페이지 ㅣ www.einandcompany.com

인쇄 · 제본 ㅣ (주)아트정글

ISBN 89-91042-04-X 03320
값 12,500원

실수에 좌절하지 않고
실수로부터 배울 수 있는
사랑과 용기를 준 나의 가족에게,
그리고 "책은 언제 쓰실 거예요?"라고 계속해서 물어준
내 칼럼의 오랜 독자들에게 이 책을 바친다.

'실패에서 배운다' 시리즈 발간에 부쳐

  에디슨은 전구를 발명하기 위해 2,000번의 실패를 겪었다고 합니다. 에디슨이 전구를 발명한 후, 기자가 에디슨에게 "2,000번이나 실패하셨으면서 중간에 포기할 생각은 안 하셨습니까?"라고 묻자 에디슨은 "실패라니요. 전 단지 2,000번의 과정을 거쳤을 뿐입니다."라고 했답니다. 그는 실패를 단순히 실패라고, 끝난 것이라고 생각하지 않고 성공을 위한 발판으로 삼았던 것입니다. 그는 우리에게 친숙한 '실패는 성공의 어머니'란 말을 남긴 것으로도 유명합니다.

  우리는 실패를 타산지석, 반면교사로 삼아야 한다는 주장은 많이 하면서도 아직까지 실패에서 교훈을 얻으려는 풍토는 만들지 못한 것이 사실입니다. 실패를 통해 새로운 창조를 이끌어내기는커녕 같은 실수와 실패를 반복하고 있는 것입니다.

  사실 실패한 경험은 성공으로 판명된 결과만큼 소중하며, 우리는 보통 성공보다는 실패로부터 더 많은 것을 배웁니다. 우리들 대부분은 많은 정력과 시간, 돈을 투자했던 계획이 수포로 돌아가면 모든 것이 끝났다고 생각합니다. 하지만 실패를 모든 것이 끝난 것으로 보아서는 안 되고,

많은 것을 배울 수 있는 기회로 삼아야 합니다. 또한 당신의 실패는 당신과 유사한 상황에 있는 다른 이에게는 직접 경험하지 않고도 소중한 교훈을 얻을 수 있는 간접경험이 됩니다.

우리는 성공을 칭송하며 월계관을 씌워주는 데는 익숙하지만, 실패는 경원시하고 사장시킵니다. 기업들도 성공 사례의 분석에는 상당한 에너지를 투입하지만 실패 사례의 분석은 일회성으로 그치는 경향이 있습니다. 이렇듯 실패에 대한 우리 사회의 자세는 아직 원시적인 수준에 머물러 있습니다.

어떤 일이나 기업도 성공만으로 점철될 수는 없으며 대부분 80의 실패와 20의 성공으로 이루어집니다. 우리 사회와 경제가 한 단계 더 도약하려면 이제 실패를 다루는 태도를 바꾸어야 합니다. 실패를 타산지석으로 삼아 반복되는 실패를 방지하고, 나아가 새로운 창조를 이끌어내는 사회가 되어야 합니다. "나는 실패했다는 이유만으로 누구를 나무란 적이 없습니다. 실패는 나쁜 것이 아닙니다. 실패는 집안을 꾸려가고, 인생을 설계하고, 회사를 경영하는 데 소중한 자산입니다. 그러나 그것을 묻어두는 행위는 매우 나쁜 것입니다." 이와 같은 이건희 삼성그룹 회장의 말처럼 실패는 '더 큰 성공을 위한 신의 선물'이며 똑같은 실수를 반복하지 말라는 '고효율의 과실'입니다.

실제로 성공 사례는 실제 상황에서는 적용능력이 떨어지는 데 반해, 실패 사례를 학습하는 것은 실패하지 않는 방법뿐만 아니라 성공하는 법까지 함께 생각하게 하기 때문에 현실적으로 훨씬 도움이 된다고 합니다.

이런 취지에서 경영 각 분야의 실패 사례집을 '실패에서 배운다'라는 이름의 시리즈로 출간하게 되었습니다. 경영 실패 사례를 책으로 묶어 내는 것은 우리나라에서는 아직 생소하지만, 미국·일본 등 선진국에서는 오래 전부터 활발하게 이루어져왔습니다. '실패에서 배운다' 시리즈는 외국에서 출간되었던 우수한 경영 실패 사례집을 선정하여 번역·출간함은 물론, 국내의 우수한 필진이 참여한 국내 실패 사례집도 출간할 예정입니다.

'실패에서 배운다' 시리즈가 다룰 분야는 다음과 같습니다.

- 창업 편
- 리더십 편
- 마케팅 편
- 영업관리 편
- 국제경영 편
- 경영일반 편
- 변화관리 편
- 삶의지혜 편
- 경력관리 편
- 재테크 편

'실패에서 배운다' 시리즈가 실패를 '명실상부한 성공의 어머니'로 자리매김하게 하는 디딤돌이 되기를 바라며, 기업 일선에서 실패를 겪으면서도 꿋꿋이 털고 일어나 다시 시작하시는 모든 분들께 도움이 되기를 바라는 마음입니다.

(주) 아인앤컴퍼니
조철선

지난 20여 년 동안 나는 경력관리와 관련한 칼럼을 써왔다. 그리고 독자들이 보내오는 편지에 담긴 고민에서 특정한 유형을 발견했다. 그들은 회사 내에서 벌어지는 정치 때문에, 만성 스트레스와 피로 때문에, 주기적으로 찾아오는 정체기 때문에, 사람들과의 관계 때문에 괴로워하고 있었다. 그리고 매번 같은 방식으로 스스로를 파괴하고 있었다. 서로 다른 사람들이지만 같은 실수를 저지르고 있었고, 어리석은 사람들이 아님에도 어리석은 실수를 저지르고 있었다. 사실 나 자신도 똑같은 실수들을 저질러왔다.

하지만 희망은 있다. 경력관리와 관련한 실수들은 피할 수 있는 것들이다. 이미 그런 실수를 저질렀더라도 이제는 그 실수에서 벗어날 수 있다. 그런 실수를 피하는 방법을 배우기 위해서 도표나 그래프, 복잡한 전략 같은 것은 필요 없다. 자기 자신과 다른 사람들에게 정직하고 성실하게 행동함으로써, 여러 가지 문제에 정면으로 맞섬으로써, 그리고 자신이 가치 있게 생각하는 것들을 지킴으로써 그런 문제는 해결할 수 있다.

부디 성공적인 경력관리를 통해 성공적인 커리어를, 나아가 성공적인 인생을 만들어가기를 바라며, 이 책이 그 길에 도움이 되기를 바란다.

로나 오코너

이 책은

책을 앞에서부터 순서대로 읽는가? 좋은 습관이다. 작가들은 대개 그런 독자를 좋아한다. 하지만 나와 비슷한 습성을 지닌 사람이라면 이곳저곳 아무 곳이나 펼쳐서 읽을 것이다. 이 책은 바로 그런 독서 습관으로 읽어도 괜찮은 책이다. 차례를 보고 지금 자신이 겪고 있는 문제점을 이야기하는 부분을 찾아서 먼저 읽어도 된다. 각 장이 회사 생활을 하고 커리어를 관리하면서 마주치는 문제를 한 가지씩 다루고 있기 때문에, 그 자체로 완결성을 갖는다. 따라서 아무 장이나 먼저 읽어도 무방하다. 각 장의 내용을 소개하면 다음과 같다.

Chapter 1 | 회사에서의 첫 4주 보내기

이 장에서는 새로운 직업을 갖게 된 경우나 새로운 회사에 들어간 경우, 혹은 새로운 부서에 배치 받거나 새로운 상사 밑에서 일하게 된 경우에 저지르기 쉬운 실수와 그런 실수를 피할 수 있는 방법에 대해 이야기한다. 이 장을 잘 읽고 그에 따라 행동하면 새로운 회사와 부서에 효과적으로 안착하는 방법을 익힐 수 있을 것이다. 좋은 첫인상을 남기는 방법, 바람직하지 않은 무리와 어울리지 않는 방법, 조직 문화를 배우는 방법, 그리고 무엇보다도 새로운 일을 배우고 익숙해지는 방법 등이 그것이다. 참고로 Chapter 6에서는 조직 문화에 잘 적응하고, 나아가 조직의 정치적 기술을 익히는 방법을 자세히 배울 수 있다.

Chapter 2 │ 불평분자에서 긍정적인 인재로 거듭나기

당신이 회사에서 겪는 문제들이 모두 다른 사람들 때문인 것으로 느껴진다면, 혹은 당신이 실수하고 실패하는 데에는 항상 변명거리와 이유가 있다면, 당신의 태도를 돌아볼 필요가 있다. 부정적이고 비관적인 태도로 늘 불평만을 일삼는 것은 아닌지? 그렇다면 이제 그런 부정적이고 비관적인 태도를 버리고 긍정적이고 건강한 자세를 갖도록 노력해보자. 긍정적인 눈으로 세상을 보면 상황도 달라질 것이다.

Chapter 3 │ 단기 목표의 달성을 통해 이상으로 나아가기

회사를 다니다 보면 목표를 잃고 우왕좌왕하기 쉽다. 이 장에서는 자신의 목표가 무엇인지 명확히 정의하고 구체적으로 목표를 세울 수 있도록 도와줄 것이며, 자신에게 동기를 부여하고 특정 목표에 집중하여 노력하는 것이 왜 중요한지를 일깨워줄 것이다. 또한 자신이 세운 목표를 차근차근히 달성할 수 있는 구체적인 방법을 제시할 것이다.

Chapter 4 │ 피하지 말고 갈등에 당당하게 맞서기

직장 생활을 하다 보면 직장 동료나 상사들과, 혹은 거래처 사람들과 여러 가지 갈등을 겪을 수 있다. 그리고 어쩌면 지금까지는 그런 갈등 상황을 피하는 것이 최선이라고 생각해왔을지 모른다. 남들 앞에서 화를 내는 것은 바람직하지 않다고 생각하면서. 하지만 화와 갈등 상황은 피한다고 해결되는 것이 아니다. 이 장에서는 갈등을 협상으로 새롭게 정의하는 방법을 배울 수 있을 것이고, 화를 잘 관리하고 지배하여 당신이 원하는 것을 얻는 데 이용하는 방법도 배울 수 있을 것이다.

Chapter 5 | 상사를 나의 후견인으로 만들기

상사와의 사이에 문제가 많다고 느낀다면, 이 장은 바로 그런 당신을 위한 것이다. 상사의 신뢰를 받는 방법은 물론, 여러 유형의 상사들이 흔히 보이는 모습과 그들을 다루는 방법을 알려줄 것이다. 이 장은 한 번 읽고 덮어두지 말고 몇 번이고 반복해서 읽기를 권한다. 그러면 당신은 최악의 상사를 최악은 아닌 상사로 만들 수 있을 것이고, 그 가운데 일부는 당신 편으로 만들 수 있을 것이다.

Chapter 6 | 상생의 정치적 기술 익히기

회사 내의 정치를 좋지 않은 것으로 생각하는 사람들이 많다. 정치라고 하면 뭔가 좋지 않은 것을 공모하고, 책략을 꾸미고, 남들을 속여서 정상에 올라가는 것으로 여기는 사람들이 많은 것이 사실이다. 이 장에서는 회사 내의 정치가 그런 부정적인 것이 아니라는 사실을 알려줄 것이다. 정치는 잘못된 정보와 소문과 경쟁 관계를 뚫고 나아가서, 하지만 자신이 소중하게 생각하는 가치에 대해서는 타협하지 않으면서, 원하는 것을 얻을 수 있게 해주는 수단이다.

경력을 관리하면서 저지르는 큰 실수는 꿈을 가졌으면서도 이루려 하지 않고 버려두는 것이다. 하지만 그보다 더 나쁜 것은 아예 꿈을 꾸지 않는 것이다. 꿈은 목표와 관련이 있지만, 목표보다 더 크고 절실한 것이다. 꿈을 이루려면 목표를 달성할 때보다 시간도 더 오래 걸리고, 더 많이 노력해야 하고, 더 많은 위험을 무릅써야 한다. 하지만 꿈은 당신이 도달할 거라고 생각하지 못했던 곳으로 당신을 데려다줄 수 있다.

차례

이곳에선 어떻게 행동해야 하지?

Chapter 1 ⇨ ⇨ ⇨ 회사에서의 첫 4주 보내기

처음 몇 주는 당신에게 맡겨진 일들을 처리하는 방법을 확립하는 데 보내기 바란다. 지금 당신이 사람들의 성격이나 회사의 정치 구도에 대해 느끼는 것들이 가장 정확한 것일 수 있고, 그런 인상이 미래에 어이없는 실수를 하지 않게 도와줄 수 있을 것이다. 중립적인 태도를 취하라. 경력을 쌓아가는 중에는 늘 그렇듯이, 지금 당신이 취해야 할 최선의 방침은 사무적으로 행동하는 것이다.

당신은 지금 새로운 직장에서 일을 시작하려 한다. 순조롭게 출발할 수도 있고, 시작부터 망쳐버릴 수도 있다. 어떻게 하면 새로운 직장의 문화에 자신을 맞춰갈 수 있을까?

그러기 위해서는 우선 일을 잘해야 한다. 다른 일들도 중요하지만, 일을 잘하는 것만큼 중요한 것은 없다. 간단한 업무 오리엔테이션을 받고 나서 새로운 업무에 대해 모두 이해했다고 생각하면 오산이다. 업무의 여러 측면을 이해하려면 시간이 걸린다. 업무 감독자로부터 일에 대한 설명을 정확하게 들어야 한다. 일을 배워가는 처음 며칠이나 몇 주 동안은 이해하지 못하는 것이 있거나 이해하지 못하는 상황이 생기면 주저하지 말고 질문을 해야 한다.

좋은 첫인상을 심어주도록 하자

새로운 동료들에게 좋은 첫인상을 심어주고 싶어하고, 사람들이 자신을 마음에 들어 하지 않을까 걱정하는 것은 자연스런 일이다. 동료들이 자신에게 다가오기를 기다리면 안 된다. 사람들과 마주칠 때면 먼저 자신을 소개하도록 하자. 사람들은 회사에 새로 입사한 사람에 대해 궁금해 하기 마련이다. 그런 호기심을 충족시켜줘야 한다. 사람들에게 자신에 대한 기본적인 정보를 주자. 이름이 무엇이며 직책은 무엇인지, 어느 부서에서 일하는지, 어떤 일을 하는지.

시간이 있다면 뭔가 질문을 하거나 다른 이야기를 꺼냄으로써 대화를 이어갈 수 있다. 예를 들어 다음과 같이 말할 수 있다. "안녕하세요. 저는 메리 파머라고 합니다. 이번에 배상 처리 부서에 새로 입사했습니다. 웰치 사의 서류를 가지러 왔어요. 여기 입사하기 전에는 컨솔리데이티드 사에서 일했는데, 잭 트릴링 씨가 안부 전해달라고 하더군요." 가능하다면 새로운 동료들에게도 그들 자신에 대한 이야기와 그들의 일에 대해 이야기해달라고 하자. 그리고 그들이 이야기할 때는 귀 기울여 듣자.

수많은 낯선 얼굴들과 낯선 분위기 속에서 정신이 없겠지만, 사람들을 알려는 노력을 해야 한다. 새로운 동료들에게 적응하는 것은 새로운 일에 적응하는 것만큼이나 중요한 일이다. 이렇게 "처음 뵙겠습니다. 잘 부탁드립니다." 하는 인사를 하는 기간은 회사 안에서 일이 어떻게 돌아가는지에 대한, 그리고 누가 누구인지에 대한 귀중한 정보들을 모을 수 있는 기간이다.

이 기간 동안 당신은 대단히 중요한 '첫인상'을 남기고 있는 것이다. 그 인상은 오랫동안 사람들의 뇌리에 남을 것이다. 그러니 가장 긍정적인 모습을 보이도록 노력하라. 만일 당신이 주춤하고 머뭇거리는 인상을 보인다면 당신에 대해 거만한 사람이라는 소문이 떠돌 수 있다. 첫인상은 당신 스스로가 만드는 것임을 잊지 말자.

여기 직장에서의 중요한 규칙이 하나 있다. 외워두도록 하자. '사내 문화에는 두 가지 유형의 사실이 존재한다.' 하나는 공식적으로 알려져 있는 사실이고, 다른 하나는 비공식적이지만 실제로 일어나고 있는 사실이다. 실제 사실을 공식적인 사실과 비교해보는 것은 무척 재미있는 일이다. 직위와 무관하게 실권을 쥐고 있는 사람은 누구인지, 누가 누구와 업무적으로 밀월 관계를 유지하고 있는지.

퇴근 후 동료들과의 회식에 초대를 받는다면 '실제 사실'을 빨리 알아낼 수 있을 것이다. 사무실에서 그랬던 것처럼 회식 자리에서도 사람들의 질문에 적극적으로 대답을 하여 그들의 호기심을 충족시켜주도록 하자. 그 다음에는 느긋하게 앉아서 사람들의 이야기를 들으며 배우자. '진실'에 대해서.

그리고 술은 절대로 많이 마시지 않아야 한다. 사람들은 낯선 사람들과 함께 있는 불편한 자리에서 오히려 과음을 하는 경향이 있다. 그러나 술에 취하면 자신의 연봉이나 결혼 생활에서의 문제점 등 사적인 문제에 대해 주책없이 지껄일 수도 있고, 탁자 위에 올라가서 춤을 추는 등의 행동을 할 수도 있다. 그 밖에 또 어떤 바보 같은 행동을 하게 될지 모르는 일이다. 그러면 당신은 당장 사무실의 새로운 어릿광대가 되고 말 것이다.

사내의 비공식적인 정보를 얻을 수 있는 또 다른 훌륭한 원천은 중역의 비서들과 보좌관들이다. 유능한 비서나 보좌관들은 그런 정보를 발설

하지 않겠지만, 당신이 그들과 좋은 관계를 맺는다면 (그들을 이용하려는 듯이 행동을 하면 그들은 알아챌 것이므로 조심하라) 그들은 당신에게 유용한 정보들을 줄 것이다. 윗사람이 사무실에 있는 때가 언제인지, 지금 그가 당신과 대화를 나눌 시간이 있는지 없는지, 아니면 지금은 저기압 상태이므로 가까이 하지 않는 게 좋다든지 하는.

마지막으로 명심할 것이 있다. 그런 정보들은 가감하여 들어야 한다는 사실이다. 즉 액면 그대로 믿지 말고 시간을 두고 직접 관찰하라는 얘기다. 그리고 자신이 관찰한 내용을 종합하여 모든 정황과 증거를 기초로 결론을 내리도록 한다.

중립적인 태도를 지키자

당신이 아무리 친해지려고 노력을 하더라도 당신에게 냉담하게 대하는 사람들이 있을 것이다. 우선, 모든 사람이 당신을 좋아한다는 것은 통계적으로 불가능한 일이다. 둘째로, 어떤 회사에 새로 들어오면 처음에는 직장 내의 '정치' 구도가 어떤지 정확하게 알 수 없다. 어떤 사람이 당신에게 따뜻하게 대하지 않는데, 알고 봤더니 그 사람이 당신이 맡게 된 일을 원했을 수도 있고, 아니면 당신이 맡은 일을 원했으나 얻지 못한 사람의 절친한 친구일 수도 있다. 물론, 당신이 그런 내막을 처음부터 알 수는 없다. 하지만 시간이 지나면서 당신은 개인들의 성격뿐만 아니라 사내의 정치 구도에 대해서도 알게 될 것이다. 당신이 해야 할 일은, 지금도, 그리고 앞으로도 계속해서 중립적인 태도를 지키면서 당신의 모든 동료들에게 친절하게 대하는 것이다.

부정적인 그룹에 참여하지 말자

일부의 사람들이 당신을 좋아하지 않는 것보다 더 나쁜 일은 당신이 나쁜 파벌에 속하게 되는 일이다. 누가 누구와 주로 시간을 보내는지, 누가 사장실에서 많은 시간을 보내는지, 누구의 책상으로 사람들이 가장 많이 찾아오는지를 살피자. 이런 정보는 사내의 파벌—좋은 파벌과 나쁜 파벌—을 알 수 있게 해주고, 그 파벌의 주동자와 추종자들이 누구인지, 분쟁을 일으키는 사람은 누구인지 알 수 있게 해준다.

나쁜 파벌에 속하지 않을 수 있는 안전한 전략 가운데 하나는 새 직장에서 일하기 시작하고 바로 어떤 한 사람과 너무 가까워지지 않는 것이다. 그런 상황을 피하면 당신 편이 될 수도 있을 사람과 멀어지는 일은 피할 수 있다. 그리고 자신이 들어갔던 그룹이 자신과 맞지 않는다는 사실을 뒤늦게 깨닫고 그 그룹에서 빠져나오고자 골치를 썩을 필요도 없다.

또 다른 전략은 새 직장에서 일하게 된 처음 몇 주 동안 여러 다양한 사람들과 번갈아가며 함께 점심을 먹는 것이다. 점심을 먹으면서는 자신에 대해서 실없이 떠들어대지 말고 상대방의 이야기를 경청하며 관찰하도록 하자. 상대로부터 회사에 대한 이야기를 듣자. 그들의 이야기를 들어보면 그들의 태도가 어떤지를 알 수 있다. 회사 생활에 만족하고 있는지,

불평으로 가득 차 있는지, 대우를 제대로 못 받고 있는지, 아니면 승승장 구하고 있는지.

피해야 할 사람은 모든 일과 모든 사람에 대해 부정적인 시각과 태도 를 갖고 이야기하는 사람이다. 그런 사람들과 어울리는 것은 자신의 커 리어의 발을 묶는 것이나 마찬가지다. 낙관적이고, 에너지가 넘치며, 활 동적인 사람들을 찾아야 한다. 결국 당신도 그런 부류의 사람이니까. 그 렇지 않은가?

새로운 일에 적응하려면?

새로운 기업 문화 속으로 들어가면서 마주칠 수 있는 사회적이고 정치 적인 함정들을 피할 수 있다고 가정해보자. 그렇더라도 새로운 직장에 잘 적응하려면 당신은 새로운 업무를 잘할 수 있어야 한다. 한 번도 해본 적이 없는 일이지만 말이다.

새로운 일을 시작하는 것은 혼돈 상태를 제어하려 애쓰는 것과 비슷하 다. 당신은 자신에게 필요한 기술과 능력을 대부분 가지고 있을지도 모 른다. 그렇지 않다면 당신이 이 일을 하게 되었을 리가 없지 않은가? 하지 만 지금 당신은 갑작스럽게 그 능력을 발휘해야 한다. 어쩌면 난생 처음 으로. 그러니 그 압박감이 얼마나 크겠는가. 당신은 아마도 머지않아 전 에 하던 익숙한 일을 계속할 걸 그랬다고 생각하게 될지도 모른다.

새로운 일에 있어 가장 신경 쓰이는 면 중 하나는 어떤 작업에 시간이 얼마나 걸릴지 알 수 없다는 점이다. 게다가 새로운 작업을 완수하는 데는 익숙한 일을 하는 것보다 시간이 더 걸리기 마련이다. 업무의 모든 단계에서 그 일을 효율적으로 해낼 수 있는 방법을 생각해내면서 일을 해야 하기 때문이다. 그렇기 때문에 어떤 일을 하는 것 자체보다 어떤 일을 하는 방법을 배우는 것이 훨씬 어렵다.

결론적으로 말해서, 어쩌면 당신은 무척 짧은 시간 안에 무력하게 남들에게 뒤질 수도 있다. 일을 숙달하기도 전에 걱정과 근심, 완벽주의적인 성향, 그리고 정신적·신체적 피로가 당신을 압도하여 신경쇠약과 극도의 피로에 시달리게 될 수도 있다. 하지만 페이스를 잘 조절하고 균형 잡힌 시각을 지닐 수 있다면 새로운 직장에서의 처음 몇 주를 잘 보낼 수 있을 것이고, 결국 살아남을 수 있을 것이다.

다음에서 그 구체적인 방법들을 살펴보자.

:: 시간을 잘 관리하자

새로운 일을 하면서 당황하고 우왕좌왕하지 않기 위해서는 조직과 시간 관리에 대한 중요한 원칙들을 몸에 익힐 필요가 있다.

우선, 특정 작업을 하는 데 보통 어느 정도의 시간이 드는지를 알아둔다면 시간을 좀더 효율적으로 관리할 수 있을 것이다. 이 부분에 대해서는 업무를 가르쳐준 선배 직원이나 같은 일을 한 적이 있는 동료 직원에게 반드시 질문을 해야 한다. 그리고 새로운 일을 몇 번 할 때까지는 그 일에 드는 평균적인 시간의 두 배 정도를 할당해야 한다.

물론, 그 일을 한 번, 두 번 해나갈 때마다 시간을 의식하면서 이상적인 마감 시간에 다가갈 수 있도록 노력해야 한다. 자신이 일을 어떻게 하고 있는지 스스로 평가할 때, 일의 속도를 높여가는 것이 중요한 목표 중 하나이다. 그렇다고 처음부터 너무 서두르지는 말아야 한다. 서서히 시간을 능률적으로 관리해가면, 일을 배우는 과정에서 좌절하거나 당황할 가능성이 줄어든다.

아무래도 이것은 더 많은 시간을 일에 투자해야 한다는 것을 의미할 수도 있다. 하지만 새로운 일을 처음 시작할 때는 그럴 수밖에 없다. 이를 피할 수 있을 거라는 생각은 잘못된 것이다. 자신이 잘 아는 일을 하는 데 드는 시간 안에 새로운 일을 해내려 하는 것은 스스로에게 불필요한 압박을 가하는 것이다. 처음 일을 시작할 때는 초과 근무를 각오해야 한다. 하지만 명심할 것은 그런 초과 근무는 계속되지 않으리라는 것이며, 계속되게 해서도 안 된다는 것이다. 아울러 새로운 일을 시작할 때의 스트레스도 영원히 계속되지는 않을 것이다.

:: 질문을 하자

전임자에게 일에 대해 질문을 할 수 있는 상황이 아니라면, 일이 어떻게 진행되는지에 대해 부분적으로라도 대답을 해줄 수 있는 사람들을 몇 명 알아두도록 하자.

그리고 그들에게 질문을 하자.

일정은 어떻게 되어 있나요? 일이 잘못되면 누구에게 도움을 청해야 할까요? 어떤 일을 먼저 해야 하나요? 누가 일을 도와줄 수 있죠?

답변을 들으면서 필요한 사항은 메모를 하자. 그리고 기억하자. 아무리 자세히 설명을 듣더라도, 그 누구도 가르쳐줄 수 없는 세부 사항들은 여전히 많을 것이라는 사실을.

:: 일은 잘못될 수 있음을 기억하자

일은 언제고 잘못될 수 있다는 사실을 기억하자. 당신은 새롭게 시작한 업무에서 으레 발생할 수 있는 실수가 무엇인지 아직 알지 못한다. 일을 시작하기 전에 사람들이 당신에게 그게 무엇인지 귀띔을 해주었더라면 당신은 겁을 집어먹고 도망쳤을지도 모른다. 하지만 일이 잘못될 수도 있다는 것을 예상하면서 일을 한다면, 적어도 문제가 발생했을 때 너무 놀라 꼼짝도 못하는 일은 피할 수 있을 것이다.

:: 남들에게 도움을 청하자

문제가 생겼을 때 혼자서 그 문제 속에 빠져 있지 마라. 누구에게든 도움이 필요하다고 말하라. 새로운 일을 시작한 초기에는 어떤 문제를 가지고 너무 오랫동안 씨름을 하는 것은 불필요한 일일 뿐 아니라 위험하기까지 한 일이다. 사람들에게 상황에 대해 터놓고 말을 하라. 그러면 당면한 문제를 바로 해결할 수도 있을 것이다. 그리고 스스로를 비난하는 자기 파괴적이고 스트레스를 유발하는 태도를 피할 수 있을 것이다.

:: 긴장을 풀자

하루 일을 끝내고 당신은 이렇게 말할지 모른다. "너무 피곤해. 그런데 별로 한 게 없잖아!" 새로운 일을 어떻게 해나갈지 생각하고, 익숙하지 않은 문제들과 낯선 사람들을 대하고, 평소보다 더 오래 일하고… 이러다 보면 지치기 마련이다. 그러니 가능한 한 긴장을 풀도록 노력해야 한다.

:: 지나친 의욕은 삼가자

일을 배우는 동안에는 피할 수도 있는 책임을 애써 떠맡지 않도록 한다. 처음에는 의욕이 넘쳐서 무슨 일이든 다 할 수 있을 것처럼 느낄 수도 있다. 그런 기분에 휩쓸리면 안 된다. 감당하지 못할 정도로 일을 떠맡게 될 수도 있기 때문이다. 적어도 한 달 동안은, 아니면 석 달 동안이라도, 일에 숙달하게 될 때까지는 자신이 당장 해야 하는 일만 하도록 하자.

지금은 스스로에게 너무 많은 기대를 하지 않도록 해야 한다. 가능한 한 완벽주의 기질은 버리도록 한다. 실수는 할 수 있는 거라고 생각하고, 모든 것을 기억하려고도 하지 마라. 업무 리스트를 작성해서 늘 점검하라. 그리고 필요할 때는 남들에게 도움을 청하라.

:: 노력과 결과 사이에는 시차가 있음을 기억하자

혹시 지금 낙심하고 있다면 일에 대한 위대한 법칙 중 하나를 암기하는 것이 도움이 될 것이다. '노력과 결과 사이에는 항상 시차가 있기 마련이다.' 그러니 당황하지 말고 견뎌라. 당신이 들이고 있는 노력은 꾸준히 축적될 것이다. 그리고 어느 날엔가 갑자기 일이 쉬워지는 것을 느낄 것이고 이렇게 말하게 될 것이다. "이 일을 어떻게 처리하면 되는지 이제 알았어!" 그런 유쾌한 기분을 즐겨라. 당신은 그런 기분을 느낄 자격이 있다.

:: 지금 하는 일을 선택한 이유를 기억하자

당신이 지금 하고 있는 일을 선택하게 된 이유가 무엇이든 간에, 적어도 하루에 한 번은 그 이유를 마음에 되새기도록 하자. 돈을 벌려고? 출세를 하려고? 어떤 이득을 얻으려고? 어떤 이유이든 간에 그 이유는 힘든 시간을 견딜 수 있게 해줄 것이고, 계속해서 열심히 일할 수 있도록 도와줄 것이다.

새로운 일을 잘 해내려면

어떤 직업에든 아무도 가르쳐줄 수 없는 일들이 몇 가지씩은 있다. 당신이 새로운 프로젝트를 제안했거나 새로 입사한 회사에서 새로 만들어지는 부서를 이끌게 되었다고 가정해보자. 모든 일은 당신이 알아서 해야 한다. 자, 그런 상황에서 어디서부터 일을 시작하겠는가?

새로운 회사에서 새로운 일을 시작하는 것은 그 일이 어떤 일이든 충분히 힘들다. 그러나 어떤 프로젝트나 부서를 이끄는 것은 또 다른 얘기다. 당신에게는 밑바닥에서부터 무언가를 만들어서 쌓아가야 하는 데 대한 책임이 있다. 그 일은 당신이 전에는 해본 적 없는 일이고, 어쩌면 전에는 존재조차 하지 않았던 일일 수도 있다. 그 새로운 일을 빨리 파악하지 못한다면 당신은 실패할 수도 있고, 한다고 해도 평범한 수준으로밖에 해내지 못할 것이다.

새로운 일을 시작할 때면 언제든 다음과 같은 사실을 반드시 기억해야 한다. 즉, 당신이 들이는 노력의 80퍼센트 정도는 일의 '시작'을 위해 쏟아야 한다는 것이다. 어떤 일이든 시작하기 전에 준비를 잘하면 잘할수록 더욱 순조롭게 진행될 것이기 때문이다.

:: 이 일은 내가 하던 어떤 일과 비슷할까?

새로운 일에 있어서 가장 위협적인 점 중 하나는 그 일의 성격을 알 수 없다는 점이다. 당신은 위에서부터 내려온 모호하고 추상적이며 거대한 임무를 구체적이고 작은, 그리고 익숙한 업무들로 바꿔야 한다. 따라서 새로운 일을 맡게 되면 그 일 때문에 노심초사하면서 잠 못 이루고 있어서는 안 된다. 대신에 항상 수첩을 가지고 다니면서 해야 할 일이 떠오를 때마다 메모를 하도록 하자. 그리고 그 일을 언제 해야 할지, 누가 해야 할지도 함께 적도록 하자.

새로운 과업에 대한 걱정과 근심을 가라앉히면서 동시에 당신 앞에 놓여 있는 문제들을 해결하기 위해서는 스스로에게 계속 질문을 해야 한다. "이 일은 내가 전에 했던 어떤 일과 비슷하지?" 당신이 지금 하고 있는 일이 당신이 예전에 했던 어떤 익숙한 일과 비슷하다는 것을 알아낼 수 있다면 새로운 일을 비교적 단순하게 느낄 수 있을 것이다.

그리고 또 조심해야 할 것이, 일의 절차에 대해 너무 많이 생각하지 말아야 한다는 것이다. 새로운 일이 과자를 굽는 일이나 자동차의 엔진오일을 바꾸는 것과 별 차이가 없을 거라는 사실을 깨닫는다면 당신은 새로운 일을 숙달할 수 있을 것이다.

:: 제한된 자원을 가지고 최선의 결과를 얻도록 하자

새로운 업무를 시작할 때면 가능한 모든 해결책을, 그리고 주제의 가능한 모든 변형을 시도해보고 싶다는 충동에 사로잡힐 때가 있다. 그 중 어느 하나라도 맞겠지, 하는 조급한 마음에서 말이다. 그런 여러 가능성들을 종이에 적어놓고 팀원들과 함께 의논해보는 일이 나쁠 것은 없다. 새로운 업무를 시작하는 과정에서는 특정 아이디어에 노력을 기울인다면 얼마만큼의 대가를 얻을 수 있는가를 알아보는 측면에서 그 아이디어들을 평가해볼 필요도 있다. 하지만 잊지 말아야 한다. 당신은 모든 일을 다 시도해볼 수 있는 자원을 가지고 있지 않다는 것을. 일을 잘한다는 것은 제한된 자원을 가지고 최대한의 결과를 얻을 수 있는 (적어도 그렇게 보이는) 업무 방식을 선택하는 것을 의미한다.

:: 문제를 미리 예상하자

일을 하다 보면 부정적인 사고를 갖게 되기가 쉽다. 하나 둘씩 문제가 발생하기 시작할 때는 특히 그렇다. 그런 패배주의적인 사고를 갖지 않으려면 예상할 수 있는 문제들의 목록을 미리 만들어두면 도움이 된다. 그리고 그 문제들에 대해 적어도 한 가지씩의 해법을 적어보는 것이다. 그렇게 하다 보면 두려움은 사라지고 어떤 문제든 해결할 수 있을 거라는 자신감을 가질 수 있게 될 것이다.

:: 업무 패턴을 확립하자

우리의 정신은 구조를 좋아한다. 정신이 작용을 할 수 있는 구조를 만들어낼 수 있을 때 정신은 더 잘 기능하고, 덜 불안해한다. 따라서 새로운 업무를 시작할 때부터 그 업무가 구조를 갖게 해주는 '패턴'을 찾는 습관을 가져야 한다.

패턴에는 일을 하루 중 언제 해야 하는지, 언제 사람들에게 연락을 할 수 있는지, 그리고 언제 애로 사항이 생기는지 등도 포함된다. 그런 패턴들을 발견하고 그 패턴에 따라 일을 하면 업무를 즉각적으로 지배하고 관리하는 데 도움이 된다. 그리고 이런 경험은 다음에 새로운 과업을 시작할 때에도 도움이 될 것이다.

일을 관리하는 데 도움이 되도록 패턴을 활용하는 또 다른 방법은 업무를 몇 개의 그룹으로 분류하여 관리하는 것이다. 이렇게 하면 더 효율적으로 일할 수 있고, 더 집중해서 일할 수 있으며, 더 정확하게 일할 수 있고, 일을 더 잘 관리하고 지배할 수 있게 된다. 비슷한 일들을 하나의 그룹으로 묶고 (예를 들어, 편지 쓰기, 전화 걸기, 사람들과의 약속 등을 하나의 그룹으로 묶는 것이다) 그 그룹의 일들을 한꺼번에 처리하는 것이다.

일을 순서대로 처리하는 것이 갖는 힘을 과소평가해서는 안 된다. 외과 의사들과 화가들이 자신들이 사용하는 도구를 매번 같은 방식으로 정렬하는 것과 마찬가지로, 그리고 비행기 조종사가 비행기를 이륙하기 전에 체크리스트를 다시 한 번 확인하는 것과 마찬가지로, 당신도 일을 하면서 체크리스트를 만들고 자신만의 방식을 확립해야 한다. 이렇게 하면 에너지를 절약할 수 있고, 매번 업무 순서를 새로 정해야 할 필요가 없어진다. 또한 실수를 하거나 해야 할 일을 잊어버리는 일도 피할 수 있다.

:: 일이 변하지 않기를 기대하지 말자

아직 알지 못하는 일을 이미 알고 있는 업무 패턴 속으로 편입시키는 것은 새로운 업무에 착수하는 과정 내내 계속해서 해야 할 일이다. 일은 계속해서 변화하기 때문에 어제 했던 일을 오늘 새롭게 조정해야 할 수도 있다. 지금도, 그리고 앞으로도 계속해서 기억해야 할 규칙 또 하나. '일이 변하지 않고 똑같은 상태로 남아 있기를 기대하지 마라.'

:: 업무 그룹별로 마감 기한을 정하자

새로운 일을 할 때 스트레스를 느끼는 큰 요인 중 하나는 그 일을 정해진 시간에 끝내지 못할지 모른다는 불안감이다. 업무들마다 이름을 붙이고 분류함으로써 그런 문제의 일부는 해결할 수 있다. 그리고 업무 그룹별로 마감 기일을 두면 일을 제때에 끝낼 수 있을 거라고 확신할 수 있게 되므로 문제는 좀더 해결되는 것이다.

정리해보면, 일을 시작한 날짜가 있고, 업무들을 몇 개의 그룹으로 분류했다면, 이제 그 그룹들을 우선순위에 따라 배열하고 그룹마다 완수해야 하는 마감 기한을 두는 것이다.

:: 사람들을 관리하는 올바른 방법을 기억하자

당신과 함께 일하는 사람들의 모든 행동을 당신이 컨트롤해야 한다는 생각은 오산이다. 그렇게 하면 당신 자신과 당신과 함께 일하는 사람들 모두를 금방 힘들게 만든다. 사람들을 더 잘 관리하는 방법은 (그리고 시간을 더 잘 활용하는 방법은) 모두가 일의 궁극적인 목표를 향해 함께 일을 하고 있음을 계속해서 확인하는 것이다. 그리고 당신이 해야 하는 가장 중요한 일은 업무의 목표를 완수할 수 있게 하는 전략을 수립하는 일이다.

:: 짐은 나누어 져라

지금 당신이 진행하고 있는 프로젝트는 '당신의 프로젝트'이긴 하다. 하지만 다른 사람들과 책임을 나누어 지지 않으면 큰 실수를 하게 될 것이다. 다른 사람들과 함께 일을 하고 있다면 업무의 일부를 (그리고 마감 기한을) 그들에게 위임해야 한다. 그렇게 하면 당신이 해야 하는 업무량과 부담이 줄어들 뿐 아니라, 다양한 아이디어와 해결책을 가지고 있는 인력 풀을 넓힐 수 있다. 경험 많은 동료들에게 조언을 구하는 일을 자존심 상하는 일로 여길 필요는 없다. 도움을 주려는 태도를 가지고 있는 사람들을 선택하면 시간을 단축할 수 있을 것이고 장애물을 줄일 수 있을 것이다.

사례 1 − "과연 제가 원하는 일을 할 수 있을까요?"

로나 오코너 씨께,

저는 최근에 미시건 대학교를 졸업했습니다. 커뮤니케이션으로 학사 학위를 취득했지만, 저는 커뮤니케이션 분야에는 전혀 관심이 없답니다. 저는 얼마 전에 한 작은 회사의 인력자원부 인턴 자리를 얻었습니다. 인턴 일은 재미있어요. 그래서 저는 인력자원 분야에서 일을 하고 싶습니다.

그런데 문제가 있습니다. 저는 인력자원에 대해서는 배운 것이 없거든요. 그렇지만 지금 인턴으로 일을 하면서 비서로서 갖춰야 할 기술을 이것저것 배우고 있습니다. 여러 가지 컴퓨터 프로그램의 사용법도 배웠고, 이 분야에서 일을 할 수 있을 거라는 자신감도 생기고 있습니다.

지금 저는 인력자원부의 일자리를 찾을 준비가 되어 있습니다. 하지만 다른 사람들 눈에는 아직 경험이 부족한 것으로 보일까 걱정입니다. 벌써 2만 달러에서 3만 달러 정도를 벌고 있는 학교 친구들을 생각하면 의기소침해지려고 합니다. 그 친구들도 저처럼 경험이 없기는 마찬가지인데 말이죠.

1. 인턴으로 일하는 것은 시간을 낭비하는 일일까요?
2. 왜 회사에서는 초보적인 업무를 하는 사람들을 뽑으면서도 경험이 많은 것을 요구할까요?
3. 지금 저는 제 자신의 능력을 충분히 활용하지 못하고 있는 걸까요?

수잔

수잔,

1. 인턴으로 일하면서 이력서를 한 줄 채울 수 있는 무언가를 배웠다면 (말씀하신 컴퓨터 프로그램 사용법이라도) 시간을 낭비한 것이 아닙니다. 그리고 그보다 더 중요한 것은, 인턴으로 일하면서 본인이 정말로 원하는 것이 무엇인지를 깨달았다는 사실입니다. 평생 자신이 원하는 게 무엇인지를 깨닫지 못하는 사람들도 있으니까요.
2. 회사에서는 일자리보다 지원자의 수가 많을 경우, 초보직에 대해서도 많은 경험을 요구할 수 있습니다. 직원을 훈련시키는 데는 많은 비용이 듭니다. 따라서 회사에서는 가능한 한 돈을 덜 들일 수 있는 방법을 찾으려는 거죠.

자, 현실을 직시하세요. 경험이 부족하다는 것은 학교를 졸업하고 일을 시작한 지 몇 년 안 된 사람들이라면 공통적으로 지니고 있는 문제입니다. 다행히 당신은 인력자원부에서 인턴으로 일을 함으로써 약간의 경험을 쌓으셨으니 그 문제의 일부는 해결한 것이죠. 바라던 만큼 배우지는 못했을지 몰라도, 인력자원 업무와 관련하여 이력서의 첫 줄은 적어 넣을 수 있게 되었으니까요.

3. 지금으로서는 그렇다고 볼 수 있을지 모릅니다. 하지만 계획을 세워서 곧 상황을 바꿀 수 있을 것입니다. 지금 하는 일을 그만둘 계획을 세우더라도, 반드시 지금 그 자리에서 얻을 수 있는 모든 것을 얻은 뒤에 그만두도록 하세요. 상사에게 더 많은 기술을 익히고 싶다고 말씀하세요.

현재 사무실에 있는 문제점 가운데 당신이 해결할 수 있는 것을 정확히 지적하세요. 괜찮은 프로젝트를 고안하거나, 상사가 하는 일을 돕겠다고 자원하세요. 그래서 상사가 당신에게 일을 준다면 더 이상 시간을 낭비하는 것도 아닐 것이고, 따분하게 느끼지도 않을 수 있을 겁니다.

하지만 상사에게 인턴 일을 그만둘 거라고는 절대 얘기하지 마세요! 다른 일을 찾고 있을지라도 일을 하면서 찾는 것이 사기를 잃지 않는 데 훨씬 도움이 됩니다. 그리고 조급해하지 말고 길게 생각하고 일을 찾는 것이 더욱 도움이 될 것입니다.

:: 추가 도움말 1 – 새로운 직장을 구하는 방법

앞으로 몇 주 동안 당신을 면접 보는 사람들에게는 당신이 경험이 너무 없는 것으로 보일지 모릅니다. 지금 시점에서 당신이 지닌 최고의 자원은 배우겠다는 열망입니다. 따라서 면접에서 그 열망을 강조해서 보여주도록 하세요. 그리고 당신이 지금까지 책임지고 맡았던 일들 몇 가지를 구체적으로 제시하도록 하세요.

지금 당신은 어떤 분야에서 일해야겠다는 것은 결정한 상태이므로 구체적인 일자리를 구하는 데 초점을 맞춰서 노력하면 됩니다. 직원을 구하는 곳이 없다면, 자신이 사는 지역에 있는 회사들에서 결정을 내리는 위치에 있는 사람들에게 정보를 구하는 면접을 요청하세요. 그 사람들을 통해서 유익한 사람들을 만날 수 있을 것이고, 그런 만남은 결국 당신에게 기회를 가져다줄 수 있을 것입니다.

그리고 업계의 잡지나 신문을 꾸준히 읽어서 자신이 일하려 하는 분야에서 일어나고 있는 일들에 대해 알고 있도록 하십시오. 그런 잡지나 신문을 통해 일자리에 대한 정보를 얻을 수도 있고, 면접을 청해볼 수 있는 사람들의 이름을 알아낼 수도 있을 것입니다. 그리고 해당 업무 종사자 모임의 지역 분회에 가입해서 활동하세요. 그리고 그곳에서 정신적 스승(멘토)을 찾아보세요.

:: 추가 도움말 2 - 자학은 금물입니다

당신보다 더 빨리, 더 잘 사회생활을 해가고 있거나 돈을 더 잘 벌고 있는 것 같은 학교 친구들과 자신을 비교하지 마세요. 그런 태도는 불필요한 자기 학대입니다. 살다 보면 늘 자신보다 잘하고 있는 것처럼 보이는 사람은 있기 마련입니다. 남들과 자신을 비교하여 위축되는 대신, 자신의 수준에서 최선인 일자리를 찾도록 애쓰세요. 돈을 더 받고 싶어하는 마음은 자연스러운 것이며, 적당한 질투심을 갖는 것도 자연스러운 일입니다. 그런 감정에 집착하지 않고 그런 감정을 통해 자극을 받고 의욕을 더 키워가기만 한다면 말입니다.

사례 2 — "능력에 비해 책임질 일이 너무 많아요"

로나,

당신 덕분에 문제가 더 커졌어요. 저는 당신이 충고한 대로 상사에게 더 많은 책임을 지워달라고 이야기했어요. 덕분에 지금 저는 제가 처리할 수 있는 것보다 더 많은 일을 껴안게 되었습니다. 어떻게 해야 할까요?

제임스

제임스,

새로운 상황에서 버둥거리며 앞으로 나아갈 시간을 스스로에게 주세요. 만일 당신이 추가로 맡은 일을 아주 쉽게 잘 해내고 있다고 하셨다면, 저는 너무 쉬운 직업을 택하신 게 아닌가 염려했을 것입니다. 별로 힘들지도 않고 도전해볼 만하지도 않은 일을 역시 별로 힘들지도 않고 도전해볼 만한 가치도 없는 다른 일로 바꾸는 것은 시간과 에너지의 낭비입니다.

기분이 좋지 않을지는 몰라도, 능력이 모자라는 듯 느낀다면 그것은 사실 더 유망한 징조입니다. 흔히, 야망을 품은 사람들은 자신에게 너무 어렵다 싶은 일에 도전을 합니다. 그리고 우리는 일을 배워가는 과정이 얼마나 힘들지는 생각하지 않을 수 있습니다. 포기하지 않고 꾸준히 노력하면 그렇게 힘든 일을 배워가는 과정에서 결국 능력을 갈고 닦을 수 있는 것입니다.

불안한 마음이 드는 것은 당연한 일입니다. 당신은 안전한 일을 버리고 자신이 알지 못하는 어려운 일에 스스로 도전을 했습니다. 지금 당신이 느끼는 불안감은 배우가 무대에 오르기 전에 느끼는 무대 공포증과 비슷한 것으로 볼 수 있습니다.

:: 추가 도움말 – 무대 공포증을 잘 활용하세요

그런 일종의 '무대 공포증'이 일을 해나가는 데 있어서 당신을 예민한 상태로 유지시켜줄 수 있을 것입니다. 당신은 스스로를 확신하지 못하기 때문에 일을 이중으로 점검하게 될 것이고, 질문을 더 많이 하게 될 것이며, 일을 올바로 해내기 위해서 더 열심히 일하게 될 것입니다.

일에 대한 처음의 견해나 시각을 유지하도록 하세요. 늦게까지 일을 하면서 자신이 딱하다는 생각이 들 때는 당신이 이 일을 하려고 결정했던 이유들을 떠올리세요. 예를 들어, 그 일은 당신이 정말로 원하는 다른 일을 하게 해줄 수도 있고, 추가로 버는 돈은 멋진 휴가를 위해 사용할 수도 있을 것입니다. 장기적인 목표와 그 일을 함으로써 얻을 수 있는 이점들을 상기하면 하루하루 단조로운 일들을 해나가는 게 조금은 쉬워질 것입니다.

지금 하고 있는 일이 실제로 당신이 하기에는 벅찬 일일 가능성은 거의 없습니다. 그래서 사람들은 '3개월 평가제'를 만들어낸 것입니다. 3개월 동안 지금 하는 일을 정복하도록 최대한의 노력을 기울여보십시오. 그러고도 문제점들에 부딪치게 된다면 상사와 함께 그 문제점들에 대해 의논을 하도록 하고, 그 문제점들에 대한 해결책을 스스로 제시할 수 있도록 준비를 하십시오.

아직 자신감을 얻지 못하고 있기 때문에 당신은 무척 중요한 사실을 잊고 계실지도 모르겠습니다. 즉, 당신의 상사는 당신이 이 일을 해낼 수 있을 것으로 생각하고 있으며, 그것도 잘 해내기를 바라고 있다는 사실입니다. 그렇지 않다면 상사는 당신에게 이 일을 시키지 않았을 것입니다. 똑똑한 상사들은 업무의 흐름이 중단되는 것을 원하지 않고, 일을 그르치는 것을 원하지 않습니다. 그렇게 되면 그들의 관리 능력에 치명적인 오점을 남기게 될 것이기 때문이지요. 그러므로 상사들은 어떤 특정한 일을 해낼 수 있을 것 같은 사람에게 그 일을 시킵니다. 그리고 어떠한 일을 하겠다고 자원하는 사람들은 그 일을 잘 해내기 위해 더욱 노력하는 사람들이라는 사실도 알고 있습니다. 그러니 상사가 당신에게 가지고 있는 확신을 스스로도 갖도록 하세요. 그러면 곧 정말로 자신감을 갖게 될 것입니다.

사례 3 – "새로 시작한 일이 정말 싫어요!"

로나,

저는 새 직장에서 일한 지 한 달쯤 되었습니다. 그런데 새로 시작한 일이 싫어요. 제 친구들은 모두 이 일이 아주 대단한 기회이고 저의 미래를 만들어줄 수 있을 거라고 얘기를 했어요. 그런데 지금 생각해보면 친구들 생각이 틀린 것 같아요. 저도 정말 기다리고 바랐던 일인데, 이제 와서 생각하니 실수를 한 것 같습니다. 회사를 그만두어야 할까요?

샐리

샐리,

지금 하는 일이 왜 마음에 들지 않는지 분석을 해보고 상황을 개선시킬 수 있는 노력을 기울이기 전에는 회사를 그만두어서는 안 됩니다. 지금 느끼는 기분이 어떤 것인지는 쉽게 예상할 수 있습니다. 여러 가지 요인들이 동시에 고개를 들고 새로운 일을 선택한 당신의 결정에 의문을 품게 만들고 있을 것입니다.

이 시점에서 잠깐 멈추고 몇 가지 질문에 답해보세요. 새로운 일의 어떤 부분들이 싫은가요? 근무 시간? 업무 속도? 아니면 동료들? 새로운 일에 대해 과장된 이야기들을 들었거나 부정확하게 알고 있었기 때문에 현실을 알고 나자 환멸을 느끼게 된 건가요? 너무 기대가 컸기 때문에 실망을 하게 된 건가요?

당신이 느끼고 있는 불만들을 몇 가지 요소로 나누어보았다면, 그 가운데 지금 당장 바꿀 수 있는 것이 무엇인지 스스로에게 질문해보세요. 예컨대, 야간조로 일을 하느라 가정생활이 엉망이 되었다면, 상사에게 근무 시간을 바꿔달라고 요청해보는 겁니다. 직장에 들어간 지 얼마 되지 않았다고 해서 상사에게 그런 질문을 해서는 안 된다는 법은 없으니까요. 근무 시간을 바꿀 경우 당신이 더욱 유능하게 일할 수 있으리라는 점들을 지적함으로써 상사가 수긍하게 만들면 됩니다.

많은 직업들이 그 자체로는 즐겁지 않더라도 나중에 더욱 매력적인 직업을 얻기 위한 발판이 될 수는 있습니다. 당신도 지금 그런 일을 하고 있는 것일 수 있으므로 몇 달은 더 참고 일하는 게 현명하다고 봅니다. 최대한 짧은 시간 안에 다음 단계로 나아갈 목표를 세우십시오. 그 기간 동안 당신이 하는 일은 모두 다음 단계로 나아가는 데 도움이 되는 일들이어야 합니다. 또한 상사에게 자신이 가지고 있는 목표를 알리는 것이 도움이 될 것입니다.

그럼에도 결국 당신은 지금 그곳에서 일을 하는 것이 실수라고 판단하실지도 모릅니다. 하지만 한 달이라는 시간은 어떤 직업을 평가하기에는 충분한 기간이 아닙니다. 회사에서는 당신이 그 일에 적합한 사람인지를 세 달 정도는 시간을 두고 평가할 것입니다. 당신도 마찬가지로 그렇게 하기를 권합니다. 그동안 계속해서 다른 기회들이 없는지 주시하면서요.

당신은 지금 기대와 현실 사이에서 괴리를 느끼고 있는 거라는 사실을 잊지 마세요. 당신의 내면에는 모든 문제를 해결해줄 수 있을 새로운 상황이 찾아오기를 바라는 마음이 있을 것입니다. 그것은 자연스러운 소망입니다. 하지만 동시에 계속해서 일을 하게 하는 현실주의자적인 기질도 있을 것입니다. 그 목소리는 "아냐. 일이 완벽하게 진행되지는 않지만 분명 개선되어가고 있어. 앞으로 점점 더 잘하게 될 거야"라고 말하고 있을 것입니다. 그러니 너무 성급하게 결론을 내리지 마세요. 스스로에게 시간을 주세요.

:: 추가 도움말 1 - 이 일을 선택했던 이유들을 생각해보세요

　마음에 들지 않는 일을 그만두기 전에 분석을 해보세요. 자신이 내린 결정을 다시 한 번 생각해보세요. 처음으로 돌아가서 이 일을 선택했던 이유들을 차근차근 되짚어보세요. 분명 당신은 전에 하던 일과 새로 선택한 이 일을 비교했을 것입니다. 보수, 기회, 근무 조건, 얻을 수 있는 이점 등을 모두 비교했겠지요. 그러고 나서 결론을 내리셨겠지만, 한쪽이 다른 한쪽보다 모든 면에서 완전히 낫기 때문에 한쪽을 선택하는 경우는 거의 없습니다. 분명 얻는 것이 있는 만큼 포기해야 했던 것도 있었을 것입니다.

　처음부터 의심을 가졌던 부분들이 정말로 의심을 품게 합니까? 예를 들어, 돈을 더 받는 대신 초과 근무를 하는 것이 가치 있는 일인지 의문을 품게 되지는 않습니까? 그런 문제들에 대해서 정직하게 답해볼 필요가 있습니다. 개인적으로 생각하는 일의 '가치'를 기준으로 말입니다.

:: 추가 도움말 2 - 일에 있어서 무엇이 중요한가요?

　당신은 처음부터 돈을 더 준다는 사실에 끌렸을 수도 있습니다. (사실 우리 모두가 그렇지요.) 그런데 이제는 자유 시간이 얼마나 중요한지를 깨닫게 되신 것입니다. 이것은 인생의 큰 아이러니 가운데 하나입니다. 한 가지를 얻는 순간 다른 한 가지의 가치를 깨닫게 되는 것 말이지요.

　지금은 장기적인 목표와 가치들을 다시금 상기하고 새로운 직업이 어떻게 그것들을 충족시켜줄 수 있는지 생각하기에 좋은 때입니다. 늘어난 연봉으로 집을 살 수 있거나 아이들을 더 좋은 유아원이나 탁아소에 보낼 수 있다면 초과 근무를 할 가치가 있다고 생각할 수도 있습니다.

한편, 초과 근무를 하는 덕에 가족들과 함께할 시간이 없어진다면 조정을 할 필요가 있을지 모릅니다. 예를 들어, 근무 시간대를 바꿈으로써 가족들과 좀더 많은 시간을 보낼 수 있겠지요.

혹시 다른 사람들의 감언이설에 넘어가 새로운 일을 택하셨나요? 새로운 회사가 당신을 원했던 이유를 완전히 이해하고 오셨나요? 회사에서 당신을 원한 이유가 당신이 이 일을 택한 이유와 양립했습니까? 흔히 당신이 갖고 있는 목표와 회사가 갖고 있는 목표는 다를 수 있습니다. 그리고 당신이 다른 대부분의 사람들과 같다면, 아마도 면접을 보는 과정에서 그런 점에 대해서는 관심을 갖지 않았을 것입니다. 그것은 우리가 데이트를 할 때 상대에 대해, 관계에 대해 환상을 품는 것과 같은 일종의 자기 기만입니다. 결혼을 함으로써 현실을 깨닫게 되듯, 일을 하기 시작함으로써 현실을 깨닫게 되는 것이죠.

:: 추가 도움말 3 - 지난번 회사에 대해 다시 생각해보세요

전에 일하던 회사를 그만둔 이유들을 다시 생각해보세요. 그곳에서 했던 일이 장래성이 없는 일이라고 생각했다면, 지금도 그렇게 느끼십니까? 그 일로 돌아갈 수 있겠습니까? 지금 다시 그 일로 돌아가고 싶다면, 전에는 어떻게 그렇게 쉽게 그 일을 버리고 새로운 일을 찾을 수 있었을까요?

이것들은 모두 대단히 냉정한 질문들입니다. 하지만 막연하게 걱정을 하는 대신, 이런 질문을 해봄으로써 특정한 문제들에 주의를 집중할 수 있습니다. 지금 더 혼란스럽게 느껴지신다면, 이 문제는 잠시 밀어두고 휴식을 취하십시오. 산책을 하거나 영화를 보는 겁니다. 그리고 기분이 상쾌해졌을 때 다시 생각을 해보는 겁니다.

:: 추가 도움말 4 – 새로운 일 자체가 스트레스입니다

확신을 흔들어놓고 있는 다른 요인들이 없는지 생각해보세요. 대부분의 사람들에게 그렇듯, 모험을 하는 것이 어려운 일이라면 새로운 일이라는 것 자체는 모험이기 때문에 불안감을 느낄 수 있습니다.

직업이나 직장을 바꾼다는 것은, 비록 더 나은 쪽으로 바꾼 것이라 하더라도, 스트레스를 유발하기 마련입니다. 회사에 처음으로 출근했던 날을 기억해보세요. 당신은 열 명 남짓한 사람들과 통성명을 하고는 그들의 이름을 기억하고자 애썼습니다. 게다가 그들 중 일부에게는 (어쩌면 모두에게) 강한 인상을 남겨야 했습니다. 새로운 회사 내의 '정치판'에 발을 들여놓은 당신은 사람들이 각기 어떤 사람들인지, 새로 왔다는 사실만으로 (아니면 다른 누군가가 원했던 일을 당신이 하게 되었다는 이유로) 당신을 시기하는 사람이 누구인지를 알아내야 했습니다. 당신은 잠시도 혼자 있을 수가 없었거나, 아니면 온전히 혼자 남겨진 채 혼자서 모든 일을 알아서 해야 했을 것입니다. 당신의 컴퓨터도 주어지지 않았을 수 있습니다. 화장실이 어디인지도 알 수 없었습니다. 새로운 일이 아무리 좋더라도, 이런 변화 앞에서 어떻게 스트레스를 받지 않을 수 있겠습니까?

직업이나 직장을 바꿈으로써 어떤 중요한 변화들이 수반되었나요? 이사를 했습니까? 배우자나 친구들, 가족으로부터 떨어지게 되었습니까? 살 곳을 아직도 찾고 있는 중입니까? 당신의 배우자도 새로운 일을 찾았습니까? 아이들이 새로운 학교에 다니게 되었습니까? 아기를 봐줄 사람을 찾고 있습니까?

이런 문제들은 모두 스트레스를 일으킵니다. 그리고 직업이나 직장을 바꾼 데 대해 후회하게 만들지도 모릅니다. 당신과 가까운 사람들이 당신과 함께 그런 변화를 겪어야 한다면, 스트레스는 마치 독감처럼 전염이 됩니다. 당신 가족 중에 이런 변화를 받아들이지 못하는 사람이 있습니까? 당신들 중 한 사람이—혹은 당신들 모두가—고향을 그리워하고 있습니까? 새로운 장소와 새로운 환경에 적응하지 못한 채 갈피를 잡지 못하고 있습니까?

당신 자신과 당신과 가까운 사람들에게 기운을 줘야 하는 때가 있다면 지금이 바로 그런 때입니다. 당신을 지지해주는 사람들을 활용하십시오. 오래된 친구들에게 전화를 걸거나 편지를 쓰세요. 그리고 그들이 그립다고 이야기하세요. 이렇게 후회나 유감스런 마음을 인정하고 받아들이는 동시에, 새로운 사람들을 만나는 노력을 기울이세요. 교회에서, 일과 관

련한 모임에서, 클럽에서. 특히 새로운 도시로 이주해 갔다면 이런 노력
은 필수입니다.

:: 추가 도움말 6 - 의기소침한 시기를 잘 이겨내세요

의기소침해지는 시기는 피할 수 없습니다. 무언가에 변화를 주었을 때
는 당분간은 이런 저런 사건들에 휩쓸려가게 됩니다. 그 기간이 지나야
어딘가에 안전하게 착륙을 할 수 있습니다. 그때까지 며칠간은 우울하고
의기소침하게 느끼는 것은 이상한 일이 아닙니다. 하지만 그런 기분이
당신 자신이나 혹은 당신이 사랑하는 사람에게 오랫동안 지속된다면, 의
사와 상담을 할 필요가 있습니다.

새로 시작한 일과 관련하여 정당하게 주장해야 할 문제들이 있다고 느
끼면 상사에게 이야기하십시오. 그럴 때는 단순히 그런 문제들에 대해
푸념을 해서는 안 됩니다. 구체적인 문제들을 제시하고 그에 대한 구체
적인 해결책들도 제시할 수 있도록 준비해야 합니다.

직장을 그만두면 당신이 예상했던 것 이상의 변화를 겪게 됩니다. 직
장을 그만두면 모든 것이 뒤바뀝니다. 어디서 점심을 먹고, 어떻게 운전
을 해서 출근을 하고, 하는 등의 일상적인 문제들까지도 모두. 갑자기 당
신은 인생의 모든 세세한 면들을 의식하게 됩니다. 그런 변화는 일부 즐
겁게 느껴지기도 합니다. 세상을 새로운 눈으로 볼 수 있으니까요. 하지
만 조금 지나면 당신은 편안하고 익숙한 예전의 일상을 그리워하게 됩니
다. 이런 시기가 당황스러울 수도 있지만, 오래된 습관을 바꿀 수 있는 흔

치 않은 기회이기도 합니다.

:: 추가 도움말 7 – 변화의 시기를 활용하세요

지금은 오래된 나쁜 습관을 없앨 수 있는 좋은 기회입니다. 직장에 지각을 하는 것과 같은 습관 말입니다. 그리고 지금은 새로운 좋은 습관을 기를 수 있는 때이기도 합니다. 예컨대 일을 시작하기 전에 산책을 하는 것과 같은 습관이 그것입니다.

이런 변화의 시기에는 또한 새로운 일에 대해 올바로 판단하는 것이 무척 중요합니다. 가급적이면 새로운 일을 시작하기 전에 그렇게 하는 것이 좋습니다. 새로운 일에 대해 잘못 판단하는 것은 바로잡기 어려운 실수이거든요.

여기서 좋은 소식은 당신이 상황에 대해 의문을 품고 있다는 사실입니다. 아예 의문을 품고 있지 않다면, 변화에 대해, 새로운 상황에 대해 올바로 판단하게 될 가능성마저 사라지는 것일 테니까요.

직장이나 직업을 바꿔 새로운 일을 시작할 때는 새롭게 배워야 하는 모든 것들에 압도되기 쉽다. 일 자체도 배워야 하고, 새로운 사람들을 다루는 방법도 배워야 하며, 일을 하는 새로운 방법에 대해서도 배워야 한다. 처음 몇 주는 당신에게 맡겨진 일들을 처리하는 방법을 확립하는 데 보내기 바란다. 지금 당신은 최대한의 주의를 기울여야 한다. 사람들의 성격이나 회사 내의 정치 구도에 대해 지금 당신이 느끼는 것들이 가장 정확한 것일 수 있고, 그런 인상이 당신이 미래에 어이없는 실수를 하지 않게 도와줄 수 있을 것이다. 지금 같은 때일수록 중립적인 태도를 취해야 한다. 동료들에 대해 알아가면서 천천히, 그리고 주의 깊게 관계를 형성해야 한다. 경력을 쌓아가는 중에는 늘 그렇듯이, 지금 당신이 취해야 할 최선의 방침은 사무적으로 행동하는 것이다.

불평 바이러스 퇴치법이 없나요?

불평분자에서 긍정적인 인재로 거듭나기

부정적인 태도를 바꾸는 것은 어쩌면 가장 어려운 과업일 수 있다. 당신이 지닌 가장 심각한 성격적 결함 중 하나를 똑바로 쳐다보고 극복해야 하기 때문이다. 그리고 그런 노력을 하는 것은 아마도 당신 생에 처음일 것이다. 자신이 불평분자이며 걸핏하면 남들을 비난하고 고자질하기 좋아하는 사람이라는 사실을 인정하고 싶은 사람이 누가 있겠는가? 하지만 쉽지 않더라도 부정적인 태도를 고치면 많은 보상이 따를 것이다.

아주 모욕적인 말로 시작해보자. '당신은 회사 전체에서 가장 귀찮은 존재이다.' 그렇다. 다른 사람이 아닌 바로 당신 이야기를 하는 것이다. 이 장의 목적은 당신의 태도가 어떤지 관찰하고 당신의 태도를 개선시키는 것이다.

아래에 나열하는 상황이 익숙하게 들리지 않는지 보자.

- 당신이 가진 문제점들을 여러 사람들에게 이야기해보지만, 통 해결될 기미가 보이지 않는다.
- 당신을 비참하게 만드는 데 온 힘을 쏟고 있는 사람들이 한두 명은 있다.
- 당신에게 일어난 모든 나쁜 일에 대해서 다른 사람을 비난할 수 있고 다른 사람에게 책임을 돌릴 수 있다.

위의 상황들이 모두 친숙하게 느껴진다면 당신은 태도가 좋지 않은, 즉 부정적인 태도를 지닌 직원이다. 당신이 사무실로 걸어 들어가기도 전에 당신의 부정적인 태도가 당신이 성공할 가능성을 없애버릴 것이다.

당신을 도와줄 수 있을 사람들도 당신의 부정적인 태도 때문에 당신

곁을 떠나고 말 것이다. 부정적인 생각을 가진 사람 곁에 있고 싶어하는 사람은 없기 때문이다. 또한 당신의 상사는 당신에 대해 노력을 기울여서 키울 만한 부하 직원은 아니라고 생각하게 될 것이다. 부정적인 태도는 또한 당신으로 하여금 일에서 얻을 수 있는 즐거움을 느끼지 못하게 만들고, 당신 앞에 다가오는 많은 기회들을 보지 못하게 할 것이다.

그러나 가장 나쁜 점은, 당신 스스로 그런 태도에 너무나 익숙해져서 자신이 그런 태도를 지니고 있다는 사실을 깨닫지 못한다는 사실이다. 사실, 부정적이고 비관적인 태도를 지니고 있는 사람들 중에서 자신이 그렇다는 사실을 인정하는 사람은 거의 없다. 대신 그들은 자신의 문제점을 모두 다른 사람들의 탓으로 돌려버린다.

자신이 가진 꿈과 계획들이 실현될 수 있게 하려면 당신은 그런 태도를 조절하고 제어할 수 있어야 한다. 그러기 위해서 가장 먼저 필요한 일은 자신의 태도가 어떠한지를 깨닫는 것이다. 일에 대한 태도, 동료들에 대한 태도, 권력을 지닌 사람들에 대한 태도, 그리고 중요한 상황―특히 실패하거나 실망한 상황―에서 자신이 어떤 태도를 보이는지를.

아래의 문제를 풀고 당신이 태도를 바꿔야 하는지 아닌지 알아보도록 하자.

나의 태도에는 문제가 있을까?

네　아니오

1. 당신은 회사에서 보내는 시간 중 절반 이상 화가 나 있는가?　　□　□

2. 사람들이 당신을 못살게 군다고 생각하는가?

3. "그건 내가 할 일이 아니야" 같은 말을 자주 하는가?

4. 승진하지 못한 것을 다른 사람들의 탓으로 돌리는가?

5. "우린 이전에는 그런 식으로 일하지 않았어요" 혹은
   "내가 전에 일했던 곳에서는 다른 방식으로 일했어요"
   와 같은 말을 자주 하는가?

6. 당신보다 앞서 가는 사람들은 속임수를 쓰거나 남들과
   공모를 하는 등, 옳지 못한 방법으로 성공했다고 확신
   하는가?

7. 동료들 때문에, 혹은 회사에서 벌어지는 일들 때문에
   자주 좌절감을 느끼는가?

8. 자신은 상황을 변화시킬 힘이 없다고 느끼는가?

9. 어떤 일을 시작하기도 전에 의기소침해지거나
   패배감이 드는 경우가 종종 있는가?

10. 다른 사람이 무언가 제안을 해왔을 때 "네, 하지만…"
    이라는 말을 자주 하는가?

이 질문들 가운데 한 가지에라도 '예'라고 대답했다면 부정적이고 비관적인 태도를 가진 것으로 생각해야 한다. 이런 행동들은 모두 커다란 빙산의 일각일 수 있기 때문이다. 즉, 이런 행동이나 생각을 한 가지라도 한다는 것은 부정적이고 비관적인 태도를 가졌다는 증거인 것이다.

직장에 만연한 고전적인 통념

그런 부정적인 태도는 어디에서 시작되었을까? 많은 경우, 부정적인 태도는 일이나 상황이 반드시 '어떠해야 한다'라는 잘못된 생각에서 생겨난다. 그런 생각을 곱씹는 시간이 많을수록 실제로 일이 어떻게 돌아가는지 관찰할 시간은 줄어든다. 그리고 그런 부정적인 태도가 잘못된 정보에서 비롯되며, 계속해서 잘못된 정보를 받아들인다면, 당신의 생각은 잘못된 한 방향에만 머물러 있을 것이고, 그러다 보면 영영 좌절하고 말 것이다.

우리 모두는 일에 대해 어떤 통념을 가지고 있고, 그 통념을 굳게 믿는다. 몇 해 동안 그 통념을 마음속에 지녀왔으면서도 입 밖으로 내지는 않으며, 그 통념이 커리어에 발을 걸어오기 전까지는 그런 통념을 가지고 있다는 사실을 깨닫지도 못한다. 이런 통념들은 흔히 일은 어떻게 돌아가야만 한다는 '생각'과 '실제로 일이 이루어지는 방식' 사이에서 느끼는 혼란에서 생겨난다. 그런 통념은 또한 권력이 어디에 있으며 권력이 어떻게 사용되는지에 대해 가지고 있는 우리의 오해를 반영하기도 한다. 그런 통념의 희생양이 되는 사람들을 주변에서 쉽게 볼 수 있다. 그런 사람들은 "하지만 그건 공정하지 않아요!"라는 말을 늘 입에 달고 다닌다.

다음에서 일에 대한 열 가지 고전적인 통념을 보자.

1. 나의 노력은 언젠가 인정을 받을 것이고, 보상을 받을 것이다

점점 더 많은 사람들이—갈수록 당신보다 어린 사람들이—연봉을 올려 받고 승진을 하는 반면, 당신의 책상은 점점 구석으로 밀려나고 있다. 그런데도 당신은 계속해서 이 말만을 되씹고 있지는 않은가? 칵테일 파티나 기타 부적절한 장소에서 자신의 업무 성과에 대해 떠들어대는 일은 적절하지 않다. 하지만 직장에서는 그렇게 하는 것이 당신의 '의무'이다. 언젠가 남들이 자신의 노력을 인정해주기를 기다리며 가만히 앉아 있는 대신, 상사에게 자신의 성과에 대해 이야기하여 연봉을 올려 받거나 승진을 할 수 있는 기회를 적극적으로 찾아야 한다.

2. 내 상사는 (우리 회사는) 항상 내 이익을 생각해준다

상사가 당신의 정신적 스승이라면 이런 생각이 맞을 수도 있다. 하지만 만일 그렇더라도 그 정신적 스승이 권력 싸움에서 진다면 어떻게 될까? 그리고 만일 상사가 당신의 정신적 스승이 아니라면 (실제로는 이럴 가능성이 더 많다) 어떨까? 아마도 상사는 어떻게 하면 자신의 상사에게 잘 보일지에만 관심이 있을 것이다.

그리고 '우리 회사' 란 대체 무엇인가? 우리 회사란 한 무리의 사람들이다. 그리고 그들 중 일부만이 당신과 직접적으로 관계를 맺고 일을 하고 있다. 다른 회사들에 비해 직원에게 관대한 회사들도 있긴 하다. 하지만 그런 회사들조차도 궁극적으로는 경제적인 이유로 어떤 결정을 내리지, 직원 한 사람을 위해 결정을 내리지는 않는다.

당신의 상사는 자신이 부하 직원인 당신의 이익을 생각하고 있다고 생각할지도 모른다. 하지만 만일 당신에 대한 불충분한 정보에 기초하여 당신에게 이익이 되는 일을 생각한다면 어쩔 것인가? 그리하여 실제로 당신에게는 이익이 되지 않는다면? 혹은 당신이 실제로는 가지고 있지 않은 재능을 가지고 있다고 생각한다면?

해답은 다음과 같다. 당신에게 이익이 되는 일이 무엇인지, 당신의 상사와 당신의 회사에게 이익이 되는 일이 무엇인지를 알고, 그 모두의 이익이 실현될 수 있는 방법을 찾아내는 것이다. 항상 그렇게 하기는 힘들겠지만, 많은 경우 그것은 가능하다.

3. 관리는 합리적인 것이다, 혹은 합리적인 것이어야 한다

'관리란 인간적인 것이다'라고 말하는 편이 더 현명할 것이다. '인간적인' 것에는 합리적인 것도 포함되지만, 인간적인 것이 모두 합리적이지는 않다. 인간적인 것은 편견이나 연약함을 비롯한 여러 불합리한 특성들을 포함한다. 심리적으로 압박감을 느낄 때 인간들은 좋지 않은 판단을 내릴 수 있다. 상사가 당신보다 더 합리적일 것이라고 기대하지 마라. 또한 자기 자신이 항상 합리적이라고 믿어서도 안 된다.

4. 나는 회사 내의 '정치'에 관여할 필요가 없다

당신이 회사 내의 권력 구조에 참여하기로 하든 하지 않든, 권력 구조를 이해할 필요는 있다. 그리고 사내의 기본적인 행동 규칙은 이해하고 따라야 한다. 예를 들어, 상사의 지위를 약화시켜서는 안 된다거나 하는 규칙이 있을 것이다. 예컨대 당신은 '부서장'이라는 직함을 가진 사람이 항상 당신의 상사라고 생각하는가? 그럴 경우도 있지만, 실제 권력—예산을 집행하는 권력이나 일을 실행하는 권력—은 그 사람의 윗사람이나 아랫사람, 혹은 그 밖의 다른 사람이 쥐고 있는 경우가 흔히 있다. 실권을 쥐고 있는 사람이 누구인지 아직 알지 못한다면, 당신은 어서 사내의 정치에 참여해야 한다.

5. 모든 사람은 똑같은 대우를 받아야 한다

그럴 수 있다면 좋겠지만, 실제로는 어떠한가? 당신의 상사들도 인간이기 때문에 특정 직원들을 더 마음에 들어 할 것이다. 그리고 어떤 직원들은 자신이 원하는 것을 잘 알고 있으며 그것을 얻고자 어떻게든 노력을 할 것이다. 그런 행동들에 대해 공정하지 못하다고 말하고 입을 삐쭉거리고 말 수도 있다. 아니면 "다 그런 거지 뭐"라고 말하고 자신도 그렇게 행동할 수도 있다.

6. 나는 없어서는 안 될 존재이다

이런 통념에서 벗어나기 위해서는 휴가를 가거나, 아파서 회사를 빠지거나, 아니면 아예 회사를 그만둬보면 된다. 비극적인 경우, 당신이 다시 출근을 했을 때 당신의 자리는 다른 자리로 바뀌어 있거나 아예 사라져버렸을 수도 있다. 그러면 당신은 비로소 '없어서는 안 될 존재'라는 건 없다는 사실을 이해하게 될 것이다. 비록 '없어서는 안 될 존재'는 못 되겠지만, 자신을 '거의 없어서는 안 될 존재'로 만들 수는 있다. 더 많은 기술과 능력을 습득하면 할수록 당신은 점점 더 없어서는 안 될 존재가 될 수 있을 것이다.

7. 하라는 일만 하면 나는 해고당하지 않을 것이다

나는 최근에 다음과 같이 적혀 있는 커피잔을 본 적이 있다. '내 일자리는 보안 장치가 되어 있다. 아무도 내 자리를 탐내지 않는다.' 재미있는 말이기는 하지만, 이 말은 사실이 아니다. 실제로 한 사람의 자리라는 것은 아주 쉽게 없어질 수 있고, 그렇게 되면 그 사람이 하던 일은 남아 있는 사람들에게 배분될 것이다. 대충 대충 하는 일에 보안 장치가 부착되는 경우는 없다. 아무도 원하지 않는 자리라 할지라도. 특히나 요즘은 일을 대충 하다가는 해고당하기 쉽다. 그러므로 솔선해서 일을 더 하는 것이 유리할 뿐만 아니라, 일을 더욱 잘하도록 노력해야 할 것이다. 당신이 가진 능력을 최대한 보여줘야 한다.

8. 주어진 일을 열심히 하기만 하면 승진하고 출세할 것이다

전문가들이, 당신이 기대하고 있는 다음번의 승진에 대비해서 각별한 준비를 하라고 조언한다면, 그것은 많은 사람들이 그 자리를 탐내고 있다는 뜻이다. 머리가 좋은 사람이라면 승진을 앞두고 열심히 일함으로써 자신을 돋보이게 할 것이다. 그들에게 있어 성공을 위해 특별한 준비를 하는 것은 자신들이 성공을 위해 준비를 하고 있음을 적극적으로 드러내 보이는 것이다. 허세를 부리는 사람에게 그것은 단지 겉모습을 자랑하는 것뿐일지 모르지만.

9. 옛날이 더 좋았는데…

당신이 좋게 기억하고 있는 예전의 상사가 있을지 모른다. 그렇더라도 너무 많은 사람들이 새 상사 앞에서 다음과 같은 위험한 말을 쉽게 내뱉는다. "하지만 예전엔 그렇게 하지 않았는데요…" 예전의 상사와 비교하는 것만큼 새로 온 상사의 기분을 상하게 하는 것도 없다. (그리고 어쩌면 그 예전의 상사는 당신이 기억하는 것만큼 좋은 사람은 아니었을 것이다.) 과거의 유물을 붙들고 있는 것은 당신에게 도움이 되지 않을 뿐더러, 당신에게 오명을 씌울 것이다.

10. 상황은 좋아질 거야!

직원들이 모두 해고를 당할 때까지도 이 말만을 되뇌고 있는 사람들이 있다. 지금 당신이 일하고 있는 곳에서 행복하지 않다면, 더 잘할 수 있는 곳을 찾도록 하라.

고전적인 직장 내의 통념들 중 다수는, 일을 하면서 만나는 사람들이 당신의 가족이나 친구들처럼 당신을 대할 것이라는 기대에서 생겨난다. 즉, 그들이 사랑과 믿음, 그리고 이타심에서 당신을 대할 것이라는 기대에서 그런 통념들이 생겨나는 것이다. 하지만 생각해보라. 당신의 가족조차도 항상 당신을 사랑과 믿음으로 대하지는 않으며, 항상 당신을 위해서 뭔가를 하지는 않는다. 당신이 기저귀를 차야 하는 아기일 때가 아니고서는 말이다. 가정에서도 당신은 당신 자신과 당신의 행동에 대해서 책임을 져야 한다.

일터에도 친구 사이나 가족 간에 존재하는 가치들이 어느 정도는 분명 존재한다. 하지만 직장은 가정이나 친구 관계와는 다른 필요조건을 갖는

공간이다. 옳지 않은 통념에서 벗어나기 위해 일부러 냉소적이 될 필요
도 없고, 냉혈한처럼 행동할 필요도 없다. 하지만 모범 운전자들이 운전
하는 방식으로, 즉 방어적으로 일하는 방법을 배울 필요는 있다.

태도를 바꾸자

태도를 바꾸는 것은 고통스러운 과정이다. 태도를 바꾸려면 끊임없이
자신을 인식해야 하고, 자신이 말하고 생각하는 방식에 귀를 기울여야
한다. 그것은 마치 오랫동안 몸을 숙이고 걷다가 이제 와서 몸을 똑바로
펴고 걸으려는 것과도 같다. 태도를 바꾸려면 오랫동안 위축되어 있던
정신의 근육을 늘여야 한다. 그러자면 스스로에 대해 인내심을 가져야
하고, 단호해야 한다. 예전처럼 푸념을 하거나, 다른 사람을 비난하거나,
불평하는 모습을 발견하면, 당장 그런 행동을 멈추고 스스로를 바로잡아
야 한다. 늘 긍정적으로 생각하고 행동하도록 노력해야 한다.

그렇게 하면 대가가 주어진다. 다른 사람들이 당신을 대하는 방식이
바뀐다는 것을 느낄 수 있을 것이다. 사람들은 당신을 예전보다 더 존중
할 것이고, 당신이 하는 말을 좀더 귀 기울여 들을 것이며, 당신이 부탁하
거나 요구하는 일을 해줄 것이다. 그리고 시간이 지남에 따라 당신 스스
로도 자신을 더 존중하게 될 것이다.

당신은 달라질 수 있다. 자신이 지닌 나쁜 습성을 인식하고, 그런 습성
이 자신의 앞날에 어떻게 방해가 될 것인지를 인식할 때, 비로소 변화는

시작된다. 그런 것을 인식하기 시작할 때 비로소 부정적이고 나쁜 습성을 바꿀 수 있게 된다.

　최근에 내 친구 라파엘은 욕을 하면 할수록 실수를 더 많이 한다는 사실을 깨달았다. 그는 욕을 한다는 것은 일에서 느끼는 좌절감이 자신을 괴롭히고 있음을 나타내는 표시라고 말했다. 욕을 하면 차근차근 생각하지 못하게 되고, 결국 실수를 하게 된다는 것이다. 이제 그는 욕을 하고 싶어질 때면 스스로를 진정시키고, 짜증나게 만드는 장애물을 생각하는 대신 그 순간 자신이 하고 있는 일에 신경을 집중한다고 한다.

:: 나의 행동을 바꾸는 기술들

　이제 당신은 당신의 마음가짐이 당신을 실패하게 할 수도 있고, 성공하게 할 수도 있다는 사실을 이해했다. 그렇다면 이제는 자신의 행동을 변화시킬 차례다. 행동을 바꿀 수 있는 몇 가지 기술들을 살펴보자.

- 자신의 행동을 관찰한다. 특히 스트레스 상황에서 어떻게 행동하는지 관찰한다.
- 자신이 사람들에 대해서 뭐라고 말하는지 귀 기울여 들어보고, 자신을 화나게 만드는 것들이 무엇인지 눈여겨본다.
- 짜증 나게 하는 상황이나 환경, 사람들을 바꾸기는 어렵지만, 자신의 행동을 바꿀 수는 있다는 사실을 인식한다.
- 스스로에게 인내심을 갖되 단호한 태도를 가져야 한다. 자신이 사랑

하는 어린아이를 대하듯이.

- 자신의 행동을 제어할 수 있고 책임질 수 있다면 얼마나 기분이 좋을지를 생각한다.
- 자신을 짜증 나게 하는 상황이나 사람들도, 자신이 스스로를 더 잘 조절하고자 노력할 때는 그렇게까지 짜증 나는 존재들이 아닐 수도 있음을 기억한다.

:: 나는 어떤 유형의 사람인가?

다음의 부정적인 태도의 유형 중 자신은 어디에 속하는지 찾아보자.

'비관' 형 | 만화 〈곰돌이 푸우(Winnie the Pooh)〉에 나오는 당나귀 이요르(Eeyore)처럼 모든 일에 있어서 비판적이고 비관적이다. 이런 사람에게 '좋은 날'이란 결코 있을 수 없다.

'소문 발전소' 형 | 다른 사람들이 어떻게 부적절하고 사악한 수단을 동원하여 출세하는지에 대한 이야기를 여기저기 떠들고 다니는 것이 일과인 사람들이다.

'아, 옛날이여' 형 | 이런 사람들은 늘 "예전엔 이렇지 않았는데"라며 한탄한다. 과거에는 회사가 황금기를 누리던 시절이 있었으나, 그 시절은 지나고 이제 모든 사람들이 일을 망치고 있다고 생각한다.

‘비판가’ 형 | 회사가 운영되는 방식을 전혀 마음에 들어 하지 않는다. 회사 내에서 제대로 되는 일은 하나도 없다고 생각한다. 따라서 회사에서 들이는 모든 노력은 무가치하다고 생각한다. 상사라면 무조건 싫어하고, 낙관적인 태도는 비웃으며, 아이디어는 모두 마음에 안 들어한다.

‘절대 삐딱’ 형 | 이런 사람이 보는 현실은 딱 하나, 바로 자신이 보는 현실뿐이다. 그러나 불행히도 그 현실은 절대로 개선되거나 변화될 수 없는 비관적인 것이다.

위와 같은 유형의 사람들이 갖는 공통점은 모든 일을 다른 사람의 탓으로 돌리고 자신은 책임을 회피한다는 점이다. 그들은 문제가 생기면 항상 다른 사람이 잘못해서 일어난 것이라고 생각한다.

:: 태도의 개조

잡지나 신문에서 ‘Before’ 와 ‘After’ 를 비교하는 기사들을 본 적이 있을 것이다. 헤어드레서나 메이크업 아티스트의 도움을 받아 멋지게 (적어도 다르게) 변신한 모습을 보여주는 기사 말이다. 외모를 개조한 자신의 모습을 상상하는 것도 재미있겠지만, 태도를 개조한 모습을 상상하는 것은 더 재미있고 기쁠 것이다. 자신의 태도 중에서 바꿔야 하고, 해결해야 하고, 새롭게 해야 하는 것은 어떤 면인가?

외모와 마찬가지로, 태도 또한 나쁜 습관이 여러 가지 모이다 보면 점차 나빠진다. 신발의 굽이 닳게 놔두는 것처럼 태도 또한 나빠지게 놔둘 수 있다. 그러다 보면 신발과 마찬가지로 태도도 버리고 새로 사야 할 지경에 이를 수 있다. 그렇게 되기 전에 균형 잡힌 태도를 유지해야 한다.

부정적인 태도는 스스로 비참한 기분이 들게 만들 뿐만 아니라, 여러 가지 기회를 차단시킨다. 부정적인 태도를 갖고 있는 사람에게 기회는 귀찮은 일이나 하찮은 일로 느껴질 뿐이다. 또한 부정적인 태도는 그 사람 주변의 분위기를 오염시킨다. 당신이 부정적이고 비관적인 태도를 갖고 있다면 사람들은 당신을 피하게 될 것이고, 결국 당신은 당신을 지지해줄 사람을 갖지 못하게 된다. 어느 누구도, 당신을 대단히 좋아하는 사람이라도, 당신의 불평을 언제까지고 들어줄 수는 없는 것이다.

부정적인 말을 긍정적인 말로 바꾸자

부정적인 태도를 개조하는 첫 번째 단계는 남들에 대한 험담을 멈추는 것이다. 부정적인 말이 나오려고 하면 얼른 삼켜라. 그러면 한동안 사람들은 당신이 말을 못하게 된 것이 아닌가 생각할지 모른다. 그리고 당신은 그동안 얼마나 많은 부정적인 말들이 당신의 마음과 당신 주변의 사람들의 마음을 오염시켜왔는지 깨닫게 될 것이다. 비참한 기분은 전염력이 있다. 다른 사람의 얼굴에 대고 재채기를 해서는 안 되는 것처럼, 아무 잘못 없이 가만히 서 있는 사람들에게 '불만족 바이러스'를 옮기지 마라.

계속해서 불평을 한다고 화가 풀린다는 증거는 없다. 오히려 마음의 상처가 더욱 드러날 뿐이다. 당신도 불평을 하면 기분이 좋아지기는커녕 더 나빠진다는 사실을 알고 있을 것이다. 아무리 많은 사람들에게 이야기를 하더라도, 그들로부터 동정은 받을 수 있을지언정 기분은 좋아지지 않을 것이고, 부당한 취급을 받는다는 느낌도 사라지지 않을 것이다.

얼마간 침묵을 지킨 후에는 부정적인 말을 긍정적인 말로 바꾸는 연습을 해야 한다. 부정적인 생각을 긍정적인 생각으로 바꿀 수 있도록 주변을 긍정적인 것들로 채우는 연습을 하는 것이다. 예를 들어, 긍정적인 내용의 책이나 기사를 읽고 보는 것이다. 나의 경우를 예로 들면, 내 컴퓨터 안에는 기운을 북돋워줄 수 있는 낙천적이고 재미있는 이야기들을 저장해놓은 파일이 있다. 사랑하는 사람의 사진이나 당신의 아이가 그린 그림, 혹은 자그마한 장신구를 주머니에 넣고 다니며 수시로 꺼내 보는 것도 도움이 될 것이다.

당신은 무엇을 질투하는가?

비판하는 동기나 이유를 찾을 수 있다면 비판하기 좋아하는 습관을 버릴 수도 있을 것이다. 스스로에게 질문하라. "내가 비판하는 사람들에 대해 내가 동경하거나 질투할 것이 있나?" (적어도 이 질문에 대한 답을 찾는 동안은 비판을 줄일 수 있을 것이다.) 당신이 이 질문에 정직하게 대답할 용기가 있다면, 당신을 짜증 나게 하는 그 사람이 당신이 원하는 일을 하고 있거나 당신보다 대인관계를 더 잘 이끌어간다는 사실을 인정하게 될 것이다. 그 사람을 보면서 자신을 발전시킬 수 있음에도 불구하고, 당신은 그 사람을 나쁜 사람으로 만들고 있을지 모른다.

적을 내 편으로 만들자

적을 내 편으로 만들지는 못하더라도 최소한 예의 바르게 대해야 한다. 냉소적인 이유에서라도 이런 연습을 시작할 수 있다. 하지만 당신의 적도 당신처럼 변하고 있을지 모른다는 사실을 잊어서는 안 된다.

우선, 적이 당신에게 잘못한 것들에 대해 분노하느라 보낸 시간들을 생각해보자. 악의에 차서 그에 대한 반론을 펴고, 그에 대한 험담을 퍼뜨리고, 자신의 오래된 상처를 들추고… 정말 한심하지 않은가? 그렇게 무가치하고 불건전한 일에 시간을 보내고 정신을 빼앗기는 대신 당신이 할 수 있었을 생산적인 일들을 생각해보자.

그러니 이제는 적을 만나도 미소를 지으면서 "안녕하세요"라고 인사해보자. 꽃을 보내거나, 사과의 편지를 쓰거나, 아니면 집으로 초대하거나 하는 등 극적인 행동은 삼가야 한다. 그런 행동은 불필요한 주의를 끌거나, 상대로 하여금 당신의 동기를 의심하게 만들 뿐이다. 처음에는 인사를 건네는 것으로 시작하고, 시간이 가면서 대화를 나누도록 하자.

일단 적대적인 행동을 그만두고 나면, 당신은 당신의 '적'이 당신의 쌀쌀한 행동에 당황하고 있었다는 사실을 알게 될 것이다. 아니면 상대방은 당신이 그랬다는 사실을 전혀 깨닫지조차 못하고 있었을 수도 있다. 지금은 믿어지지 않겠지만, 시간이 가면서 당신의 적이었던 사람이 당신 편이 될 수 있다. 그리고 시간이 더 지나고 나면, 당신을 괴롭힌 것이 무엇이었는지조차 기억하지 못하게 될 것이고, 심지어 그 사람이 한때 당신을 괴롭게 했다는 사실조차도 기억하지 못하게 될 것이다.

스스로를 설득시키자

당신이 하고 있는 부정적인 생각들 중 다수가 사실일지는 몰라도 비생산적임에는 틀림없다. 이제는 스스로에게 이렇게 말해보자. "네 말이 맞아. 나보다 연봉을 더 받고, 일은 더 적게 하고, 일도 잘하지 못하는데 승진을 하는 사람들이 있지. 나는 아무도 알아주지 않아. 하지만 인생이란 게 그런 거 아니겠어. 계속 열심히 하다 보면 알아줄 날이 오겠지."

치유법을 찾자

부정적인 태도의 유형을 알면 그 치유법도 알 수 있다. '비판가' 형이 좋은 예이다. 그런 사람의 비판하기 좋아하는 겉모습 아래에는 무언가를 책임지기 좋아하거나, 적어도 영향력을 갖는 것을 좋아하는 사람이 숨어 있을 것이다.

하지만 비판가들은 정작 책임지기를 원하지도 않고, 자신이 내놓는 비판적인 아이디어를 실현시킬 만한 자신감도 갖고 있지 못하다. 그리고 모르긴 해도, 비판가들은 지금 일을 담당하고 있는 사람보다 일을 더 잘하지 못할 것이다. 하지만 비판가가 계속해서 책임은 지지 않고 옆에서 비판만 하는 한, 우리는 그런 사실을 알 수가 없다.

부정적 태도에는 모두 부분적인 해결책이 있다. 예를 들어서 당신이 비판가형이라면, 어떤 문제를 해결하겠다고 자원을 하는 것이다. 그렇게 하면 전문적인 기술과 자신감을 기르는 데 도움이 될 것이다. 그리고 뒤에 서서 비판만 하는 대신 뭔가 긍정적인 일을 할 수 있을 것이다.

만일 진지하게 노력을 했는데도 자신의 태도가 변하지 않았다는 생각이 든다면, 부정적인 태도는 단지 습관이 아니라 그보다 더 심각한 문제일 수 있다. 당신의 부정적인 태도 뒤에는 어떤 불편한 진실이 숨어 있는 것일까? 이 질문에 대답하는 것은 살에 붙어 있던 반창고를 떼어내는 것처럼 따갑고 아픈 일이다. 하지만 그것을 알아내는 것이 장기적으로 태도를 개조하는 데 있어서 중요한 열쇠가 된다. 정말로 잘못된 것이 무엇인지 알아내야만 변화할 수도 있는 것이다.

부정적인 에너지를 긍정적인 에너지로 바꾸자

불평이나 푸념을 하나하나 뜯어보고 원인과 해결책을 찾는 데 에너지를 쓰도록 하자. 예를 들어, 당신이 적이라고 생각하는 사람과 관련해서는 다음과 같은 질문을 스스로에게 해보자.

- 누가 당신의 문제를 일으켰는가?
- 왜 당신은 그 사람을 당신을 가장 불행하게 만드는 사람으로 선택했는가? (당신이 그 사람을 '선택'한 것이다. '적을 만들다'라고 표현하는 데는 이유가 있다.)
- 당신의 적이 가지고 있는 것 가운데 당신이 갖고 싶은 것은 무엇인가? 더 높은 연봉? 상사의 관심과 자신감? 적은 업무량?

이제 정말로 어려운 질문을 하자.

당신 자신은 그런 것들을 어떻게 혼자 힘으로 얻을 수 있겠는가?

승진과 연봉 인상은 하늘로부터 그냥 떨어지는 것이 아니다. 계속해서 요구해야 얻을 수 있는 것이다. 계속해서 요구해도 받아들여지지 않는다면 다른 부서나 다른 회사로 옮겨가야 한다. 다른 곳에서라도 발전할 수 있도록 스스로를 준비시켜야 한다. 그러나 부정적인 태도 때문에 고통을 받아온 사람이라면, 아마도 그렇게 할 용기가 없을 것이다. 그런 당신을 나는 겁쟁이라고 부르겠다. 그런 내 생각이 잘못된 것이었음을 입증시켜 주길 바란다. 겁쟁이가 아님을 증명하기 위해서는 당신이 지닌 능력과 당신이 이룬 성과들을 정리하여 상사에게 전달해야 한다. 세미나나 워크숍, 관련 야간 강좌 등에 참석함으로써 그런 기술을 습득할 수 있다. 하지만 무엇보다도 자기 자신을 믿어야 한다.

이렇게 하다 보면 어느 순간 당신의 불평 지수는 떨어질 것이다. 자신을 변화시키고자 노력하다 보면, 다른 사람들에 대해 불평할 시간이나 에너지는 남아 있지 않을 것이다. 더욱 열심히 일하고, 여가 시간에는 공부를 하는 그런 노력이 현재 회사에서 별 소용이 없다면, 자신에게 더 맞는 다른 회사를 찾으면 된다. 물론 그렇게 하자면 많은 노력이 필요하다. 위험한 일이기도 하다. 회사를 그만둔 후에 당신이 원하는 것을 얻게 되리라는 보장은 없기 때문이다.

그렇다면 왜 애써서 그런 노력을 해야 하는 것일까?

눈이 많이 와서 학교에 가지 않아도 되었던 날, 얼마나 즐거웠는지 기억이 나는가? 하루를 온전히 당신 마음대로 쓸 수 있을 때 느꼈던 완벽한 자유가 기억나는가? 직장 생활에서 만족감을 얻고자 노력할 때, 자신의 삶을 망치고 있다고 생각했던 사람들로부터 자유로워질 때, 어린 시절 눈이 와서 학교에 가지 않았던 날 느꼈던 것과 같은 자유를 느낄 수 있을 것이다. 그리고 당신의 하루하루는 온전히 당신의 것이 될 것이다.

새로운 태도를 지켜가려면?

새로운 태도를 지켜가려면 친구들을 새로 사귈 필요가 있을지 모른다. 태도를 긍정적으로 바꿔가는 기간은 당신의 예전 동료인 '불평분자 그룹'에게로 돌아가기 가장 쉬운 때이다. 그들은 늘 불평을 하고, 남들을 비난하고, 모든 것을 비판하기만 하는 나쁜 태도를 가지고 있는 사람들이다.

이제 당신은 그런 사람들을 멀리하며 살아가는 방법을 배워야 한다. 이것은 직장에서 살아남는 능력 중에서 가장 과소평가되고 있는 능력이다. 하지만 부정적인 태도를 고쳐가고 있는 지금, 당신에게는 그런 능력이 절실히 필요하다. 물론 나중에도 그 능력은 필요할 것이다. 당신이 어디에 가든지 나쁜 태도를 가진 사람들의 무리는 존재할 것이기 때문이다. 그런 사람들은 항상 스스로를 불행하게 느끼며, 사람들에게 자신이 오랫동안 어떻게 무시를 당해왔고 오해를 받아왔는지, 어떻게 학대를 받아왔는지를 거리낌 없이 이야기한다. 그들 중에는 일하는 시간보다 불평하는 시간이 더 많은 사람들도 있다. 당신은 그런 사람들을 따라 예전의 습관으로 돌아가고 싶지는 않을 것이다. 지금 당신은 그런 태도를 버리고 긍정적인 태도를 갖춰가고 있지 않은가.

최악의 경우에는 그 '불평분자 그룹'이 당신의 일 속으로 곧바로 숨어

들어오는 바람에 피하기 힘들 수도 있다. 하지만 지금 당신은 일도 마음에 들고, 상사와도 잘 지내고 있다. 새롭게 태어난 기분으로 직장에 대해 제대로 알아가고 있을 것이다.

스스로를 불행하게 느끼는 사람들과 함께 일하는 것은 당신의 정신 건강에 위험할 수 있다. 하루에 여덟 시간을 당신의 일이 끔찍한 수십 가지 이유를 대는 사람들과 함께 보내면서 기분을 좋게 유지하는 것은 쉽지 않은 것이다.

공포영화 속의 좀비들처럼 그런 사람들은 다른 사람들을 잡아먹지 않고는 버티지 못한다. 그들은 자신들이 당신에게 해를 끼치고 있다는 사실조차 깨닫지 못하고 있을 것이다. 사실 알고 보면 그들이 원하는 것은 자신의 좌절감을 발산하는 것뿐이다. 하지만 그들이 위험한 존재인 까닭은, 그들은 모든 사람들이 자신들처럼 불만을 품게 만들려 하며, 그 무엇도 그들을 막을 수 없기 때문이다. 그들은 문을 부수거나 창을 넘고 들어와 당신을 그들과 같은 불평분자로 만들려고 한다. 그것은 그들 스스로도 막을 수가 없다.

여기 그들을 멀리하는 제 1법칙이 있다.

'당신은 그 불행한 사람들을 도울 수 없음을 기억하라.'

그들을 돕겠다는 마음에서 그들을 붙잡고 이치에 닿는 이야기를 하려고 해봤자, 말을 꺼내기도 전에 그들의 부정적인 태도가 당신에게 전염될 것이다. 그러니 그들을 변화시키거나 그들과 논쟁을 하고자 에너지를 낭비하지 말지어다.

:: 나를 보호하자

불평분자의 대열에 끼기를 거부한다면 당신은 의심을 받거나 따돌림을 당할 수도 있다. 불평분자들의 입장에서는 당신의 존재 자체가 그들에게 위협이 되기 때문에 당신을 제압하려 할 것이다. 당신이 직장에서 불행하지 않다면, 거꾸로 말해서 그 사람들이 뭔가 잘못된 것이다. 그러나 그들은 그런 사실을 알고 싶지 않은 것이다.

잘못된 쪽은 당신이라는 확신을 갖기 위해 그들은 당신이 뭔가 잘못을 저질렀다고 생각하고 그 잘못을 찾아내려 할 것이다. 그래서 최악의 경우 당신은 혼자서 점심을 먹어야 할지도 모르고, 이런 저런 모임에 초대를 받지 못할지도 모르며, 상사의 똘마니라는 오명을 얻을지도 모른다. 그것이 사실이든 사실이 아니든 간에 말이다. 당신의 자존심은 이 모든 압력을 견뎌낼 수 있을 만큼 크고 넓어야 한다.

또한 당신은 친구라고 생각했던 사람들을 잃을지도 모른다.

당신 자신을 보호하기 위해 할 수 있는 일들이 몇 가지 있다. 가능하다면 직장에서 새로운 친구들을 찾는 것이다. 직장이 너무 좁다면, 직장을 벗어난 곳에서 당신에게 에너지를 줄 수 있는 사람들과 함께 할 수 있는 활동을 찾도록 하라. 당신의 일과는 아무 관계가 없는 친구들이나 가족과 더 많은 시간을 보내도록 하라. 혼자 점심을 먹게 되더라도 회사 건물에서 나와서 식사를 함으로써 외로움을 덜 느낄 수 있을 것이다. 혹은 점심시간을 이용해서 운동을 할 수도 있을 것이다. 자원 활동에 참가하거나, 관심 있는 강좌를 듣거나, 새로운 기술을 배우는 것도 좋다. 그런 것들로 공백을 채울 수 있을 것이다.

어느 순간, 당신의 노력에도 불구하고 '일이 싫어' 바이러스가 전염되었음을 깨달을 수도 있다. 그러면 어떻게 해야 할까?

우선, 업무 상황을 나아지게 할 방법을 알아내야 한다. 직장 생활에서 뭔가가 잘못된다면, 당신의 마음속에서도 불평이 고개를 들기 시작할 것이고, 그러면 당신은 이렇게 생각할지 모른다. "음, 그 사람들 생각이 옳았는지 몰라…" 물론 그 사람들이 옳았을 수도 있다. 하지만 그들은 그런 좋지 않은 상황을 변화시키려 하기보다는 비난을 하고 불평을 하면서 스스로를 무력하게 만들었다. 당신은 그들과 달리 상황을 변화시킬 수 있을 것이다. 그것이 모든 게 잘못되었다는 기분을 가장 효율적으로 치유할 수 있는 방법이다.

승진을 할 방법을 찾거나, 다른 부서로 전근을 가는 것도 좋다. 혹은 회사를 옮길 때가 되었다면, 옮겨도 좋다. '행동'은 불평분자 그룹이 퍼뜨린 독을 해독할 수 있는 궁극적이고도 최선의 치료제이다. 상황을 변화시키려는 노력을 미루면 미룰수록 당신은 더욱 빨리 불행의 늪 속으로 빠져들 것이다.

"입 닥치고 시도해봐"

남들에게 책임을 돌리는 것과 스스로 책임을 지는 것은 태도라는 동전의 양면이다. 남들에게 책임을 돌리면 자신은 가만히 앉아서 아무 일도 하지 않을 수 있다. 책임을 진다는 것은 당신이 하는 일에 대해 책임을 진다는 것일 뿐만 아니라, 더 중요하게는 당신의 행동(혹은 행동을 하지 않는 것)에 대해서도 책임을 진다는 것을 의미한다. 아무 일도 하지 않고 가만히 있기로 했다면, 그것도 좋다. 하지만 기억하라. 가만히 있어야지, 남들에게 비난을 돌려서는 안 된다.

내가 제일 좋아하는 티셔츠에는 다음과 같은 문구가 씌어 있다. '입 닥치고 뛰어.' 모든 상황에 적용시킬 수 있는 말이다. 지금은 '입 닥치고 시도해봐'라고 응용할 수 있겠다.

부정적인 태도를 바꾸는 것은 어쩌면 가장 어려운 과업일 수 있다. 당신이 지닌 가장 심각한 성격적 결함 중 하나를 똑바로 쳐다보고 극복해야 하기 때문이다. 그리고 그런 노력을 하는 것은 아마도 당신 생에 처음일 것이다. 자신이 불평분자이며 걸핏하면 남들을 비난하고 고자질하기 좋아하는 사람이라는 사실을 인정하고 싶은 사람이 누가 있겠는가? 하지만 쉽지 않더라도 부정적인 태도를 고치면 많은 보상이 따를 것이다. 태도를 고치려 노력하는 외중에는 예전의 모습으로 돌아가게 하려는 공격을 받게 될 것이다. 그럴 때면 이 장을 다시 읽어라. 그리고 자신이 변화하여 나아가려는 방향에 집중하여 계속해서 노력하라.

잃어버린 목표를 어떻게 다시 찾을까?

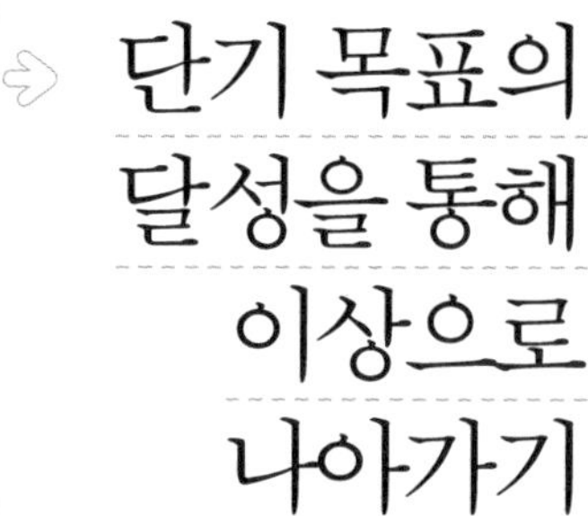

이 장에서는 목표를 세워서 달성하기까지의 기본적인 틀을 제시할 것이다. 목표를 향해 나아가는 동안에는 계속해서 여러 가지 장애물과 마주치게 될 것이다. 그렇더라도 용기와 결단력을 가지고 목표를 향해 계속해서 나아가야 한다. 그 부분은 다른 누가 해줄 수 있는 것이 아니다.

"인생에서 원하는 게 무엇인지 모른다는 것은 그 자체로 하나의 삶의
패턴이 될 수 있다. 그리고 그것은 아마도 가장 엄격한 패턴일 것이다."
- 헌터 S. 톰슨 〈두려움과 혐오스러운 글자들〉
제 1권: 자랑스러운 고속도로

"큰 꿈을 작은 조각들로 나눈다면, 당신도 꿈을 가질 수 있을 것이다."
- 린다 핀치, 비행기 조종사이자 사업가로,
최초의 여성 비행사인 어밀리어 이어하트와
같은 코스로 1997년에 세계 일주 비행을
성공적으로 해냈다.

일을 하는 것만으로는 부족하다. 자신이 어디로 나아가고 있는지를
알아야 한다. 너무나 많은 사람들이 이렇게 이야기한다. "나중에
뭐가 되고 싶은지 모르겠어." 농담처럼 하는 말이기도 하지만, 그 말은
이렇게 들리기도 한다. "내 안에는 밖으로 나오려고 하는 게 없어. 어디
로 가야 할지 방향이 없어. 나는 내 인생을 살고 있는 것 같지가 않아."

때로는 환경이 당신에게 어떤 목표를 갖게 할 수도 있다. 예를 들어, 아이를 갖게 되면 당신은 시간의 흐름이 당신에게 미치는 영향에 놀랄 수도 있고, 아이에 대한 사랑 때문에 스스로를 위해 일했던 것보다 훨씬 열심히 일할 수도 있다. 하지만 어떤 사건이 발생하여 당신의 인생을 바꿔주기를 기다리는 것은 위험하다. 그런 사건은 결코 일어나지 않을 수도 있기 때문이다.

지금 '피터 팬'들은 이렇게 말할지도 모른다. "목표가 대체 왜 필요한 건데?"

목표는 당신을 앞으로 나아가게 하고, 발전하게 한다. 결혼을 앞둔 여성들은 웨딩드레스를 예쁘게 입기 위해서 허리 사이즈를 두 단계는 줄일 수 있다. 달리기 선수들은 큰 경주를 앞두고 있다면 아무리 힘들더라도 훈련을 할 것이다. 그리고 신문은 마감 시간이라는 것이 없다면 제대로 나올 수 없을 것이다. 이 모든 것들은 특정한 목표들로, 특정한 때에 성취되어야 하는 것들이다. 그렇다면 언제 몸무게가 제자리로 돌아올 것이며, 언제 한밤중의 달리기 훈련을 멈출 수 있을까? 더 이상 목표가 없을 때 그렇게 될 것이다.

동기 부여의 강력한 원천으로서의 역할 외에도 목표는 하루하루를 즐겁게 보낼 수 있게 해주는 역할도 한다. 목표가 생기면, 힘들게 느껴지던 일도 순식간에 즐거운 게임이 될 수 있다. 그리고 일이 재미있어지면 그 일을 더 잘, 더 효율적으로 할 수 있게 된다.

목표를 세울 때는 다음의 두 가지 실수를 하지 않도록 조심해야 한다.

1. 너무 큰 목표를 세우는 바람에 그 목표에 질려서 포기하고 만다.

2. 목표를 너무 작게 세우는 바람에 자신을 시험해보지도 못한다.

그러니 처음에는 작은 목표에서 시작했다가, 목표가 어떻게 자신을 앞으로 끌고 나가는지를 알게 되면, 좀더 큰 목표를 세우는 것이 좋다. 목표를 달성하고 나면 의지가 약해질지도 모른다. 혹은 일시적으로 방향을 잃을 수도 있다. 그때는 물론 새로운 목표를 세워야 할 때이다.

커리어 목표 진단

방향이 없다는 것처럼 사람을 탈선하게 만드는 문제도 없다. 사실, 당신이 한 번에 몇 가지의 문제들로 고통을 받고 있다면—예를 들어, 자꾸 일을 미룬다든가, 모든 게 따분하게 느껴진다든가, 무엇에도 집중을 못한다든가, 뭔가를 (미래라든가 하는 것을) 잃어버렸다는 찜찜한 기분을 느낀다든가 하면—당장 '커리어 목표 진단'을 받아야 한다.

우리들 대부분은 학교를 졸업한 후로 커리어에 대해 어떤 목표를 갖고 있는지에 대해 진단을 받은 적이 없을 것이다. 그리고 어느 날 갑자기 우리는 다음과 같은 탄식 섞인 말을 내뱉게 된다. "고등학교에 다닐 때는, 장차 회사를 경영하고, 소설을 쓰고, 지금쯤의 나이에는 이백만 달러쯤은 벌었을 거라고 생각했는데…" 커리어의 목표는 자동차나 건강이나 사람들과의 관계처럼 정기적으로 유지하고 관리를 해주어야 한다.

다행히도 목표를 향해 노력하기에 너무 늦은 때란 없다. 내 딸아이의 보모에게는 83세 되신 이모님이 계신데, 최근에 예술과 문학으로 석사학위를 받으셨다고 한다. 대학 졸업식에 가면 학사모를 쓴 할머니 할아버지들을 한두 명씩은 볼 수가 있다. 신문에서 그런 이야기들을 기사로 즐겨 다루는 이유를 알겠는가? 우리 같은 사람들이 그 기사를 보면 '나에게도 희망은 있구나'라고 생각할 것임을 알기 때문이다.

당신에게도 희망은 있다. 그리고 83세가 될 때까지 기다릴 필요도 없다. 그렇다면, 목표에 대해 생각한 지가 너무 오래되었다면 어떻게 목표를 기억해낼 수 있을까? 아니면 어떻게 새로운 목표를 수립해야 할까? 우선 공상을 하는 연습을 할 필요가 있다. 그 다음에는 꿈을 실현시킬 현실적인 조치를 취할 필요가 있다.

이상적인 하루를 상상하라

목표를 세우기 위해서는 자신이 무언가를 원한다는 사실을 인정해야 한다. 이것은 쉬운 이야기처럼 들릴지 모르지만, 사실 많은 사람들에게 무척 어려운 일이다. 자신이 가지고 있는 것에 안주하도록 조정되어 있는 사람들에게는 특히 그러하다.

다음에 소개하는 훈련은 자신의 더 나은 삶을 상상하면서 긴장을 푸는 기본적인 기술을 연마할 수 있게 해준다. 한번 따라해보자.

우선 가만히 앉아서 눈을 감는다. 숨을 깊이 들이마시고 긴장을 푼다.

그리고 자신이 생각하기에 가장 이상적인 하루는 어떨지를 아주 구체적으로 생생하게 상상한다. 자유롭게 마음껏 상상의 나래를 펼쳐본다.

당신의 이상적인 하루에는 여러 가지 활동이 들어 있을 수 있다. 그리고 그 활동들이 모두 일과 관계된 것은 아닐 것이다. 예를 들어, 해변을 따라 자전거를 타는 상상을 할 수도 있고, 그럴 수 있을 만큼 해변 가까이에 사는 상상을 할 수도 있다. 당신이 이상적으로 생각하는 근무 시간은 오전 11시부터 저녁 7시까지일 수도 있다. 가족들을 만나기 전에 30분쯤은 혼자 있을 시간이 필요할 수도 있다. 혼자서 일하는 상상을 할 수도 있고, 다른 사람들을 감독하는 상상을 할 수도 있다. 혹은 당신이 지금 하고 있는 것과는 무척 다른 일을 원할 수도 있다.

이런 이상적인 하루를 실제로 얻을 수 있다. 안 될 이유가 없지 않은가? 그런 하루의 절반만을 성취하더라도, 아무것도 원하지 않았던 때에 비하면 훨씬 나아질 것이다. 이상적인 하루를 구성하는 중요한 요소는 만족감과 균형감이다. 상상 속의 일이나 기타 활동의 어떤 요소가 자신을 기쁘게 만드는지 밝혀내도록 하자.

이제는 현실의 직장에서의 하루를 생각해보자. 짜증 나게 만드는 사람들은 한두 명이 아니고, 지루하고 짜증 나는 일들은 수도 없이 많다. 하루가 끝났을 때 당신은 뭔가 이룬 것 같은 기분은 느끼지 못한 채 좌절감만을 느낀다. 대개 이런 기분이 계속될 것이고, 만족스러운 날은 가끔 찾아올 것이다. 그렇게 지내면서도 당신은 너무 심하게 좌절하지는 않을 수 있고, 일과 삶의 긍정적인 측면을 기억할 수 있을 것이다. 하지만 그것으로는 부족하다. 분명 그 이상이 있을 것이다.

이상적인 하루와 오늘을 비교하라

이상과 현실의 차이가 너무 커서 아직도 움츠리고 있는가? 하지만 다행히도 지금 당장 바꿔서 짧은 시간 내에 건강한 정신을 되찾게 해주는 것이 있다. 생각해보자. 오늘, 다음 주, 그리고 다음 몇 달 동안 변화시킬 수 있는 것이 무엇일까?

예를 들어 자전거 타기를 생각해보자. 당신은 아직 해변 근처에 살고 있지는 못할지 모른다. 하지만 여기서 자신을 파괴하는 가장 흔한 습관 중 하나를 극복할 수 있는 기회를 찾을 수 있다. 우리는 흔히 갖지 못한 것에 대해 유감스러워하면서 우리가 갖고 있는 것에 대해서는 잊어버린다. 그런 태도를 버리고 이제는 갖고 있는 것에 감사하고 자신이 가진 것을 활용할 줄 알아야 한다.

해변은 아니더라도 동네에서 자전거를 타기에 좋은 곳을 찾아보자. 친구를 설득해서 함께 타는 것도 좋다. 자전거를 타려면 한 시간은 일찍 일어나야 할지도 모른다. 그 사실을 불평하기 전에 한 시간 일찍 일어나 자전거를 탐으로써 얻을 수 있는 것들을 생각해보자. 몸과 마음의 긴장이 풀릴 것이고, 아름다운 풍경을 즐길 수 있을 것이고, 몸의 신진대사가 활발해질 것이며, 몸무게도 줄 것이고, 심장도 튼튼해질 것이며, 가장 중요하게는 자신에게 유익한 일을 선택해서 실천했다는 기쁨을 느낄 수 있을 것이다. 스스로를 관리한다는 기분. 잠을 한 시간 줄임으로써 얻을 수 있는 실로 큰 보상이다.

계획과 돈, 훈련, 그리고 다른 사람들의 협조가 필요한 장기적인 변화들을 계획할 때는 거기서 얻을 수 있는 보상을 염두에 두어야 한다. 그런 변화들을 이루어내려면 긴 시간이 필요할 것이므로, 그런 변화를 하려는 이유를 계속해서 상기해야 한다. 예를 들어 그런 변화를 달성함으로써 돈을 더 벌게 된다거나, 가족들과 더 많은 시간을 보내게 될 것이라거나, 더 멋진 휴가를 보낼 수 있을 거라거나 하는 등의 이유를. 그런 이유들이 당신의 마음을 움직인다면, 노력해볼 만하지 않은가.

목표를 설정하라

주저하지 말고 목표를 세우자. 숨을 크게 들이쉬고 해보는 거다. 단기적인 변화를 하나 선택하고(회사에 세미나에 보내달라는 요구를 하는 등의) 그것과 연관된 장기적인 변화(업무를 한 단계 높은 수준으로 바꿔서 연봉 인상이나 기타 혜택을 받을 수 있게 만드는 등의)를 선택한다.

장벽과 문제점들을 밝혀내라

변호사가 되는 상상을 했지만 사실은 사람들 앞에서 말하는 것을 두려워한다면 그것은 심각한 장벽이다. 극복할 수 있는지 없는지를 알아내기 위해서는 작은 테스트를 해보면 된다. 남들 앞에서 말하는 훈련을 하는 강좌에 등록을 하는 것이다. 그곳에서 훈련을 받음으로써 남들 앞에서 말하는 데 대한 두려움을 극복한다면, 그 다음에는 그보다 더 큰 문제를 고려해본다. 예를 들어 변호사가 되기까지의 학비를 어떻게 조달할지가 문제가 될 수 있다. 그 문제를 해결할 자신이 없다면, 지금 (더 늦지 않은 지금) 그런 사실을 알게 되었음에 기뻐하자. 그리고 이상적인 하루를 다시 돌아본 뒤, 이룰 가능성이 좀더 있는 목표를 찾아보도록 하자.

중간 목표를 설정하고 마감 기한을 정하라

장기적인 목표로 다가갈 수 있게 해주는 중간 목표를 설정한다. 예를 들어, 변호사가 되기 위해 대학에 가기로 결정한다면, 그 목표를 위한 중간 목표가 몇 가지 있을 것이다. 법 공부를 해야 하는 것 외에도 재정적인 도움을 얻을 수 있는 곳을 찾아봐야 할 것이고, 직장 생활과 학업을 병행하기 위해서는 업무 시간도 조절해야 할 것이며, 믿을 만한 보모를 찾아 아이를 맡겨야 할지도 모른다.

각각의 중간 목표에 대해서는 마감 기한을 설정한다. 각 목표가 어떻게 진행되고 있는지를 정리한 표를 만들고 마감 기한을 적어놓으면 목표를 이루는 데 도움이 될 것이다. 중간 목표들을 하나씩 이루어감에 따라 당신은 이상적인 업무 환경에 가까워지는 것이다. 그 표를 눈에 잘 띄는 곳에 붙여두는 것도 도움이 될 것이다. 목표들이 적혀 있는 종이 한 장이 그 목표들을 더욱 현실적인 것으로 느끼게 해줄 수 있다.

'커리어 목표 진단'은 언제 다시 받아야 할까? 불평이 늘어나고, 화를 자주 내고, 의기소침해지고 하는 것은 업무로 인해 지치고 있다는 전형적인 신호이므로 그럴 때는 진단을 다시 받는 것이 좋다. 한편, 직장에서 보내는 시간이 대체로 즐겁다 하더라도, 적어도 일 년에 한 번은 목표를 점검하는 것이 좋다.

꿈은, 이루어진다

얼마 전에 나는 한 독자로부터 전화를 받았다. 그 독자는 완전히 새로운 일을 하려고 생각하고 있었다. 그는 자신이 운영하던 사업체를 매각했다고 했고, 가족들은 재정적으로 안정되어 있으며, 자신은 완전히 다른 일을 해보고 싶다고 했다.

누군가가 그처럼 큰 변화를 도모하고 있을 때 해줄 수 있는 최선의 조언은 그 변화를 천천히, 가능한 천천히 행하라는 것이다. 대부분의 경우, 지나치게 과감한 변화를 추구하고 있다면, 예를 들어 안정은 되어 있지만 따분한 은행 업무를 버리고 1인용 썰매 경기의 올림픽 대표팀 코치를 하고 싶다면, 그것은 무언가 잘못되어 있다는 신호이다. 당신이 그런 식의 변화를 생각하고 있다면 그 이유는 다음 중 한 가지일 가능성이 있다.

- 당신은 몹시 불행하다.
- 당신은 인생이 당신에게 줄 수 있는 것과 줄 수 없는 것을 현실적으로 인정하지 못한다.

- 당신은 인생의 큰 위기를 겪고 있다.
- 당신은 당신의 삶에서, 가정에서, 목표에서, 혹은 가치에서 더 큰 문제를 회피하고 있다.
- 당신은 위의 모든 경우에 해당한다.

아주 극단적인 변화를 통해 나쁜 상황을 개선시킬 수 있다는 환상을 갖고 있는 사람들이 많이 있다. 나에게 전화를 걸어왔던 독자와 달리, 우리들 대부분은 환상을 실현시킬 수단을 갖고 있지 못하다. 그래서 우리는 지금까지 살아온 대로 살아가는 것이고, 가능한 정도의 변화만을 실행하는 것이다. 그것이 가장 안전한 방법이다. 하지만 정말로 꿈을 이루겠다고 결심을 했다면, 실현시킬 수 있는 방법들이 없는 것은 아니다.

:: 변화의 동기에 대해 질문하라

당신은 혹시 중년의 위기를 겪고 있는 것은 아닌가? 그래서 당신이 살아오면서 이룬 것들의 가치를 과소평가하고 만족하지 못하는 것은 아닌가? 중년은 사람들이 자신이 과거에 했던 결정들에 대해 후회하기 시작하는 때이다. 그 결정들이 나쁜 것이었든 아니든 간에 후회는 할 수 있다.

중년이 아니더라도, 지금 당신으로 하여금 도피하고 싶게 만드는 다른 문제가 있지는 않은가? 중요한 변화를 계획하기 전에 자신의 마음의 상태를 평가해보는 것이 중요하다.

:: 계획을 주변인들과 공유하라

당신은 계획을 혼자서만 알고 있는 것이 더 나을 거라고 생각할지 모른다. 다른 사람들이 그 계획에 반대할 수도 있기 때문이다. 하지만 당신의 행동이 다른 사람들—당신의 삶에 있어서 중요한 사람들—에게 끼칠 영향에 대해서도 반드시 생각해야 한다. 당신이 계획하고 있는 것들을 가족들에게 솔직하게 이야기하고 그들의 이야기를 귀 기울여 들어야 한다. 가족 외에도 당신이 신뢰하는 사람들, 그러면서 동시에 당신의 행동에 직접적인 영향을 받지 않을 사람들에게도 당신의 계획에 대해 이야기하도록 하라. 다른 사람들의 견해를 들어볼 필요도 있기 때문이다.

:: 구체적인 계획을 세워라

변화를 이루려면 절벽에서 떨어지는 수밖에 없다고 생각하는 사람들이 있다. 말하자면, 현재 하고 있는 일을 그만두거나 강제로 어떤 일을 하도록 해야 한다는 것이다. "생각을 너무 많이 하면 결국 실행에 옮기지 못해"라는 것이 그들이 내세우는 근거이다. 한 가지 위기를 벗어나 또 다른 위기에 처하고 싶다면 그렇게 해도 무방하다. 하지만 그것은 그다지 성숙한 행동이 아니다.

사실, 모든 중요한 행동에는 일련의 단계가 필요하고, 그러자면 시간이 필요하다. 다시 말해서, 계획이 필요하다. 계획은 몇 개의 단계로 나누고, 각 단계를 수행할 마감 기한을 정한다. 계획을 세우는 것은 어려운 일이다. 계획을 세우는 과정을 통해서도 비현실적인 환상에 대한 열정이

식지 않는다면, 당신은 그 환상을 실현시킬 자세가 되어 있는 것이다.

:: 목표와 관련하여 여러 가지 조사를 하라

장기적인 목표로 나아가는 각 단계를 달성하려면 시간과 돈은 얼마나 들며 다른 사람들로부터 어떤 도움을 받아야 하는지, 그 외에 필요한 것은 무엇인지를 현실적으로 계산해야 한다. "대학을 마치려면 시간이 얼마나 걸릴까? 학비는 또 얼마나 들까?" 유쾌하지는 않지만 피할 수 없는 그런 사실들을 토대로 우리는 비현실적인 아이디어를 포기할 수도 있고, 아이디어를 새롭게 평가한 후 좀더 합리적인 계획을 세울 수도 있다.

:: 전문가들의 조언을 구하라

정보를 얻기 위한 인터뷰는 학생들만 하는 것이 아니다. 당신이 하고 있는 일로 이미 성공한 사람을 찾아서 인터뷰를 요청하라. 이미 성공한 '프로'들과 대화를 나누고 그들이 가진 정보와 식견, 경험을 공유하는 것은 아주 귀한 학습이 될 것이다.

:: 제2의 계획을 세워라

계획을 행동으로 옮기기 전에 그 계획을 뒷받침할 수 있는 제2의 계획을 세워야 한다. 한 가지 목표를 달성하고 나서 보니 그것이 당신이 원하는 전부가 아니라면? 가라앉고 있는 배에서 다른 배로 뛰어내렸더니 그 배 또한 가라앉고 있다면? 그런 경우 당신은 예전의 일로 다시 돌아갈 방법을 찾거나, 아니면 새로운 상황이 더 만족스러워질 수 있도록 만드는 방법을 찾는 수밖에 없을 것이다.

:: 당신은 생각보다 목표에 가까이 와 있다

이 책을 여기까지 읽어오면서, 목표를 이루기 위해 준비해야 하는 수많은 일들 때문에 용기를 잃었을지 모른다. 하지만 그럴 필요 없다. 목표를 향해 계속해서 노력하라. 자신의 꿈이 무엇인지 알고, 그 꿈을 이루기 위해 계획을 세우고, 결국 그 꿈을 이루는 것만큼 가치 있는 일도 없다.

일개년 계획 세우고 달성하기

일개년 계획을 세워보자. 거꾸로 생각해보면 당신은 원하는 목표로부터 일 년밖에 떨어져 있지 않은 것이다. 다음에 제시하는 일개년 계획을 실천하면 일 년 만에 목표를 달성할 수 있을 것이다.

:: 당신이 오늘 해야 할 일

오늘 당장 자신의 목표와 목표까지 가기 위한 중간 단계, 목표를 이루기 위해 필요한 자원들, 그리고 외부에서 받아야 할 도움 등을 적어보자. 이 작업에 오랜 시간을 들여서는 안 된다. 한 시간 이내에 마쳐야 한다.

목표는 반드시 새로운 것일 필요는 없다. 몇 년 동안 당신이 해온 일이나 피해온 일이 목표가 될 수도 있다. 하지만 그것을 목표로 세운 이상, 그것을 달성하기 위한 계획을 주의 깊고 세세하게 세우고 정확히 기록해야 한다. 이 계획은 목표를 이루기 위해 스스로와 하는 첫 번째 구체적인 약속이기 때문이다.

매주, 매달, 그리고 4개월 단위로 달성해야 하는 하위 목표들도 기록한다. 그리고 그 하위 목표들을 달성해야 하는 기한도 적어 넣는다.

당신이 세운 목표가 일 년 안에 달성할 수 없는 것이라면 (예를 들어 당신이 세운 목표가 야간 대학원을 졸업하는 것이거나, 현재 말단 사원인데 부서장이 되는 것이라거나 하면) 크게 2개년, 혹은 5개년 계획을 세우고, 일개년 계획을 그 큰 계획의 한 단위로 활용할 수도 있다. 장기적인 목표를 마음에 담고서 다음의 질문에 답해보는 것이다. "내가 일 년 안에 이룰 수 있는 것은 무엇일까?" 이 질문에 대한 대답이 2개년, 혹은 5개년 계획 중 첫 일 년 동안 할 일이 되는 것이다.

계획을 실천할 수 있으려면, 예상할 수 있는 장애물들과 그것들을 극복하는 방법에 대해서도 가능한 한 구체적으로 기록해야 한다.

한편, 6개월이나 2~3개월에 해낼 수 있는 일을 일 년 동안 하도록 계획을 세워서도 안 된다.

:: 첫 주에 해야 할 일

첫 주가 끝날 때쯤 목표의 첫 단계를 수행하도록 한다. 그것이 무엇이든 간에—전화를 거는 것이든, 약속을 잡는 것이든, 상사와 커리어에 대해 대화를 나누는 것이든—행동을 하기 시작하면 사명감은 더 강해질 것이고, 아이디어와 하위 목표들이 더 생겨날 것이다. 목표를 하나씩 실천해나갈 때마다 스스로를 축하해주도록 하라. 그렇게 행동과 좋은 기분을 연관짓다 보면 심리적으로 도움이 될 것이다.

:: 매주 해야 할 일

매주 자신의 계획을 점검하라. 매일 일상적으로 해야 하는 일들—세탁, 점심식사, 회사 업무 등—이 너무 많은 시간을 잡아먹는 바람에 계획을 며칠씩 잊고 지낼 수도 있는데, 잘못하면 그 며칠이 몇 달이 될 수도 있다. 그런 상황을 피하려면 매주 계획을 점검해야 한다.

:: 매달 해야 할 일

목표를 달성하기 위해 세운 계획에는 매달 달성해야 할 과업들이 들어 있어야 한다. 그리고 앞서 했던 일을 점검할 필요도 있고, 다음 목표를 미리 준비할 필요도 있다. 확인하라. "내가 잘하고 있는 걸까? 이번 달에 해야 할 일을 잘 해냈나? 잊은 것은 없나? 더 추가해야 할 단계는 없을까? 다음 달에는 목표를 조금 조정해야 할까?"

:: 3개월마다 해야 할 일

일개년 계획의 1/4 분기가 끝날 때쯤에는 가시적인 성과가 있어야 한다. 잠시 멈춰 서서 지금까지 이룬 것을 확인하고 스스로를 칭찬한 후에 계속해서 나아가자. 필요하다면 이 시점에서 새로운 중간 단계와 하위 목표를 설정해도 좋다.

:: 6개월이 지나고 해야 할 일

6개월이 지나면 평가를 해야 할 시점이다. 목표까지 절반 정도는 다가왔는가? 그렇지 못하다면 앞으로 6개월간 달성해야 할 하위 목표들을 조정할 필요가 있다. 일 년으로 계획을 세웠지만 실제로는 14개월이 걸리는 일일 수도 있기 때문이다. 그렇다고 너무 초조해할 필요는 없다. 6개월 전에는 아무것도 시작조차 하지 않고 있었지만, 지금은 2개월이 늦었을 뿐인 것이다. 안달할 필요는 없다. 지금 중요한 것은 목표를 이루어가고 있다는 사실이다. 그 기분을 즐겨라.

:: 일 년이 지나고

원했던 것을 얻었는가? 기분은 어떠한가? 다음 일 년 동안 성취할 목표를 세울 준비는 되었는가?

잃어버린 목표를 어떻게 다시 찾을까?

자신이 세운 목표가 자신의 통제를 벗어난다면 낙담하게 된다. 실제로 많은 것들이 우리가 세운 목표를 달성하는 것을 가로막는다. 장애물을 만났는데 그 해결책을 찾지 못하여 주저앉는 경우도 있다. 예를 들어 몸이 아프다거나, 예상치 못했던 문제가 생긴다거나, 혹은 가정에 문제가 생긴다거나, 여러 가지 장애물이 있을 수 있다. 때로는 생활 자체가 목표를 달성하려는 것을 가로막을 수도 있다.

목표를 놓치게 만드는 최악의 이유는 사실 사소한 이유들이다. 어느 날 갑자기 목표를 달성하려는 노력을 하기가 싫어졌는데, 그 하루가 며칠로 이어지는 것이다. 그 상황이 길어지면 몇 달, 몇 년이 된다. 그러면 아무것도 해낼 수 없게 될 뿐만 아니라, 죄책감까지 느끼게 된다. 심하게는 자신을 실패자로 느끼게 되어서 목표에 대해서 아예 생각조차 하기 싫어질 수도 있다.

무슨 극적이고 대단한 이유 때문이 아니라, 그렇게 잠시 방심함으로써 목표를 놓치게 되는 것이다. 무슨 이유 때문이든 간에, 중요한 것은 다시 목표를 달성하기 위한 노력을 시작해야 한다는 것이다. 목표를 달성하고자 다시 노력하게 되는 것도 역시 마찬가지 과정을 거친다. 어떤 극적이고 대단한 일을 시작하는 것이 아니라, 작은 일부터 다시 시작하면 된다.

:: 후퇴하게 되더라도 기죽지 말자

목표를 향해 나아가는 과정에서는 여러 가지 일들이 생길 수 있다. 그 일들 때문에 뒤로 후퇴하게 될 수도 있다. 그렇다고 기죽을 필요는 없다. 무슨 일이 일어나든 간에 그것을 유용한 정보로 여기고, 그 정보에 맞춰서 목표를 조정하고 계속해서 나아가면 된다.

:: 소강상태를 잘 극복하자

후퇴보다 더 나쁜 것은 소강상태밖에 없을 것이다. 소강상태는 스스로 자초하는 경우도 있고, 외부 환경에 의해 생겨날 수도 있다.

열심히 노력을 해서 마감 기한 전에 하위 목표를 달성했다고 가정해보자. 당신의 내부에서 작은 목소리가 이렇게 말할지 모른다. "지난 주엔 목표를 빨리 달성했으니까 이번 주에는 좀 쉬엄쉬엄하자." 그러다 보면 자기도 모르는 새에 한 달이 지나버릴 수도 있다. 그런 경우, 자신이 일을 게을리 하고 있음을 깨닫고, 즉시 계획을 수행하려는 노력에 다시 착수해야 한다.

때로 자신이 제어할 수 없는 환경 때문에 소강상태가 생기기도 한다. 예를 들어 당신이 이야기를 나누고 조언을 얻어야 하는 사람이 휴가 중일 수도 있다. 그런 상황이 생겼을 때, 노력을 멈추고 소강상태를 이어가느냐, 아니면 계속해서 계획을 수행하느냐에 따라 결과는 달라진다. 그처럼 외부의 요인으로 인해 어쩔 수 없는 상황이 발생했을 때는 가만히 앉아서 기다리지 말고, 하위 목표 가운데 하나를 골라서 달성하도록 한다.

: : 소강상태가 찾아온 원인을 밝혀내자

소강상태가 오래 계속되었다면, 목표를 향한 노력을 재개하기 전에 어디서 멈추었는지 알아내야 한다. 예컨대, 목표를 달성하기 위해 필요한 수업을 듣고 있었는데, 그 수업이 너무 어려워서 따라가지 못했을 수도 있다. 그래서 한 학기도 제대로 이수하지 못하고 다음 학기는 등록조차 못했을 수도 있다.

어디서 멈추었으며, 왜 멈추었는지를 알아내야 한다. 이 두 가지는 모두 중요하다. 그래야만 같은 실수를 반복하지 않을 수 있는 것이다. 위에서 예로 든 것과 같은 경우, 같은 수업을 다시 등록하여 똑같은 실수를 반복하기 전에 자기 자신과 솔직한 대화를 나눌 필요가 있다. 그 수업이 너무 많은 시간을 차지하지는 않았는가? 수업 준비를 제대로 못하지는 않았는가? 아니면 그 수업이 별로 재미가 없었던 것은 아닌가?

: : 제자리걸음을 하고 있다면 장애물을 극복하는 방법을 찾자

목표가 진척되지 않고 제자리에 머물러 있다면, 자신을 가로막고 있는 장애물을 극복하는 방법을 찾아야 한다. 포기했던 수업을 다시 들어야 한다면, 개인교습을 받는 방법을 알아보거나 그 수업을 듣기 위해 필요한 것이 무엇인지 알아본다. 좀더 흥미로운 수업으로 바꿔 들어도 된다면 그렇게 하는 것도 좋다. 재미있는 일을 하는 것이 재미없는 일을 하는 것보다는 항상 더 쉬운 법이니까.

:: 시간이 걸리더라도 자신에게 맞는 목표를 찾자

좀더 중요한 이유 때문에 목표를 향한 노력을 멈추었을 수도 있다. 예를 들어, 회계학 학위를 받기 위해 수업을 듣고 있었는데, 회계학이 적성에 맞지 않는다는 사실을 깨닫게 되었을 수도 있다. 심리학이나 마케팅에 더 관심을 느낄 수도 있는 것이다. 그런 자신에게 실망을 느낄 수도 있다. 하지만 실망하는 대신 흥미를 느끼는 것이 무엇인지 제대로 알게 되었다는 사실에 기뻐해야 한다. 조금 시간이 걸렸더라도 자신에게 더 맞는 목표를 찾는 것이 낫지, 아무 의미도 없는 것임에도 불구하고 끝을 보는 것이 낫지는 않으니까.

여기서 중요한 경고 한 가지. 시작하기만 하고 끝내지 못하는 습관을 들이다 보면 심각한 문제에 봉착할 수도 있다. 그런 문제는 상담을 받아야만 해결할 수 있을지도 모른다.

:: 다시 시작하자

목표를 향해 나아가다가 멈추었더라도, 어느 지점에서 왜 멈추었는지를 알았다면 다행이다. 그 두 가지 사실은 무척 중요하다. 두 가지 사실을 명심하고, 가던 방향으로 계속해서 가거나 새로운 방향으로 가거나 결정을 해야 한다. 그리고 이번에는 첫 발을 더욱 잘 내디뎌야 한다.

:: 선배들로부터 조언을 받자

당신이 알고 싶은 것에 대해 경험이 많은 사람을 찾아서 현실적인 조언을 받을 필요가 있다. 예컨대, 시나리오 작가가 되고 싶다면 시나리오 작가를 만나서 대화를 나누는 것이 큰 도움이 된다. 시나리오 작가와 이야기를 나눈 후에야, 시나리오 작가들 중에 히트작이나 화제작의 시나리오를 쓰는 사람은 몇 안 된다는 사실을 알게 될 수도 있다. 실제로 대부분의 시나리오 작가들은 다른 일을 하면서 생계를 유지하고, 얼마 안 되는 여가 시간을 이용해서 시나리오를 쓴다. 어쩌다 시나리오가 채택되어 영화화될 수도 있지만, 그렇지 못하는 경우가 더 많다. 또한 영화화되더라도, 영화가 만들어지고 난 후에는 자신이 시나리오를 쓴 영화인지 알아보지 못할 정도로 내용이 바뀌어 있을 수도 있다.

이렇게 현실을 알아보는 것은 자신의 기를 죽이고 자신감을 없애기 위한 것이 아니다. 환상이 아닌 현실을 제대로 알고 목표를 세울 수 있도록 하기 위해서이다.

:: 해야 할 일을 기록하고 점검하자

예전의 당신은 아무 일도 하지 않던 사람이었을 수 있다. 이제 그런 나쁜 습관을 무엇이든 하려는 좋은 습관으로 바꾸자. 그렇게 할 수 있는 한 가지 방법은 다이어리에 날짜별로 해야 할 일을 적어서 늘 가방이나 주머니에 넣고 다니는 것이다. 목표를 달성하기 위해 필요한 행동을—아무리 작은 것이더라도—매일 하고, 그것을 다이어리에 기록한다. 다이어리를 자주 들여다보고 앞뒤로 넘겨보기도 하면서 자신이 잘하고 있는지 점검하고, 바꿔야 하는 것은 없는지 판단한다. 발생할 수 있는 문제는 없는지 예상하고, 문제가 있다면 그 문제를 피해갈 수 있도록 한다.

다이어리는 당신이 목표를 달성하기 위해 어떻게 노력하고 있는지를 알려주고, 지금 하고 있는 과제는 언제 끝내야 하는지를 알려준다. 또한 다이어리에 적힌 날짜를 보면 목표를 달성하기까지 날짜가 얼마나 남았는지도 쉽게 알 수 있을 것이다.

이 장에서는 목표를 세워서 달성하기까지의 기본적인 틀을 제시했다. 목표를 향해 나아가는 동안에는 계속해서 여러 가지 장애물과 마주치게 될 것이다. 그렇더라도 용기와 결단력을 가지고 목표를 향해 계속해서 나아가야 한다. 그 부분은 다른 누가 해줄 수 있는 것이 아니다. 우선 이 책에서 제시하는 틀에 따라 목표를 세우고 달성하는 방법을 터득하도록 한다. 그 후에는 자신의 필요에 맞게 틀을 바꿀 수도 있다.

화가 나는데, 참아야만 해?

Chapter 4 ⇨ ⇨ ⇨

피하지 말고 갈등에 당당하게 맞서기

갈등을 피할 수 있다고 생각하는 건 어리석은 생각이다. 갈등을 피하려고 하다 보면 사람들은 당신을 밟고 지나갈 것이고, 그러면 당신은 더욱 화가 날 것이고, 분노는 계속해서 쌓일 것이다. 우선, 분노에 당당하게 맞서라. 그리고 분노를 협상에서 효과적으로 이용하는 방법을 배워라. 모든 갈등 상황에서 다 이길 필요는 없다. 하지만 자신의 견해를 옹호할 수는 있어야 한다.

갈등은 어느 곳에든 있다. 우리 삶에 갈등이 늘 존재하듯 직장에도 갈등이 존재한다. 많은 사람들이 갈등을 너무나 싫어해서 아주 사소한 갈등까지도 피하려 든다. 그런 태도는 어떤 점이 잘못된 것일까?

갈등을 피하려는 사람들은 여기저기서 다른 사람들의 발에 채이고 걸린다. 그들은 이 세상이라는 현관 앞에 깔린 매트 같은 존재들이다. 그들은 갈등이 생길까 두려워서 자신의 생각을 드러내거나 변호하지 않는다. 결과적으로 그들의 생각은 버려지거나 축소된다.

물론 갈등을 아주 좋아하는 사람들도 있다. 그들은 갈등을 싫어하는 사람들을 알아보고 그 사람들을 밟고 일어선다.

다음과 같이 가정해보자. 당신은 당신을 무시하는 사람에게 대꾸해줄 수 있는 수많은 말들을 생각해낼 수 있다. 그런데 불행히도 그런 말들은 상대방으로부터 무시를 당하고 몇 시간이 지난 후 잠자리에 누웠을 때에야 생각이 나서 당신을 잠 못 들게 한다.

그렇다면 당신은 당신의 분노를 이해하고 이용하는 방법을 배울 필요가 있다. 분노를 무기로 이용하는 방법이 아니라, 건설적이고 긍정적인 방식으로 표현될 수 있는 정당한 감정으로 이용하는 방법 말이다. 그 자리에서 불끈하고 성을 내는 것은 분노를 정당하게 이용하는 방법이 아니다. 그런 행동은 자신에게 해가 될 뿐이다.

정당한 분노를 표현하지 않는 것은 자신의 삶에 대해 스스로가 가질 수 있는 중요한 지배력을 포기하는 것과 마찬가지이다. 자신을 옹호할 줄 모르는 것이기 때문이다. 정당한 분노를 표현하지 못하면 스트레스와 울분만 더 쌓일 뿐이다.

갈등이란 무엇인가?

갈등의 단순한 정의에서부터 이야기를 시작해보자. 당신과 당신의 동료가 어떤 일이나 일을 하는 방식에 대해 의견이 일치하지 않는다. 그리고 두 사람은 각자의 견해에 대해 정당한 이유를 지니고 있다. 이런 경우 갈등이 존재한다고 할 수 있다.

갈등은 권력 다툼이나 자기 방어의 성격도 포함하고 있다. 두 사람 중 한 사람이, 혹은 두 사람 모두가 상황을 지배하는 권력을 갖고 싶어하기 때문이다. 아니면 두 사람 중 한 사람이, 혹은 두 사람 모두가 자신의 입장을 방어해야 한다고 느낄 수도 있다. 약하게 보이거나 틀린 것으로 보이고 싶지 않기 때문이다.

하지만 갈등은 단순하게 생각해야 한다. 갈등의 기초를 기억하자. '갈등은 의견의 불일치이다.' 당신의 오랜 짐—오랜 분노—을 탁자 위에 다시 꺼내놓을 때 갈등은 문제가 된다. 그럴 때 당신은 자신의 입장을 고수하면서 현실적인 상황과 맞지 않게 완고한 태도를 취하게 된다. 아니면 정반대로 상대방으로 하여금 당신을 쓰러뜨리게 놔두고는 화를 내면서 속았다고 느끼고, 심하게는 자신을 한없이 무기력한 존재로 느낀다.

따라서 우선 '화'에 대해, 화가 어떻게 당신의 앞길을 막는지에 대해 이야기해보도록 하겠다. 그러고 나면 화를 잘 이용하는 방법을 배울 수 있을 것이다.

화를 이해하고 이용하는 법

우선 당신이 지니고 있는 '오래된' 화의 정체를 가려내야 한다. 그것은 당신이 몇 년 동안 겉으로 표현하지 못한 채 지녀온 것이다. 그 화는 당신을 서서히 파괴시켜왔고, 스스로를 무기력한 존재로 느끼게 해왔다. 그러던 어느 날 누군가가 당신에게 옳지 않은 이야기를 하자 당신은 숨겨왔던 화를 한꺼번에 표출한다. 당신이 내뿜는 화가 그 상황에 어울리지 않게 극단적일 때, 당신은 오래된 화를 터뜨리고 있는 것이다.

모든 직장에는 짜증 나는 습관과 스타일을 가진 사람들이 있기 마련이다. 그리고 기본적으로는 좋은 사람들이라 하더라도, 업무 조건이 좋지 않거나, 업무량이 너무 많거나, 스트레스가 심하게 쌓였다면 다른 사람의 신경을 건드릴 수 있다.

:: 힘이 없을수록 좌절감은 높다

힘이 없을수록 좌절감은 높다. 뿐만 아니라, 만일 당신이 지원 업무를 맡고 있다면 좌절감은 훨씬 커질 수도 있다. 다른 부서나 다른 사람을 지원해주는 업무를 한다면 힘이나 지배력은 더욱 적을 것이기 때문이다.

최근에 나는 런던대학교에서 발표한 한 연구 결과를 읽었다. 그 결과를 들으면 누구든 '내가 가질 수 있는 지배력은 반드시 가져야겠다'는 자극을 느끼게 될 것이다. 그 연구에서는 7천 명이 넘는 사람들을 대상으로 조사를 했는데, 점원이나 지원 부서의 직원처럼 비교적 낮은 지위에서 일하는 사람들이 관리자들에 비해서 심장병에 걸릴 위험이 50퍼센트가 높은 것으로 나왔다. 식습관이나 흡연 여부 등 다른 위험 요소들 외에 낮은 지위에서 일하는 사람들이 지닌 유일한 위험 요소는 일에 대한 지배력이 부족하다는 사실이었다.

어떻게 하면 부족한 지배력과 무기력감을 이겨낼 수 있을까? 직장 생활에서 서글픈 사실 중 하나는, 자신이 시스템이나 상사에 의해 지배를 받는다고 느낄 때 (그게 사실이든 사실이 아니든 간에 말이다) 사람들은 자신의 주변에 있는 사람들을 공격하는 경향이 있다는 것이다. 주변 사람들이 책임이 있든 없든 간에.

:: 사람들과의 관계가 직장 생활을 위협할 수도 있다

다른 사람들에 대해 당신이 어떻게 느끼는가가 새로운 일을 할 능력을 위협하는 지경에까지 이를 수도 있다. 그러면 직장 생활을 오래 하기 힘

들다. 짧은 기간에 직장을 몇 번 그만둔 뒤에 새로운 회사에 입사 지원서
를 내면 그 회사에서는 당신을 좋지 않게 볼 수 있다. 매번 누군가가 당신
을 괴롭혀서 회사를 그만두었다고 말할 수는 없지 않은가. 하지만 다른
변명을 대기도 쉽지 않을 것이다.

:: 자신의 내면을 들여다보자

사람들은 스스로를 불행하게 느끼거나 좌절을 느낄 때 특정한 어떤 사
람을 자신이 느끼는 좌절감에 대한 속죄양으로 삼는 경향이 있다. 그런
사람을 찾아내는 것은 어렵지 않다. 책상에서 고개를 들어 주위를 바라
보면 화풀이를 할 사람이 서너 명은 눈에 띌 것이다.

이런 문제는 당신이 어디에서 일하든 간에 계속해서 발생한다. 함께
일하는 사람들은 변하더라도 속죄양의 역할을 할 사람은 여전히 필요하
다. 당신이 직면하고 있는 골치 아픈 문제들을 다른 누군가의 책임으로
돌릴 필요가 있는 것이다. 하지만 이런 태도는 옳지 않다. 문제가 생겼을
때는 자신의 내면을 들여다보고 문제의 원인을 찾아봐야 한다.

:: 화는 건강한 방법으로 풀자

업무에서 생긴 좌절감은 건강한 방법으로 풀어야 한다. 누군가가, 혹
은 무언가가 당신을 몹시 화나게 한다면 그것을 그 자리에서 바로 해결
해야 한다. 우선 자신이 화가 났다는 사실을 인정할 필요가 있다. 그렇다

고 커피 잔을 집어던지라는 뜻은 아니다. 스스로에게 '난 지금 화가 났어'라고 말하라는 뜻이다.

화가 나고 시간이 지나서 당신을 화나게 만든 사람에게 화났다고 말할 기회를 잃어버리더라도 언젠가는 그 화를 배출해야 할 필요가 있다. 화가 너무 나지만 그 화를 어떻게 할 방법이 없다면 칼로리를 소비하면서 화를 푸는 쪽이 나을 것이다. 샌드백을 두드리거나 테니스공을 세게 치면서 당신을 화나게 한 사람의 얼굴을 떠올려라. 그런 운동을 끝낼 때쯤 당신은 깨끗이 정화된 느낌이 들 것이고, 남이 당신을 화나게 만들도록 내버려두었던 것이 어리석었다고 느껴질 것이다. 어느 쪽이든 간에 전보다 기분은 한결 나아질 것이다.

분노가 쌓이게 하지 마라

이렇게 말하는 사람들이 많이 있을 것이다. "화요? 저는 화 안 내요." 미안하지만 나는 그런 말을 믿지 않는다. 이 세상에는 화를 돋우는 일들이 너무나 많은데 어찌 화를 안 낼 수가 있는가.

화를 쌓아두어서 서서히 분노가 타오르게 만드는 것이 많은 사람들이 화를 다루는 방법이다. 그들은 화가 났을 때 일단 그 화를 묻어둔다. 하지만 그 화는 사그라지지 않고 남는다. 서서히 타오르는 분노는 직장을 오염시키는 가장 파괴적인 감정이다. 그 감정은 당신의 태도와 사람들과의 관계를 모두 타락시킨다.

서서히 타오르는 분노가 시작되는 방식을 한 가지만 보자. 누군가가 당신이 듣기 싫어하는 말을 한다. 예를 들어 당신의 능력에 관해서 농담처럼 비난을 하는 것이다. 그 말이 농담이든 아니든 당신에게는 모욕적으로 들린다.

하지만 당신은 그 말에 대해 반응하지 않는다. 타이밍이 좋지 않아서 반응하지 못할 수도 있다. 아니면 퇴근하고 집에 오는 길에서야 그 말이 갑자기 떠오르면서 화가 날 수도 있다. "뭐야! 아까 그 말은 대체 무슨 뜻이야?"

어쩌면 당신은 자신이 화가 났다는 사실을 느끼지 못할 수도 있다. 그렇지만 뭔지 모르게 불편한 기분은 남아 있을 것이다. 그리고 다음에 그 사람을 만나면 당신은 전보다 더욱 방어적이 될 것이다. 왜 그런지 이유조차 알지 못한 채 말이다.

본인이 화가 났다는 사실을 인정하지 못한 채 불쾌한 기분을 가지고 행동하다 보면 당신은 신경이 예민해질 것이고 부루퉁한 태도로 생활하게 될 것이다. 그리고 그런 당신의 태도는 당연히 다른 사람들이 당신을 대하는 태도에 영향을 미치게 될 것이다. 사람들은 당신을 접근하기 힘든 사람이라고 생각할 것이고, 당신을 피하기 시작할 것이다. 이것이 바로 서서히 타오르는 분노의 실체이다.

:: 화가 났음을 인정하라

서서히 타오르는 분노가 시작되기 전에 막는 방법은 간단하다. 화가 나거나 상처를 받거나 모욕을 당했을 때, 곧바로 그 기분을 표현하는 것이다. 우선, 자신이 화가 났다고 스스로에게 말한다. 그 감정에 대해 어떤 행동을 하기 전에 그런 감정이 생긴 것을 인정하는 것이다. 흔히 우리는 두려운 마음에, 혹은 피하고 싶은 마음에서, 자신의 마음속에서 부정적인 감정을 느끼는 것을 꺼리는 경향이 있다.

사람들이 부정적인 감정을 가지고 행하는 또 다른 파괴적인 행동은, 그런 감정을 일으킨 장본인이 아닌 다른 사람들에게 그 감정을 표출하는 것이다. 예컨대 화가 났던 일을 친구에게 털어놓는 것인데, 친구는 당신을 위로하려 하지만 진정으로 화를 풀어주지는 못할 것이다. 당신 자신만이 화를 풀 수 있다. 당신을 화나게 한 일에 대해 다른 사람의 견해를 들어보는 것은 문제가 될 것이 없다. 단, 그 전에 그런 고민이 생긴 원천이 무엇인지를 알아야 한다.

적절한 상황에서 당신을 화나게 만든 사람에게 당신이 화가 났다는 사실을 얘기해야 한다. 잠깐 단 둘이서 얘기를 좀 하자고 말을 한 후, 솔직하게 얘기한다. "당신에게 필요한 서류를 내가 항상 잃어버린다고 했죠. 그 얘기 듣고 기분이 나빴어요. 그건 사실이 아니니까요. 하지만 그런 문제가 있다고 생각한다면, 지금 얘기를 해서 해결해보자구요."

상대방이 당신이 화가 났음을 인정하고 사과를 해온다면 좋을 것이다. 하지만 우리들 대부분은 갈등이 있었다는 사실을 인정하고 싶어하지 않는다. 따라서 아마도 상대는 자신이 당신을 화나게 했음을 인정하지 않을 것이다. 그런 반응을 미리 예상하고, 그런 반응을 접하더라도 뒤로 물러서지 말아야 한다. 그것은 일종의 마인드 게임이다. 당사자들은 게임을 하고 있다는 사실을 깨닫지 못할지라도 말이다. 당신은 자신이 화가 났음을 알고 있다. 얼굴은 붉어졌을 것이고, 숨도 거칠어졌을지 모른다. 다른 사람이 인정하지 않는다고 해서 당신이 화가 나지 않은 것은 아니다. 잊지 말자.

아마도 상대방은 상황을 가볍게 넘기려 하거나 문제가 있다는 사실을 부인하려 할 것이다. "저는 그냥 농담으로 얘기한 거예요. 농담도 못해요?" 그 말에 길게 대응하지 말고 문제를 해결하는 데만 집중한다. 이렇게 말할 수 있다. "앞으로는 서류를 다 보고 나면 원래 있던 자리로 분명히 갖다 놓겠어요." 대화는 긍정적인 분위기로 끝내도록 한다. 당신이 문제를 먼저 들췄지만, 또한 문제를 해결하기 위해서 최선을 다하고 있는 것이다.

운이 좋다면 당신은 상대방과 솔직한 이야기를 나눌 수 있을 것이고, 대화를 시작할 때보다 기분이 좋아진 상태로 대화를 끝낼 수 있을 것이다. 하지만 문제가 해결되지 않을 수도 있다. 그렇다고 해서 그 대화가 전혀 의미가 없는 것은 아니다. 자신의 속마음을 털어놓음으로써 사태를 좀더 명료하게 볼 수 있게 되기 때문이다.

:: 화를 쌓아서 오래된 분노를 만들지 마라

아마도 당신은 예전에 무시를 당했다고 느꼈던 그때에 처음 화가 났을 것이다. 그때 당신을 화나게 한 사람은 당신이 지금 이야기를 나누고 있는 사람일 수도 있고, 다른 사람일 수도 있다. 그런 당신의 오래된 화가 현재의 화와 함께 폭발하는 것이다. 하지만 지금 화를 표출함으로써 당신은 중요한 단계를 밟기 시작하는 것이다. 화가 났을 때 그 자리에서 화를 표현한다면 오래된 화를 줄여갈 수 있다. 이제는 화를 옆으로 치워놓고 계속해서 높이 쌓이게 하지 않을 것이다. 따라서 당신을 화나게 한 사람과의 담판이 기대했던 만큼 완벽하게 마무리되지 않을지라도 앞으로는 화가 덜 날 것이고, 다음번의 갈등 상황에서는 좀더 명료한 눈으로 상황을 볼 수 있게 될 것이다.

문제를 해결하지 않은 채 그 날 하루가 지나가게 하지 마라. 지금 이야기하지 않으면 당신은 밤새도록 그 문제 때문에 잠 못 이루고 뒤척이며 문제를 키우게 될 것이다. 그렇게 밤을 새우고 나서 아침이 되면 당신은 마음의 균형을 잃게 될 것이다.

이렇게 서서히 타오르는 분노를 다스리는 데 있어 문제가 되는 또 한 가지는, 작은 사건 때문에 어떤 사람을 악한 사람으로 만드는 것이다. 그리고 당신이 차갑게 대하는 이유를 알지 못하는 그 사람과 불쾌한 관계를 시작하게 되는 것이다.

그러므로 오래된 화를 지니고 있다면 지금이 그 화를 풀어버릴 때이다. 몇 달, 몇 년이 지났는데도 아직 어떤 문제에 대해 골똘히 생각하고 있다면, 이제는 그 문제를 용서하고, 잊고, 앞으로 나아가야 한다. 그 일들은 모두 지나간 일들인 것이다.

때로는 어떤 상황이 너무나 오랫동안 계속되어왔기 때문에, 맨 처음 화가 나게 만들었던 일이 무엇인지 기억할 수도 없는 경우가 있다. 그런 경우 당신은 기억조차 할 수 없게 되어버린 일에 매달리고 있는 것이 감정과 에너지를 얼마나 낭비하는 일인지 생각해봐야 한다.

그러고 나서, 서서히 타올랐던 분노를 다른 어떤 방법으로도 해결할 수가 없다면, 그 분노를 끝내버릴 상징적인 행동을 해야 한다. 고민거리들을 종이에 적고, 그 종이를 난로 속에 던져 넣어버리는 것이다. 그리고 뒤돌아서서 모두 잊고 새롭게 시작하는 것이다.

분노가 자신에게 도움이 되게 하라

상사 때문에, 상사는 아니더라도 자신보다 힘이 있는 누군가 때문에 화가 났다면, 직장 생활을 계속하기 위해서 아마도 그 화를 그냥 삼켜버리고 말 것이다. 우리들 대부분은 우리가 화났다는 사실을 누군가에게 바로 표현하지 못한다. 그래서 보통 그 화를 비생산적인 방식으로 돌려버린다. 예를 들어 퉁명스럽게 말을 한다거나, 일을 적당히 한다거나 하는 식으로. 하지만 일을 함에 있어서 분노가 긍정적인 힘을 가질 수 있다는 사실을 아는 사람이 있을까? 분노가 당신에게 도움이 되도록 만들 수 있는 방법들은 분명 있다.

:: 분노를 인정하라

화가 났을 때 화가 나지 않았다고 스스로를 설득하려고 하면 그 화는 잠시 뒤로 밀려날 뿐이고, 머지않아 골치 아픈 일을 피할 수 없게 될 것이다.

그러므로 우선 화가 날 때는 화를 내라.

그러고 나서 다음과 같이 그 화를 분석하라.

- 이 화를 어떻게 해야 할까?
- 상대방은 그런 말이나 행동을 할 만한 정당한 이유가 있었는가?
- 이 문제는 정말로 중요한 문제인가?

:: 분노를 연료로 사용하라

일단 자신이 화가 났다는 사실을 인정하고 나면 당신은 훌륭한 에너지원을 얻게 된다. 잘못된 것을 보고 생겨난 분노를 이용해서 상황을 바로잡을 수 있게 되는 것이다. 부루퉁하고 있는 대신 변화를 만들어낼 수 있는 것이다.

다음과 같이 가정해보자. 당신이 승진하길 원하던 자리가 있었다. 당신은 용기를 내서 상사에게 그 자리로 가고 싶다는 사실을 알렸고, 당신의 능력을 입증할 수 있도록 몇 개의 프로젝트를 열심히 해냈으며, 프레젠테이션도 잘 해냈다. 그럼에도 불구하고 당신은 승진에서 제외되었고 당신의 동료가 그 자리로 승진이 되었다.

당신은 몹시 화가 날 것이다. 화가 났다는 사실을 인정하라. 실망스러울 것이다. 자연스러운 현상이다.

화가 나 있는 동안 전투 계획을 수립하라. 원하는 것을 어떻게 하면 얻어낼 수 있을까? 당신은 무엇을 잘못했던 것일까?

현재의 직장에서는 당신의 노력과 무관하게 발전을 방해받고 있다고 느낀다면, 이력서를 준비해서 다른 회사로 가라. 에너지가 솟아오를 때마다 스스로에게 이렇게 말하라. "가만히 앉아서 다른 사람이 나보다 앞서가게 놔두지는 않을 거야." 아니면 "난 더 나은 직장을 찾을 거야."

:: 싸워야 한다면, 이길 수 있도록 하라

자신이 정말로 화가 났다는 사실을 인정한 후에는 숨을 깊이 들이쉬고, 자신을 화나게 만든 사람과 담판을 지을 필요가 있을 만큼 중요한 일인지 판단하도록 한다. 아마도 열 번 중 한 번 정도는 그렇게 할 만한 상황일 것이다. 나머지 아홉 번의 경우에는 담판을 하는 대신 라켓볼이라도 한 판 쳐서 칼로리를 소비해버리는 것이 좋다.

언제 싸워야 할 것인지를 현명하게 선택하는 것이 중요하다. 자신을 화나게 하는 모든 일에 대해 싸움을 걸 수도 있다. 그러면 당신은 사무실 안에서 엄청난 다혈질로 인정받게 될 것이다. 그렇게 해서 얻는 것은 없다. 그렇게 되면 사람들은 당신이 소리를 치기 시작하면 다들 자리를 피할 것이다.

그렇게 무모하게 행동하는 대신, 현재 사무실의 정치 현황에서 싸움에서 이길 가능성은 얼마나 될지, 그리고 싸움에서 이긴다면 적을 만들게 되지는 않을지를 생각해보라. 너무 냉정한 얘기처럼 들릴 수 있지만, 사실이 그렇다. 화를 조절하는 데 있어서 현실을 인식하는 것만큼 도움이 되는 것은 없다.

　일이라는 것은 관계를 맺고 동맹 관계를 만들어가는 것이지, 사람들과의 관계를 소원하게 만드는 것이 아니다. 당신의 화가 누군가와의 사이를 멀게 만들 것 같다면, 그 싸움은 그럴 만한 가치가 있는 것이어야 한다. 적어도 그 싸움에서 이겨야 하는 것이다.

:: 냉정을 유지하라

　가끔은 상사나 동료들 앞에서 당신을 시험하기 위해서, 혹은 당신을 당황시키기 위해서 일부러 당신을 화나게 만드는 사람이 있을 수 있다. 그런 경우 이 책에서 제시하는 프로그램을 그대로 따르면 된다. 우선 자신이 화났다는 사실을 인정하고, 그 다음에는 그 화를 어떻게 다룰지 결정한다. 냉정하고 이성적인 머리로 생각을 하면 당신은 상대방을 제압하고 이길 수 있다. 하지만 분노가 당신을 지배하게 놔둔다면 당신은 어리석게 행동하게 될 것이다. 예컨대 냉정을 유지하면서 이렇게 말하는 것이다. "그래봤자 소용없어요. 난 화 안 났다구요. 그러지 말고 일이나 하자구요."

:: 화를 낼 타이밍을 신중하게 선택하라

　언제 화를 표출해야 할지 신중하게 선택한다면 당신은 사람들의 주의를 끌 수 있을 것이다. 당신은 지금까지 자제력이 대단하다는 명성을 얻어왔기 때문에, 그런 당신이 화를 내면 사람들은 놀랄 수밖에 없는 것이다. 할 말만을 하고 그 이상은 말하지 않도록 하라.

효과적으로 화내는 방법

직장에서 화를 다루는 방법에 따라 화는 당신을 파괴시킬 수도 있고, 동료들과의 관계를 돈독하게 해주는 강력한 수단이 될 수도 있다. 당신은 두 가지 경우 중 하나에 가까울 수도 있고, 그 중간쯤에 위치하게 될 수도 있다.

한 가지 경우, 화를 참고 참다 보니 분노가 엄청나게 쌓이지만, 당신은 그런 기분을 입 밖으로 표현하지 않는다. 그렇기 때문에 당신의 동료들은 당신에게는 아무렇게나 대해도 된다고 생각한다. 당신이 속으로만 생각하고 표현을 하지 않으면 남들이 당신의 기분이 어떤지 알 수 없는 것은 당연하지 않은가?

또 하나 극단적인 경우로, 당신은 사소한 일에도 발끈하며 화를 낼 수 있다. 그러면 당신은 충동적이며 자제력이 없는 사람이라는 오명을 얻게 된다. 그리고 곧 사람들은 당신이 화를 내도 무시하게 된다. 당신이 화를 워낙 자주 내기 때문이다. 더 심해지면 사람들은 당신을 피할 수도 있고, 당신과 함께 일하지 않으려 할 수도 있다.

:: 화를 합리적인 방식으로 표현하라

화를 관리하는 열쇠는 화를 언제 어떻게 표현하느냐를 조절하는 것이다. 화를 참을 필요는 없다. 화를 건강한 방향으로 돌려야 한다. 화를 이용하여 문제를 해결하는 방법을 배울 수 있는 것이다.

논리적으로 생각해보자. 당신을 화나게 하는 것이 무엇인지 상대방에게 이야기하지 않는다면, 상대방은 당신의 화를 풀어주기는커녕 당신이 화가 났다는 사실조차 알 수 없다. 따라서 합리적인 방식으로 화를 '표현'하는 것이 문제를 해결하는 첫 번째 단계이다. 그렇지 않으면 아무것도 달라질 수 없을 것이고, 당신은 점점 더 의기소침해질 것이다.

뿐만 아니라, 상대방에게 당신이 화가 났다는 사실을 얘기하지 않으면 그 문제는 당신 혼자 해결해야 할 것이다. 그러나 많은 경우 그런 문제는 혼자 해결할 수 없다. 당신을 화나게 한 사람과 함께 해결해야 한다.

:: 당신을 화나게 한 당사자와 이야기하라

화가 났을 때는 당신을 화나게 만든 장본인에게 당신이 화가 났음을 알려야 한다. 그러나 당신은 사무실에 있는 모든 사람들에게 화가 나서 미칠 것 같다고 얘기하면서도, 정작 당사자에게는 말을 하지 않기가 쉽다. 하지만 그런 행동은 모두의 시간을 낭비하는 일이다. 당신은 사람들에게 당신이 화가 난 사연을 강조하고 과장하기도 하며 이야기하겠지만, 그들이 당신의 화를 풀어줄 수는 없다. 당신을 화나게 한 당사자와 담판을 지어야만 당신의 화는 풀릴 수 있다. 그러나 아마도 당신은 두려워서 그렇게 하지 못할 것이다.

:: 너무 오래 기다리지 마라

당신은 어쩌면 화가 가라앉을 때까지 기다리자고 생각할지 모른다. 그러다 보면 일주일, 혹은 일 년이 지날 때까지도 화를 겉으로 표현할 기회를 놓치게 될 것이다.

분노로 심장이 두근거리면 숫자를 백까지 세면서 흥분을 가라앉혀라. 그리고 자제력을 되찾자마자 당신을 화나게 한 사람에게 이렇게 말하라. "얘기 좀 합시다." 그리고 그날이 지나기 전에 당신을 화나게 만든 사람과 일대일로 만나서 얘기를 해야 한다.

:: 상대에게 화를 표현하는 기본 규칙들

다음은 문제를 해결하기 위한 방편으로써 당신을 화나게 한 사람에게 화를 표현하는 기본적인 규칙들이다.

- 문제가 무엇인지 말한다. 가능한 한 명확하게 표현한다. 다른 것들은 이야기하지 말고, 당장 풀어야 하는 문제에 대해서만 이야기한다.
- 옛날 얘기는 꺼내지 않는다. 예전에 미처 해결하지 못한 문제들이 마음속에 남아 있을 것이다. 하지만 지나간 일은 덮어두고 지금 당장 문제가 되는 것에만 집중하도록 한다.

- 사무적으로 이야기한다. 업무와 관련한 문제에 대해서만 이야기한다. 비난을 하거나 개인적인 공격을 하지 않는다.

- 화를 내기 전에 한 번 더 생각한다. 당신이 하는 말이 상대방에게 미칠 영향을 생각한다. 앞뒤 가리지 않고 화를 쏟아내면 기분이 좋아질지도 모른다. 하지만 문제를 해결하는 데는 도움이 되지 않는다. 그런 이야기들은 체육관에서, 혹은 집에 가는 차 안에서 풀도록 한다.

- 상대방에게 어떻게 들릴지를 신중하게 생각해서 말을 해야 한다.

- 혼자서 일방적으로 이야기하지 않는다. 당신이 뭐라고 말을 했으면 상대방의 대답을 기다리고, 상대의 말을 귀 기울여 듣는다. 상대방도 덩달아 화를 낼 수 있음을 기억하고 마음의 준비를 한다. 만일 상대방이 화가 나거나 놀라서 아무 말도 하지 않더라도 어떻게든 대화를 이어가도록 해야 한다.

- 마음을 열고 대화해야 한다. 상대방이 자신의 입장을 설명할 기회를 줘야 한다.

- 해결책을 함께 찾아본다. "다음에도 비슷한 일이 생기면 어떻게 할까요?"라고 말하면서 함께 해결책을 찾을 수 있도록 유도한다.

- 가능한 한 합의를 이끌어낸 후 대화를 끝낸다.

위와 같이 화를 관리하는 기술을 연습함으로써 갈등 상황에서 자신의 생각을 지지하는 기본적인 방법을 익혔을 것이다. 그래서 이제는 자신을 방어하면서 싸우는 방법을 알게 되었다. 다음으로 배울 것은 싸워서 자신이 원하는 것을 얻어내는 방법이다.

가장 놀랍고 값진 가르침은 아무것도 당신에게 그냥 주어지지 않는다는 사실이다. 이런 사실을 사람들은 조금씩 다른 말로 표현한다. "모든 것은 싸워서 얻어내야 한다"라고 말하는 사람도 있고, "공짜로 주어지는 것은 없다"라고 말하는 사람들도 있다.

이 교훈의 결과는 우리를 더욱 약 오르게 만든다. 싸워서 이기고 난 후에도 당신은 똑같은 것 때문에 또 싸우고 있는 자신을 발견하게 될 것이다. 당신이 이미 싸워서 이긴 사람이라는 사실을 모르는 새로운 사람과 싸울 수도 있고, 더 나쁘게는 똑같은 사람과 똑같은 문제 때문에 계속해서 싸울 수도 있다.

: : 규칙은 변한다는 것을 인정하자

예를 들어, 당신이 지난 5년간 해마다 5퍼센트씩 연봉을 인상 받아왔다고 하자. 그런데 새로운 관리자가 부임해 오더니 올해에는 2퍼센트만 인상해주겠다는 것이다.

아니면 당신이 믿어오던 것과 다른 규칙을 따르는 사람이 왔다고 하

자. 그리고 당신 것이라고 생각했던 기회를 그 사람이 가져간다고 하자. 이렇게 당신은 변하지 않았지만 규칙이 변하는 경우가 있을 수 있다.

많은 사람들에게 이런 종류의 사건이 놀라운 이유는, 우리들 대부분은 연봉 인상, 승진, 노력에 대한 인정 등은 믿을 수 있는 것이라고 생각하면서 어른이 되었기 때문이다. 열심히 일하면 알아줄 것이라고 믿고 있었던 것이다.

그런데 지금 여기서 무슨 일이 일어나고 있는 것일까? 저술가이자 의사인 앤드류 웨일이 최근에 라디오 인터뷰에서 말하기를, 우리는 지금 확실성의 시대가 아니라 확률의 시대에 살고 있다고 한다. 혹자들은 이런 불확실성이 기업의 혼란, 기업 개편, 규모 축소 등의 부산물이라고 말한다. 아니면 정보화 세계의 급속한 변화의 결과일 수도 있다. 그런 힘들이 불확실한 느낌을 강하게 하는 것은 사실이다. 하지만 그런 것들 때문에 불확실성이 생긴 것은 아니다. 불확실성은 늘 있어왔다.

한 가지 사실이 더 있다. 직장 생활을 하다 보면 언젠가 자신에게 좋은 일이 생길 거라고 믿는다면, 당신은 분명 실망하게 될 것이다. 좋은 일이 생기기는커녕 당신이 인원 감축 대상이 될 수도 있다. 당신은 그 이유도 알 수 없을 테지만.

그런 깨달음에 어떻게 반응하느냐에 따라 당신은 파멸할 수도 있고, 구원받을 수도 있다. 나쁜 일이 생겼을 때 어떤 사람들은 그 사실 자체를 부정한다. 어떤 사람들은 증오에 가득 차서는 자신들의 어쩔 수 없는 힘을 탓한다. 두 가지 경우 모두 변화하는 방법을 배우지 못하는 한 그런 운명에서 벗어날 수 없을 것이다.

불확실성의 시대를 살아남은 사람들은 이렇게 말하는 사람들이다. "음, 이제 이렇게 바뀐다는 거지. 앞으로는 쉽지 않겠군. 공정하지도 않을 테고. 그렇다면 나도 전략을 바꿔야지." 무언가 옳지 않은 일을 도모하라거나 냉소적으로 대응하라는 것이 아니다. 규칙을 따르지 말고 대세를 따르라는 얘기도 아니다. 기본적인 업무 능력을 증가시킴과 동시에 생존 전략을 마련하라는 뜻이다. 미래의 일을 예상하는 방법을 배우고, 원하는 것을 얻을 때까지 독하게 마음먹고 계속해서 싸우라는 뜻이다.

앤드류 웨일이 했던 말을 다시 생각해보자. "불확실성의 시대가 아니라 확률의 시대이다." 처음 이 이야기를 들으면 기가 죽을 수도 있다. 하지만 사실 이 말이 문제 해결의 열쇠이다. 지금부터는 확률에 의거하여 모든 상황을 분석할 수 있다.

예컨대, 새로운 상사가 왔다고 하자. 확실성을 근거로 생각한다면 당신은 이렇게 말할 것이다. "새 상사가 왔다고 달라지는 건 없을 거야." 하지만 확률을 근거로 생각한다면 이렇게 말할 것이다. "몇 가지 가능성 중 하나일 거야. 상사들은 모두 각자의 방식으로 관리를 하니까, 새로 온 상사는 어떨지 모르겠군."

이제 당신은 어떤 쪽을 택해야 할지 알고 있다. 확률에 근거한 시나리오를 따라야 한다. 새로 온 상사는 모든 직원을 검토한 후에 부서를 재배치할 수도 있고, 한두 명을 골라서 자기 사람으로 만들 수도 있다. 그런 가능한 모든 행동에 근거하여 경우에 따라 어떻게 행동해야 할지 예측할 수 있다.

또 다른 예를 보자. 당신은 최근에 승진되었다. 그리고 상황을 나아지게 할 계획을 가지고 있다. 하지만 사람들은 반드시 당신이 기대하는 대로 행동하지는 않는다. (거기에는 당신의 부하 직원들뿐만 아니라 당신의 상사들도 포함된다.) 당신은 자신이 힘을 갖게 되었다고 생각했는데, 알고 보니 아주 단순한 일을 하려고 해도 책략을 쓰거나 공모를 해야 한다.

'변화'라는 진실을 인정해야 한다. 그리고 결과를 예상해야 한다. 배운 것을 토대로 행동을 해야 한다. 그리고 일이 당신 뜻대로 안 될 때는 원하는 것을 얻을 때까지 싸워야 한다.

:: 기회를 찾는 행동을 제2의 본성으로 만들자

아직은 당신 손에 쥐어진 게 없으므로 계속해서 협상하는 마음으로 임해야 한다. 동료와 나누는 대화가 당신과 동료 모두에게 이익이 될 수 있는 무언가를 거래할 수 있는 기회가 될 수 있다.

처음에는 힘들 수도 있다. 동료가 원하는 것이 무엇인지 알아야 하는데, 그러자면 시간이 걸릴 뿐 아니라 관찰력이 있어야 한다. 하지만 얼마간의 시간이 지나면 기회를 찾는 그런 행동이 당신의 제2의 본성이 될 수 있을 것이다.

기본적인 협상 기술

협상은 갈등을 해결하는 훌륭한 방법이다. 사람들은 협상을 한정된 의미로만 생각하는 경향이 있다. 예를 들어 자동차를 살 때 가격을 협상하거나 하는 것만을 협상으로 생각하는 것이다.

사실 협상은 매일같이 모든 직장에서 수없이 이루어지고 있다. 당신은 무언가를 원하고 나도 무언가를 원한다. 당신이 원하는 것과 내가 원하는 것은 정반대되는 것처럼 보인다. 하지만 협상을 하면 우리는 공통으로 지니고 있는 것을 찾을 수 있고, 둘 다 원하는 것을 얻을 수 있다.

이런 기술은 '나는 그것을 얻을 만한 가치가 있는 사람이다' 라는 기본 전제에서 시작할 때만 효과를 거둘 수 있다. 협상을 하려면 입을 열고 당신의 가치를 말해야 하기 때문이다.

다음으로, 받은 만큼 줄 줄 알아야 한다. 때로는 훈족의 왕 아틸라(훈족은 4~5세기에 유럽 일대를 휩쓴 아시아의 유목민이고, 아틸라는 그 왕이다 - 옮긴이)처럼 다음과 같이 협상하는 것이 효과가 있다. "내가 원하는 것을 내놓아라. 그러지 않으면 마을을 모두 불태워버리겠다."

하지만 대부분의 경우 협상은 그보다는 교묘하게 진행해야 한다. "나는 당신이 원하는 것을 가지고 있소. (이렇게 하면 상대의 흥미를 끄는 데는 일단 성공할 것이다.) 그런데 당신은 내가 원하는 것을 갖고 있군요. 그렇다면 어떻게 하면 되는지 봅시다."

협상에 있어 기억해야 할 또 한 가지 사실은, 협상은 연봉 인상을 요구할 때처럼 특별한 상황에서 하는 것이 아니라는 것이다. 협상은 우리의 태도 자체가 되어야 한다. 우리는 어떻게 서로를 도우며 살아갈 수 있을까? 무언가를 얻기 위해서 어떻게 무언가를 줄 수 있을까? 그런 태도를 매일 사용하지 않으면 당신은 기회들을 잃으며 살아갈 것이다.

물론, 연봉 인상에 대해서 상사와 협상을 할 것이다. 하지만 동료들과 업무 분담에 대해 협상을 할 수도 있고, 매일 발생하는 갈등이나 문제를 해결하는 데 협상 전술을 이용할 수도 있다.

협상하는 방법에 대해 조언을 하는 대부분의 사람들이 입을 모아 하는 말이, 협상을 하는 양쪽 모두 뭔가를 얻었다고 느끼게 하는 것이 중요하다고 한다. 그 이유는 무엇일까? 그런 생각을 이상하다고 느낀다면, 당신은 협상의 핵심이란 적을 때려서 쓰러뜨리고 당신이 원하는 모든 것을 얻은 뒤 그 사람을 밟고 나오는 것이라고 생각할지도 모른다.

협상은 그런 것이 아니다. 만일 당신이 그렇게 생각하고 있다면 당신의 협상 실력은 형편없을 것이다. 자신을 외교관이라고 생각한다면 훨씬 협상을 잘하게 될 것이다. 협상을 전쟁이라고 생각한다면 비록 그 협상에서 이기더라도 새로운 적을 만들게 될 것이다. 적들은 당신을 잊지 않는다. 하지만 친구들도 당신을 잊지 않는다. 그러므로 협상에서 이김과 동시에 적이 아닌 친구를 얻는 게 좋다.

이번에는 협상의 즐거움에 대해 이야기해보자. 협상은 전쟁이 아닐 뿐 아니라, 기분 나쁘고 귀찮은 일일 필요도 없다. 협상은 잘하기만 하면 성장하는 경험이 될 수도 있다. 그러므로 협상을 두려워할 것이 아니라 더 잘할 수 있도록 노력해야 한다.

협상을 잘하려면 우선 자신이 원하는 것이 무엇인지 잘 알고 있어야

한다. 원하는 것을 얻기 위해 상대에게 무엇을 주어야 하는지도 알아야
한다. 동시에 상대에게 절대로 주어서는 안 될 것이 무엇인지도 알아야
한다. 그리고 언제 협상을 끝내야 하는지도 알아야 한다.

:: 협상의 상대를 적으로 여기지 마라

협상을 할 때 내 편, 상대편으로 나누어서 생각하지는 말자. 그 대신,
협상의 상대방을 오랫동안 함께 잘 지내고 싶은 사람이라고 생각하자.
그러면 협상의 분위기를 좋게 바꿀 수 있을 것이다. 그것은 심리적인 속
임수가 아니다. 그것이 사실이다. 대부분의 경우 당신이 협상을 해야 하
는 상대는 당신이 함께 일하는 사람이나 함께 사는 사람이고, 당신의 삶
을 더 수월하게 만들기 위해서 협조해야 할 사람인 것이다.

:: 구하라, 그러면 얻을 것이다

어떤 사람이 내게 이렇게 말한 적이 있다. "구하지 않으면 얻을 수 없
다." 협상을 할 때 명심해야 할 말이다. 불행히도 우리들 대부분은 남들
이 우리에게 주는 것을 받기만 하고 입을 다물도록 교육을 받고 자랐다.
그래서 우리에게 있어 원하는 것에 대해 목소리를 높여 말하는 것은 낮
선 일이다.

그러던 어느 날, 아마도 우연히, 당신은 원하는 것을 요구하게 될 것이
다. 그리고 그것을 얻어낸다. 그럴 때의 기쁨이란!

나는 프리랜스 작가로 일할 때 그런 경험을 했다. 고객 한 사람이 내게 전화를 걸어서 일자리를 제안했는데, 나는 그 일을 하고 싶지 않았다. 그래서 그 사람이 보수를 얼마를 받느냐고 내게 물었을 때, 나는 그 사람과의 대화를 끝내고 싶어서 실제 받는 액수보다 두 배를 부풀려서 말했다. 그런데 놀랍게도 그 고객은 흔쾌히 그 액수를 주겠다고 했고, 나의 글에 대해 칭찬을 아끼지 않았다. 그 다음은 상상에 맡기겠다.

그렇게 기분 좋은 경험을 하고 나면 당신은 예전과는 달라진다. 원하는 것을 얻고 나면 점점 더 원하게 되고, 그러다 보면 점점 더 얻게 된다. 그것이 바로 성장하는 경험이다.

:: 협상을 잘하기 위해 알아야 할 다섯 가지

아이들은 종종 어른들보다 더 협상에 능하다. 아이들끼리 협상하는 것을 들어보면, 아이들은 밀고 당기는 협상 과정을 본능적으로 아주 잘 이해하고 있음을 알 수 있다. 아이들은 상황의 모든 면을 엄밀히 따져보면서 조건을 자신들에게 유리하게 바꿀 수 있는 기회를 찾는다.

내 딸은 세 살 때 이미 협상하는 방법을 배우기 시작했다. 딸아이는 원하는 것이 있을 때는 다음과 같이 온건하게 요구를 하기 시작했다. "이렇게 하는 건 어때?" 그리고 다음과 같은 말로 협상을 끝맺었다. "그러면 공평하지?" 아이는 아직도 그런 식으로 협상을 한다. 상대가 필요로 하는 것을 주고, 자신이 원하는 것을 얻는 것이다.

하지만 장난감이나 운동 기구를 효과적으로 교환하는 아이들의 훌륭한 협상 능력이, "안 돼"와 "내가 그렇다면 그런 줄 알아" 같은 두 가지 대답밖에 할 줄 모르는 어른들과 마주치면 힘을 잃고 만다. 상황이 위험하거나 아이의 요구를 도저히 받아들일 수 없을 때는 그렇게 말할 수 있을 것이다. 하지만 그 외의 대부분의 상황에서는 부모들과 아이들도 모든 종류의 일에 대해 성공적으로 협상할 수 있다. 그리고 우리 어른들끼리도 그렇게 할 수 있다. 동료들끼리, 상사와, 직원들과.

협상을 잘하려면 우선 다음의 다섯 가지를 잘 알고 있어야 한다.

1. 내가 원하는 것은 무엇인지

2. 그것을 얻기 위해 얼마나 노력할 것인지

3. 무엇을 포기할 수 있을지

4. 원하는 것을 아무리 얻고 싶더라도 절대 하지 않을 일은 무엇인지

5. 언제 협상을 끝낼 것인지

:: "나는 이 일을 안 해도 살 수 있어!"

"난 이 일을 안 해도 살 수 있어." 이런 마음가짐은 훌륭한 협상 태도이지만, 결코 갖기 쉬운 태도는 아니다. 나는 오래 전에 한 상사로부터 이런 태도를 배웠다. 그는 자신이 어려운 협상을 어떻게 해냈는지 이야기해주곤 했다. "난 스스로에게 물었어. '필요하다면 이 일을 그만둘 수도 있을까?' 그리고 대답은 늘 Yes였지."

그렇게 함으로써 그는 협상 과정의 극단적인 조건—필요하다면 포기

해야 하는 것—을 터득할 수 있었다. 최악의 결과에 정면으로 맞설 때 두려움은 상당 부분 사라지는 것이다.

그 일이 아니어도 살 수 있다고, 그 일 말고도 할 일은 많다고 스스로를 확신시켜야 한다. 그 일을 원하지만 그 일을 못해도 죽지는 않는 것이다. 이런 극단적인 생각에 완전히 동화될 수 있다면 당신은 자신을 '거지'에서 '협상가'로 변신시킬 수 있다. 그리고 자신이 원하는 조건이 무엇인지 결정할 수 있다.

협상의 두 번째 비밀은 언제 협상을 마무리지어야 할지를 아는 것이다. 어떤 사람이 나에게 이렇게 말한 적이 있다. "당신이 절대로 받아들일 수 없는 것을 알고 있어야 합니다." 절대로 받아들일 수 없는 것이 무엇인지는 스스로 결정할 수 있을 것이다. 아주 낮은 연봉이 될 수도 있고, 일을 할 때 갖는 자유의 정도일 수도 있다. 협상을 시작할 때는 자신이 받아들일 수 없는 것이 무엇인지 알지 못할 수도 있다. 하지만 그것이 무엇인지는 듣는 순간 알 수 있다. 머릿속에서 경보음이 울리면 주의를 기울여라. 그리고 기억해라. "나는 이 일을 안 해도 살 수 있다."

:: 갈등의 사이클을 부셔버리자

연습을 많이 할수록 당연히 협상에 능해질 것이다. 다행히도 직장 생활을 하면서 협상 기술을 연마할 기회를 어렵지 않게 얻을 수 있을 것이다. 앞으로 며칠 동안 갈등 상황이나 문제가 생기면 협상의 기회로 삼도록 하라. 그리고 협상의 목적은 당신과 상대방 모두가 원하는 무언가를 얻는 것이라는 사실을 기억하라.

협상을 하겠다는 마음을 갖고 있다면 계속해서 갈등 상황에 직면하게
될 것이다. 하지만 동시에 그 갈등을 더 잘 해결할 수 있게 될 것이다. 그
리고 분노와 무기력감의 악순환에서 빠져나올 수 있을 것이다. 그 이유
는 다음과 같다.

당신은 이제 자신을 변호하기 시작했으므로 화를 참고 참다가 '서서
히 타오르는 분노'를 만드는 우를 범하지 않을 수 있을 것이다. 그리고
분노에 이리저리 휘둘리지 않게 되면 냉정해질 수 있다. 냉정해지면 상
황을 좀더 정확히 관찰할 수 있을 것이고, 따라서 상황을 더 잘 판단할 수
있게 될 것이다. 그러면 적절하지 않은 때에 싸움을 걸지 않게 될 것이고,
싸움에서 지지도 않을 것이다.

그렇다. 협상을 잘하게 됨으로써 당신은 더 즐겁게 일할 수 있게 될 것
이다.

갈등은 다른 사람들과 함께 일을 할 때면 자연스럽게 생기는 과정이
다. 갈등을 피할 수 있다고 생각하는 건 어리석은 생각이다. 갈등을 피하
려고 하다 보면 사람들은 당신을 밟고 지나갈 것이고, 그러면 당신은 더
욱 화가 날 것이고, 분노는 계속해서 쌓일 것이다. 우선, 분노에 당당하게
맞서라. 그리고 분노를 협상에서 효과적으로 이용하는 방법을 배워라.
모든 갈등 상황에서 다 이길 필요는 없다. 하지만 자신의 견해를 옹호할

수는 있어야 한다. 그렇게 하는 방법을 배운다면, 당신은 협상에 능한 사람이 될 수 있을 것이다.

어떻게 하면 상사의 신뢰를 얻을 수 있을까?

상사를 나의 후견인으로 만들기

상사가 무엇인가 해주기를 기다리기만 한다면 당신은 실망할 수밖에 없다. 상사의 특성과 기벽을 알아내어 적응하도록 노력하라. 정기적으로, 간결하지만 명확하게 상사와 대화를 나누는 습관을 기르도록 하라. 상사에게 당신이 어떤 일을 하고 있는지 계속해서 이야기하라. 상황이 바뀌었을 때는 그런 사실 또한 상사에게 알리도록 하라. 그리고 당신이 원하는 것이 무엇인지 상사에게 알려라.

이 장에서 제시하는 조언을 따르면 매일 매일 느끼는 스트레스의 80 퍼센트는 없앨 수 있을 것이다. 이유는 간단하다. 상사는 당신에 대해서 권력을 지니고 있는 존재이다. 그리고 그 권력은 그 사람을 상사로 둔 당신이 부여한 것이기도 하다. 상사가 지닌 권력 중 일부는 정당한 것이다. 예를 들어, 당신은 제시간에 출근을 해야 하고, 상사의 지시에 복종해야 하며, 맡겨진 일을 해야 한다.

하지만 동시에 당신에게 주어진 권력도 많다. 당신은 필요한 것을 요구할 수 있고, 당신이 신뢰할 만한 사람이라는 사실을 상사에게 확신시킬 수도 있으며, 가장 중요하게는 상사와 직원 간의 관계를 이용하는 방법을 배울 수 있다. 상사와 직원의 관계가 어떻게 작용하는지를 이해하게 되면, 상사가 어떤 유형의 사람인지와 무관하게 특정 상황에서 어떻게 행동해야 하는지를 알 수 있게 된다.

당신은 어려서부터 권위를 가진 사람들(부모님, 선생님, 성직자 등)에게 권력을 부여하도록 훈련받아 왔다. 그러므로 자라서 일을 하며 돈을 버는 나이가 되었어도, 머릿속에서는 나의 상사가 나에게 최선이 무엇인지를 알고 있다고, 상사의 말에는 복종해야 한다고, 심지어는 상사가 나에 대해 걱정을 하고 있는 거라고 말하는 작은 목소리가 들려온다.

이것은 상사들은 좋은 사람이 아니라는 뜻이 아니다. 상사들 중 다수는 좋은 사람들이다. 하지만 그들이 사무실로 걸어 들어오는 순간, 그들은 자신의 부하 직원들(당신을 포함하여)의 '비현실적인 기대'라는 짐을 온몸으로 지게 된다. 그리고 그들 역시 자신들의 상사로부터 압박을 받으며 과도한 업무를 처리하고 있는 중이다. 결론적으로 말해서 대부분의 상사들은 당신에 대해 생각할 만큼 시간이 많지 않다.

여기서 또 한 가지 중요한 회사 내의 규칙을 기억하자. 어쩌면 가장 중요한 규칙일지도 모른다. 따라 읽어보자. '나의 상사는 내 골칫거리가 아니다… 상사는 내 골칫거리가 아니다… 상사는 내 골칫거리가 아니다…'

그렇다면 대체 무엇이 골칫거리이고 문제란 것일까? 문제는 바로 당신이라고 얘기하려는 것이 아니다. 내가 만일 그렇게 얘기한다면 당신은 지금 당장 이 책을 던져버리고는 당신이 하고 있는 훌륭한 일들에 대해 20분쯤은 열변을 토할 수 있을 것이고, 이어서 또 20분쯤은 당신의 상사가 당신에게 했던 비열한 일들에 대해서 열변을 토할 수 있을 것이다. 따라서 나는 지금 당신에게 40분이라는 시간을 낭비하지 않게 해준 셈이다. 당신은 그 소중한 시간을 이 책을 계속 읽는 데 사용할 수 있을 것이다.

문제는 당신과 당신 상사의 관계이다. 당신이 어떤 사람인지, 혹은 당신 상사가 어떤 사람인지가 문제가 아니라, 당신이 의사소통을 하는 방법, 신뢰를 쌓아가는 (혹은 쌓아가지 못하는) 방법, 그리고 일하는 방법에 대해 상사의 의견에 동의하거나 동의하지 못하는 것이 문제인 것이다. 이런 전제를 받아들일 수 있다면 우리는 당신의 상사가 어떤 사람인지 함께 알아낼 수 있을 것이다.

상사와 '업무에 대한 담소'를 나누자

당신은 지금부터 당신의 상사에 대해 좀더 잘 알기 위해, 그리고 상사가 당신에 대해 좀더 잘 알 수 있도록 하기 위해 '업무에 대한 담소'를 활용할 것이다. 우리들 대부분은 상사와 일대일 대화를 일 년에 한 시간도 채 나누지 않는다. 그나마 상사와 짧은 대화를 나누는 것은 업무 수행 평가를 행할 때이다. 만일 그때가 당신이 중요한 문제들에 대해 상사와 이야기를 나누는 유일한 시간이라면, 당신과 상사와의 관계는 최악의 상황에 있다고 할 수 있다.

그러니 이제 업무에 대한 담소를 활용하는 방법을 배워보도록 하자. '업무에 대한 담소'란 당신의 일, 당신이 직면하고 있는 문제점들, 당신의 목표, 당신의 야망에 대해 상사와 함께 일 년에 몇 번씩 의논할 수 있는 손쉬운 방법이다. 업무에 대한 담소를 나누다 보면 당신과 상사는 서로를 좀더 잘 알 수 있게 된다. 그리고 그것은 결국 당신의 커리어를 향상시켜줄 수 있다. 어떻게 그렇게 될 수 있느냐고? 간단하다. 당신이 상사와 이야기를 나눴다는 단지 그 사실 때문에 상사는 다음에 좋은 자리가 났을 경우 당신을 떠올리게 된다. 둘 사이에 접촉이 있었기 때문에 상사는 당신을 생각하게 되는 것이다. 업무에 대한 담소는 또한 장기적으로 상사와 당신의 관계를 향상시켜줄 수도 있다.

그렇다면 언제 그런 담소를 시작해야 할까? 정기적인 업무 수행 평가와 그 다음 업무 수행 평가 사이의 중간쯤에 할 수 있을 것이다. 흔히 그렇듯이 평가 시기가 예정보다 늦어진다면, 혹은 당신 마음속에 뭔가 중요한 문제가 있다면 지금 당장 시간을 잡아야 한다. 그런 대화를 나누자고 하기에 가장 좋은 때는 큰 프로젝트 하나가 끝난 직후이다.

:: 언제, 어떻게 접근할까?

상사들은 신중한 사람들이다. 수줍고도 늑대 같은 그들은 의심이 많을뿐더러 사람들과의 접촉을 피하려고 애쓴다. 따라서 당신이 절대로 해서는 안 되는 일은 '업무에 대한 담소'가 공식적인 대화인 것처럼 들리게 해서 상사를 놀라게 하는 것이다. 기억하라. 그것은 몇 개국 정상들의 평화협상이 아니라 그저 '담소'인 것이다.

그렇게 상사를 놀라게 하지 않는 한 가지 방법은 '자연스럽게 충동적으로' 대화를 청하는 것이다. 다시 말해서, 머릿속에는 치밀하게 일정을 세워놓았지만, 가능한 한 충동적인 듯 자연스럽게 대화를 청하는 것이다. 상사의 방문이 열려 있고 상사의 기분이 좋아 보이면, 그냥 걸어 들어가라.

:: 대화는 어떻게 유도하고 진행할까?

대화는 간결하고 꾸밈없게, 그러나 진심을 담아서 해야 한다. 부담스럽거나 위협적이어서는 절대 안 된다. 환하게 웃으면서 숨을 깊이 들이마시고 "잠깐 시간 있으세요?"라고 묻는다. 그리고 대화는 15분을 넘겨서는 안 된다. 그래서 '담소'라고 하는 것이다.

이야기를 하는 동안 철저히 서로의 대화를 모니터하라. 얘기가 너무 길어져서 위험한 지경에 이르러서는 안 된다. 그런 상황이 발생하기 전에 상사의 반응을 잘 살펴야 한다. 먼저 말을 하고 상사의 대답을 유도한 후, 다음과 같이 대화를 끝맺도록 한다. "예, 제 생각을 말씀드릴 수 있게 해주셔서 감사합니다." 상사의 후속 조처가 필요하다면 방을 나서기 전에 이야기를 해야 한다.

솔선해서 먼저 대화를 유도하는 것이 필요한 이유는 몇 가지가 있다. 비범한 상사가 아니라면 당신에게 그런 대화를 나누자고 먼저 나서지 않을 것이기 때문이다. 대부분의 상사들은 수많은 서류와, 바쁜 업무와, 이해할 수 없는 기묘한 '상사스러운' 행동으로 부하 직원들이 절대 뚫고 들어갈 수 없는 튼튼한 굴을 만들고는 그 안에서 시간을 보내기 마련이다.

먼저 대화를 유도하는 것이 필요한 또 다른 이유는, 먼저 대화를 제안함으로써 대화의 내용과 스케줄을 당신 쪽에서 계획할 수 있기 때문이다. 당신이 예상할 수도 있었을 어떤 문제 때문에 상사의 방에 불려 들어가서 논의를 하게 되는 상황은 절대 만들어서는 안 된다.

:: 담소를 통해 무엇을 얻을 수 있을까?

당신이 상사와 부자연스럽고 표면적이며 무정한 관계를 갖고 있다면

(사실 우리들 대부분은 그러하다) 업무에 대한 담소를 통해 많은 것을 얻을 수 있을 것이다. 그러자면 대화를 예의 바르고, 따뜻하게, 열린 마음으로, 그리고 프로다운 태도로 해야 한다.

일단 업무에 대한 담소를 당신의 커리어에 활용하는 방법을 마스터했다면, 당신은 다음 단계로 나아갈 준비가 된 것이다. 이제 그런 담소를 상사에 대해 더 잘 알아가는 계기로 삼도록 하자. 상사가 가장 중요하게 생각하는 가치는 무엇인가에서부터 가장 좋아하는 TV 프로그램은 무엇인가에 이르기까지.

여기서 냉소주의자들에게 한 마디. 만일 이런 행동이 속이 너무 빤히 들여다보이는 아부성 행동이라고 생각된다면, 그렇게 생각해도 좋다. 하지만 기억해야 한다. 지금 목적은 당신 인생의 (최소한) 3분의 1 이상을 지배하는 사람과 더 잘 지내는 중요한 것이라는 사실을.

TV 프로그램, 스포츠 팀, 책 등 모든 인간관계에서 보편적인 윤활유로 작용하는 사소한 것들에 대해 이야기를 나누도록 하라. 그런다고 해서 당신과 상사가 골프를 함께 치는 사이가 되지는 않겠지만, 서로를 더욱 편하게 느낄 수 있게 될 테니 말이다.

상사가 내게 마음을 열게 하는 방법

사람들을 몇 가지 유형으로 분류해놓은 책을 읽은 적이 있을 것이다. 예를 들어, 싸움대장형, 바보형, 실패자형, 그리고 완벽한 유형, 이런 식으로. 당신은 상사가 어떤 유형인지 이미 알아냈다고 생각하고 있을지 모른다. 심지어 당신은 그런 유형의 상사에게는 어떤 식으로 말해야 하는지까지 배우려 했을지 모른다. 그러나 그렇게 해서는 아무것도 이룰 수 없다.

상사와의 관계에 문제가 있다면, 당신이 정말 알아야 할 것은 어떻게 하면 상사의 마음을 풀 수 있느냐 하는 것이다. 여기서 상사는 어떤 한 가지 '유형'이 아니라 '살아 있는 사람'이다. 그런데 유감스럽게도 살아 있는 특정한 사람의 마음을 풀게 하는 방법을 알려주는 책은 나와 있지 않다.

:: 상사를 화나게 하는 게 무엇인지 찾아내자

당신의 상사가 당신이 알아야 하는 것이 무엇인지 정확히 알려줄 수도 있다. 상사들 중에는 그런 뜻을 알아듣기 쉽게 표현하는 사람들이 있다. 그럴 때 쓰는 표현을 예로 들면 다음과 같다. "나를 화나게 하는 건 말입니다…" 혹은 "내가 정말 보고 싶은 모습은 말이죠…" 이렇게 말하지는 않더라도, 잘 관찰하면 상사가 그런 뜻을 표현하는 경우를 알 수 있을 것이다.

당신은 지금 상사의 마음을 열 수 있는 열쇠를 찾고 있다. 그 열쇠는 바로 이것이다. '상사를 화나게 만드는 것이 무엇이며, 기쁘게 만드는 것이 무엇이냐.' 이성적인 답을 찾으려 해서는 안 된다. 상사에게 다가갈 수 있는 열쇠는 이성적인 차원의 것이 아닐 수 있기 때문이다.

예를 들어, 상사가 당신이나 혹은 다른 누군가에게 불같이 화를 낸 것을 마지막으로 본 것이 언제인지 생각해보자. (상사가 다혈질이라면 떠오르는 경우가 너무 많다는 것이 문제일 것이다.) 상사가 가장 최근에 화를 냈던 것은 누군가가 지각을 했을 때였을 수도 있다. 그렇다면 상사가 지각하는 것을 싫어한다는 것을 알 수 있다. 그렇다면 답이 나온다. 만일 당신이 종종 지각을 한다면 앞으로는 절대 지각을 하지 않으면 된다. 그러면 마법처럼 당신을 향한 상사의 마음이 녹을 것이다.

:: 상사가 싫어하는 행동을 피하자

상사가 싫어하는 것이 무엇인지 계속해서 관찰하라. 직원이 회의에 참석하지 않는 것을 싫어할 수도 있다. 아니면 상사가 말을 하는데 누군가가 끼어들거나 상사의 말을 부정하는 것을 싫어할 수도 있다. 혹은 변명을 하는 것을 싫어할 수도 있다. 아니면 사무실을 지저분하게 해놓는 것을 싫어할 수도 있다.

진짜 비밀은 여기에 있다. 상사가 싫어하는 게 무엇인지 알아낸 다음에는 그 행동을 절대 하지 않는 것이다. 상사의 언동이 조금 해이해지는 것이 문제가 될까? 물론 문제가 되지 않는다. 상사가 계속 행복해하기만 한다면 문제 될 것이 없다. 당신이 보기에 상사가 어떤 행동이나 상황을 싫어하는 것 같으면, 그런 행동은 피하고 계속해서 상사를 기쁘게 해줄 수 있는 행동을 하라. (물론 불법적이거나 비윤리적인 행동이면 안 된다.) 사무실에서 상사는 어느 정도 자기 멋대로 행동할 수 있는 특권이 있다. 영리한 직원들은 그런 행동을 받아줄 수 있어야 한다.

그런 단순한 규칙에 따라 행동하는 것을 무척 어렵게 느끼는 사람들도 있다는 사실을 알면 당신은 놀랄 것이다. 어떤 사람들은 그런 규칙들을 무시하는 데서 즐거움을 느끼기도 한다. 다른 면에서는 똑똑하고 예민한 사람들도 다음과 같이 말하는 경우가 있다. 즉, 자신들은 상사가 시간을 정확히 지키는 것을 중요하게 생각한다는 사실을 전혀 알지 못했다고. 이래서는 안 된다.

여기서 오해하면 안 될 것이 있다. 상사의 언어폭력이나 극단적이고 받아들일 수 없는 행동까지 참으라는 얘기가 아니다. 그런 것들에 대해서는 회사의 규정에 따라 불만을 제기해야 한다. 그렇게 해도 문제가 해결되지 않으면 다른 일자리를 찾아봐야 할 것이다.

상사가 싫어하는 행동을 피하기만 해서는 안 된다. 상사를 기쁘게 하고 즐겁게 하는 것이 무엇인지를 알아내야 한다. 예컨대, 상사는 당신이 자신의 농담을 듣고 웃어주는 것을 좋아할 수 있다. 그렇다면 웃어주어라. (부적절한 농담이 아닌 한 말이다.) 아니면 그의 옷이나 머리 모양, 그가 하는 말, 그의 행동을 칭찬하라.

아니면 당신의 상사가 당신의 의견을 묻지도 않고 혼자서 결정을 해버리는 유형의 사람이라면, 상사의 의견에 동의해주는 것이 좋을 것이다. 만일 상사의 의견에 도저히 동의할 수 없다면, 상사에게 가서 의견을 분명히 말하라. 하지만 상사와 당신의 의견 차이가 그렇게 큰 것이 아니라면, 상사의 뜻을 인정하라. 그리고 상사가 당신에게 어떤 태도를 보이는지 보아라. 어떤 경우 상사는 당신이 천재라고 생각할지 모른다. 당신이 논쟁을 일으키지 않았다는 사실만으로 말이다. 상사가 당신을 천재라고 생각한다면 정말 좋은 일 아닌가?

단순한 공식이다. 적어도 내가 생각하기에는. 이렇게 하면 대개는 상사에 대해 좋은 마음을 품을 수 있게 된다. 상사에 대해 예의바르게 행동하는 것 이상의 행동을 조언하고 난 후, 나는 디트로이트에 사는 한 독자로부터 다음과 같은 이메일을 받았다.

"사람들이 일의 결과와 성과에 대해 걱정을 하면서 더 많은 시간을 보낸다면, 상사의 기행에 대해 걱정할 필요가 없어질 거라고 생각하지 않으세요? 그런데 선생님의 글은 마치 상사에게 아첨하는 방법에 대해 가르치시는 것처럼 보입니다. 그렇지 않다고 절 안심시켜 주세요."

물론 일의 결과와 성과는 무엇보다 중요하다. 일의 결과나 성과는 뒷전으로 한 채 상사에게 잘하는 데만 몰두하라는 얘기가 아니다. 냉소적이고 주변 일에 모른 체하면서 동료들을 교묘히 조종하고 상사들에 대해 음모를 꾸미는 사람이 되지 말라는 것이다.

:: 업무와 인간관계는 똑같이 중요하다

업무의 결과와 인간관계가 서로 전혀 관계없는 것이라고 생각한다면 문제에 부딪치게 된다. 피아노를 칠 때 우리는 한 손으로 리듬을 연주하고 다른 한 손으로는 멜로디를 연주한다. 한 손으로만 연주를 한다면 리듬이나 멜로디 둘 중 하나밖에 연주할 수 없고, 음악은 그다지 아름답게 들리지 않을 것이다.

직장에서 일을 할 때도 결과와 인간관계는 같은 방식으로 연결되어 있다. 한 손으로 당신은 당신이 할 수 있는 최대한의 성과를 거둔다. 그리고 나머지 한 손으로는 그런 훌륭한 성과를 거두는 데 방해가 되는 요소들을 제거하는 정치적 기술을 활용해야 한다.

많은 사람들이 상사의 기벽 같은 것은 상관하지 않으며 일해야 한다고 생각한다. 그런 것을 상관해서는 안 된다고 말한다. 맞는 말이다. 그러나 모든 직원이 프로답게 행동한다고 하더라도, 여전히 문제는 존재할 것이다. 이유를 알고 싶은가? 사람들의 성격은 서로 삐걱거리기 마련이기 때문이고, 사람들은 서로에 대해 오해를 하기 마련이기 때문이며, 사람들은 화를 아주 잘 내기 때문이고, 사람들은… 인간일 뿐이기 때문이다.

상사와 사이좋게 지내지 못한다면 일이라도 잘하도록 노력하자고 생각할 수도 있다. 하지만 그렇게 되지는 않을 것이다.

사무실에 산재해 있는 '인간관계와 관련한 문제들'을 무시한 채 일만 잘하려고 한다면 금방 곤란한 상황에 처하게 될 것이다. 어떤 프로젝트를 잘 해냈다 하더라도, 권력자 뒤에 있는 배후 인물에게 말을 한 마디 잘못하거나 모욕을 주기라도 한다면, 그 사람은 당신의 성과를 묻혀버리게 할 수도 있을 것이기 때문이다.

지금 이런 내 애기를 이해할 수 없다면, 안타깝지만 당신은 나중에도 왜 일이 그렇게 되었는지 이해할 수 없을 것이다.

:: 인간관계는 윤활유와도 같은 것이다

그렇다고 하루 종일 사무실의 정치에만 신경 쓰며 지내라는 뜻이 아니다. 그것은 시간 낭비이며, 그러다가는 일도 하지 못할 것이다. 하지만 당신 주변의 사람들이 어떻게 움직이는지는 이해할 필요가 있다. 특히 당신의 상사가 어떻게 움직이는지는 이해해야 한다. 회사를 자동차에 비유한다면, 업무 성과는 기어이고 인간관계는 윤활유에 해당한다. 기어를 매끄럽게 해줄 윤활유가 없다면 자동차가 얼마 동안이나 제대로 달릴 수 있을 거라 생각하는가? 인간관계를 무시한다면 그만큼 일도 제대로 해낼 수 없다는 뜻이 된다.

회사 생활을 처음 시작한 사람들은 상사들이나 동료들을 정형화해서 생각하기 쉽다. 하지만 그렇게 사람을 한 가지 유형으로 생각하고 대해서는 안 된다. 사람들은 모두가 서로 다른 개인이고, 서로 다르게 다루어져야 하기 때문이다. 당신 또한 그런 대우를 받고 싶지 않은가?

:: 노력에 대한 대가는 있다

상사를 알고 상사를 기쁘게 해주려고 노력한 데 대한 대가는 있다. 당신이 상사가 원하는 대로 일을 하는 데 익숙해지기만 하면, 일정 정도의 권력을 얻게 될 것이다. 그리고 그런 사실을 상사에게 알리고서 거래의 수단으로 이용할 수 있다. "제가 하는 일을 항상 잘 말씀 드렸잖아요. 이제 부장님께서 저를 좀 도와주세요. …"

디트로이트에 사는 독자가 제기했던 질문으로 돌아가보자. 이런 모든 정치적 행동과 상대방의 마음을 읽으며 일하는 태도가 단지 상사에게 아부를 하는 것일까? 나는 아니라고 답하겠다. 당신의 궁극적인 목적은 일을 해내는 것인데, 일을 잘하려면 그런 태도가 필요하다. 게다가 교양 있고 합리적인 방식으로 일을 하기만 한다면 그런 태도는 문제 될 것이 없다.

:: 아첨꾼이나 예스맨이 되어서는 안 된다

상사에게 아첨을 하는 것과 상사를 진심으로 섬기는 것의 차이는 무엇일까? 윤리적으로 거리끼지 않는 정도를 넘어서서 모든 말과 행동을 상사를 기쁘게 하기 위해서만 하는지, 아니면 일을 하기 위해서 그런 말과 행동을 하는지는 스스로 구별할 수 있을 것이다.

어떤 사람들은 자신들의 행동에 대해 의문을 품지 않고, 자신들의 행동이 윤리적인지 아닌지에 대해서도 의문을 품지 않는다. 그들은 살아남기 위해서 해야 하는 일들을 하는 것이고, 그것으로 그만이다. 상사의 의견에 진심으로 동의하는 한, 당신과 상사가 목표와 가치를 공유하는 한, 그런 태도는 나쁘지 않다.

상사를 섬기는 다른 방법들에는 어떤 것이 있을까? 예를 들어, 상사가 한 농담이 당신의 마음을 불편하게 만들었다면, 그렇다고 말을 하라. 그런 경우에도 아무 말 하지 않고 가만히 있을 수 있을 것이다. 하지만 그러면 아무것도 얻을 게 없다. 당신은 계속해서 그런 상사의 농담 때문에 기분이 언짢을 것이고, 상사가 그런 농담을 하지 않을 것으로 기대하기는 힘들 것이다.

조직 내부가 어떻게 돌아가고 있는지 상사에게 알려주도록 하라. 상사에게 가서 동료들에 대해 험담을 하거나, 사내에 퍼지고 있는 소문을 전하라는 얘기가 아니다. 직원들의 사기나 생산성에 대해 당신이 관찰한 것들을 상사에게 알리라는 뜻이다. 물론 그렇게 하는 과정에서 누군가의 신뢰를 저버리거나 다른 사람을 곤란한 상황에 빠뜨려서는 안 된다.

상사에게 칭찬을 하라. 그리고 상사를 칭찬할 때는 반드시 그 이유를 설명하라. 그렇게 하면 상사를 기분 좋게 만들 뿐 아니라, 나중에 사용할 정보를 알리는 것이 된다. "그 회의는 정말 도움이 되었습니다. 사람들이 리스트럭처링(발전 가능성이 있는 방향으로 사업 구조를 바꾸거나, 비교우위에 있는 사업에 투자재원을 집중적으로 투입하는 경영전략 - 옮긴이)에 대해 염려하던 점들을 토론할 수 있는 기회를 주신 것은 아주 좋았다고 생각합니다." 아첨꾼은 상사가 믿든 믿지 않든 상황을 가리지 않고 칭찬을 한다. 상사를 제대로 섬기는 사람은 칭찬해야 할 때가 되었을 때만 칭찬을 한다.

"No"라고 말할 수 있어야 한다. 무언가 참을 수 없는 것이 있다면 말을 하라. 의혹이 있거든 말을 하라. 건강한 관계에는 때로 의견의 불일치가 있는 것이 당연하다. 아첨꾼은 상사의 뜻을 전혀 거역하지 못하는 '예스맨'이다. 당신은 그런 아첨꾼이나 예스맨이 되어서는 안 된다.

어쩌면 근본적인 부분에서 상사와 전혀 뜻이 맞지 않는 경우가 있을 수 있다. 이런 상황은 두 사람이 목표와 방법은 공유하면서도 중간 중간 말다툼을 하는 것보다 더 위험하다.

당신과 상사는 뜻이 맞는 경우가 거의 없기 때문에 상사에 대해 칭찬할 것이 거의 없다고, 그리고 당신과 상사는 진실을 보는 눈이 다르다고 말할지도 모른다. 그런 경우에는 당신이 아무리 좋은 뜻으로 비판을 하더라도, 그 일을 해나갈 생각이 없는 것으로 비칠 수 있다. 그런 경우, 당신은 당신과 같은 가치관을 지니고 있는 새로운 상사를 찾는 것이 좋을 것이다.

어떻게 하면 상사의 신뢰를 얻을 수 있을까?

지금까지 살아남았다면, 즉 지금까지 상사를 기본적으로 기쁘게 해주는 데 성공했다면, 당신은 다음 단계로 나아갈 준비가 된 것이다. 이제 우리는 당신을 신뢰받는 직원으로 만들 것이다.

당신의 상사는 신뢰하는 부하 직원이 있는가? 그리고 당신은 그 두 사람의 편안하고 친밀한 관계를 망쳐놓고 싶지는 않은가? 정신이 제대로 박힌 상사라면 자신은 얼마든지 더 많은 부하 직원들을 신뢰하고 총애할 수 있다고 말할 것이다. 당신도 그 중 한 사람이 될 수 있다.

상사와 그 상사의 신뢰나 총애를 받는 부하 직원 사이에 모종의 부정적인 관계가 있을 가능성은 접어두자. 그런 관계는 두 사람의 커리어를 결국은 망치게 될 것이다.

또한, 그 상사와 부하 직원이 업무 외적으로 워낙에 친한 관계였거나 그 외에 어떤 강력한 유대관계를 지니고 있어서 다른 직원들에 비해 그 직원을 믿고 좋아할 수밖에 없는 상황도 배제하자. 그런 일이 종종 있기는 하지만 말이다. 그리고 그 부하 직원의 능력이 당신보다 뛰어나지 않다고 하자.

다시 말해서, 현재 상사의 신뢰와 총애를 받고 있는 직원이나 아직은 그렇지 못한 당신이 같은 조건에 있다고 가정하고 이야기를 시작하자는 것이다.

:: 상사의 신뢰와 총애를 받는 방법

우선, 당신은 상사에게 신뢰와 총애를 받고 싶은 생각이 없다는 가정은 배제하자. 당신은 "난 그럴 마음 없어요. 상사의 비위나 맞추고 그러는 건 난 못해요"라고 말할지 모른다. 물론, 상사에게 총애를 받는다는 것을 그런 관점에서 생각할 수도 있겠다. 아무튼 여기서는 그런 생각은 접어두자.

상사로부터 신뢰와 총애를 받는 직원이 가진 것 중에 당신이 갖고 싶은 것이 무엇일까? 신입사원의 입장에서는 상사의 관심을 받는 일일 것이다. 총애를 받는 직원은 언제든 상사의 방에 들어갈 수 있을 것이다. 반면에 당신은 늘 문 앞에 줄을 서서 기다려야 할지 모른다.

또 다른 이점이 있다. 상사가 어떤 사람에 대해 우호적인 생각과 태도를 가지면 그 사람이 하는 일은 원활하게 진행될 수 있다. 상사가 당신에 대해 편안하게 느낀다면, 상사는 당신에게 회사에서 벌어지고 있는 일에 대해 귀중한 정보를 줄 것이다. 그리고 어떻게 기회를 잡을지에 대해서도 알려줄 것이다. 아니면, 당신과 상사가 더 강한 유대를 형성한다면, 상사는 당신의 멘토, 즉 정신적 스승이 되어줄 수도 있고, 당신의 커리어에 도움이 될 수 있는 사람들을 소개해줄 수도 있다.

그렇다면, 상사로부터 신뢰와 총애를 받는 직원이 되는 방법은 무엇일까?

일을 잘해야 한다

당신의 기준에서만이 아니라 상사의 기준에서도 일을 잘해야 한다. 이것이 기본이다. 그 토대 위에서 다른 모든 것이 이루어진다.

약속을 지켜라

당신이 하겠다고 약속한 일은 꼭 해내야 한다. 한 번으로는 안 되고, 계속해서 꾸준히 그렇게 해야 한다. 프로젝트 하나가 제대로 이루어졌다고 당신을 바로 믿어버리는 사람은 없는 것이다.

상사에게 나쁜 영향을 미치지 않도록 하라

어떤 행동을 취하기 전에 스스로에게 물어라. "이 행동이 상사에게 어떤 영향을 미칠까?" 그 행동이 상사를 당황하게 하거나 상사의 평판을 나쁘게 만드는 일이라고 생각된다면, 그와 다른 행동을 하거나 아니면 아예 행동을 하지 마라. 아니면, 상사와 그 행동에 대해 의논을 할 수도 있다. 이런 말이 낯설고 놀랍게 들린다면, 당신은 '커리어 치유 학교' 같은 곳에 가야 할 것이다. 그곳은 상사와 의사소통을 하지 않거나 "죄송합니다, 그건 제 일이 아닌데요"라는 말이 입에 붙은 사람들이 보내지는 곳이다.

얼마나 많은 사람들이 자신들의 행동이 상사에게 어떤 영향을 미칠지를 생각조차 하지 않는지 알게 되면 놀랄 것이다. 그러나 실제로 상사들은 부하 직원들의 행동 때문에 수많은 골치 아픈 상황에 처하게 된다. 지금껏 상사에게 영향을 미칠 행동에 대해 상사와 의논을 하지 않았다면, 왜 그렇게 하지 않았는가? 그런 행동에 대해 상사와 의논을 하는 것은 예의 바른 행동이거나 프로다운 행동일 뿐 아니라, 훌륭한 방어적 행동이기도 하다.

상사가 성공하는 데 도움을 주도록 하라

어떤 프로젝트가 상사에게 중요하다면, 그 프로젝트는 당신에게도 중요해야 한다. 때로 당신은 그 프로젝트가 왜 그렇게 중요한지 이해하지 못할 수도 있다. 때로는 그 프로젝트가 중요한 이유가 아주 형편없는 것일 수도 있다. 예를 들어, 그 프로젝트를 끝내면 상사가 보너스를 받게 된다든가 하는 것이다. 그 프로젝트가 중요한 이유를 완전히 이해하지 못한다 하더라도, 그것은 중요하지 않을 수 있다. 어쨌든 그 일을 잘 해냄으로써 상사에게 충성심을 보일 수 있는 것이다. 상사가 성공하는 데 도움을 줄 경우, 현명한 상사라면 그 역시 당신을 성공하게 해줄 것이다.

상사와의 갈등 해결하기

우리 모두는 상사들과 의견 차이를 가져왔다. 상사와 의견 차이를 갖는다는 것은 난감하지만 피할 수 없는 일이다. 하지만 그런 갈등이 끊임없이 계속된다면 어떡해야 할까? 다음은 고민에 빠져 있는 한 독자로부터 받은 편지의 일부이다.

"어떻게 하면 좋을지 조언 좀 해주세요. 상사가 제 의견이나 제가 결정한 것에 대해 계속해서 반대를 한다면, 그 갈등을 어떻게 해결해야 옳은 걸까요? 어떻게 하면 제 직업이나 커리어를 위험하게 만들 수도 있을 결과를 피할 수 있을까요?"

이 편지를 보면, 이 편지를 보낸 사람의 상사는 부하 직원의 독창성이나 결단력을 없애려고 작정한 사람처럼 보인다. 그리고 그런 상황이 오랫동안 계속되어온 것으로 보인다. 다음에서 이런 관계를 개선하는 방법을 알아보자.

:: 3개월의 실험 기간을 가져라

당신의 상사가 사람들과 일을 지배하기를 원한다는 신호를 분명히 보낼 경우, 그렇게 하도록 내버려두어라. (물론 상사가 비윤리적인 행동을 하거나 직원이나 고객에게 해를 입히지는 않는 경우에 있어서 말이다.) 여기서 말하려는 것은 상사가 편안하게 느끼는 분위기에서 일을 하는 것이 좋다는 뜻이다. 당신의 상사가 편안하게 느끼는 범위에서는 직원들에게 결정을 내릴 권한을 조금밖에 주지 않을 수도 있다. 하지만 상사가 직원들과 일을 지배하려는 데에는 이유가 있을 것이고, 그 이유들이 정당하든 정당하지 않든 그렇게 하도록 놔두어라. 그리고 당신은 자신을 상사가 원하는 (것 같은) 온순한 직원으로 변화시키는 것이다.

당신의 정신 건강과 자존심을 생각해서 그런 시기를 '실험 기간'이라고 부르자. 3개월 정도 그런 시기를 보내보는 것이다. 그동안은 세계 최고의 '예스맨'인 양 행동하자. 상사를 만족시킨다는 목표를 위해서 살아가는 것이다. 딱 3개월만이다. 장기적으로 볼 때 그 시기가 당신의 상황을 개선시켜줄 수 있다면, 그 정도는 참을 수 있지 않은가?

:: 의사소통을 지나칠 정도로 하라

이 '실험 기간' 동안에도 계속해서 생각을 해야 하고, 계속해서 독창성과 솔선하는 자세를 가져야 한다. 단, 모든 일을 하기 전에 상사와 의논을 해야 한다. 상사와 의사소통을 하기 위해 의식적으로 노력을 하고, 어떤 일을 하기 전에는 무조건 상사의 허락을 받는 것이다. 이렇게 하면 상사가 결정을 내리는 데 있어 자신감을 갖게 해줄 것이다. 이 전략이 먹힌다면, 당신은 상사에게 받아들여질 수 있는 정도로 당신의 아이디어를 제시하는 방법을 알게 될 것이다. 최종 결정은 상사에게 맡기면서 말이다. 이 전략이 효과가 있으면 상사는 당신의 아이디어 중 일부를 받아들여서 활용할 것이다.

그렇게 하는 것이 쉬운 일은 아닐 것이다. 그리고 그렇게 한다 해도 당신과 상사가 '함께' 일을 하는 관계가 될 가능성은 희박하다. 당신의 상사는 계속해서 권력과 영광을 쥐고 있으려 할 것이다. 당신은 상사를 위해 일을 하면서 상사의 그늘 아래에서 일하는 데 익숙해져야 할지도 모른다.

물론, 이와 같은 3개월간의 실험 기간이 끝나면 당신은 상사가 마침내 당신에게 여유를 줄 것이라는 희망을 갖고 행동을 변화시킬 것이다. 상사는 당신에 대한 (그리고 자신에 대한) 신임을 되찾을 것이고, 당신을 더욱 신뢰하게 될지도 모른다. 그때에도 당신은 상사가 계속해서 편안한 상태로 일할 수 있도록 스스로를 훈련시켜야 할 것이다.

:: 상사가 당신을 싫어한다면?

어쩌면 상사가 당신을 싫어할지도 모른다. 상사들은 때로 부하 직원 중 한 사람을 위협적인 존재로 느낀다. 일단 그렇게 되면 상사는 독사처럼 그 직원을 물고 놓아주지 않을 것이다. 하지만 그럴 때조차도 상사를 잘 보필하려 애쓴다면 상황을 호전시킬 수 있다. 상사가 당신을 싫어하는 경우 벌어질 수 있는 최악의 상황은 무엇일까? 상사가 그런 태도를 전혀 바꾸지 않을 수도 있고, 당신의 훌륭한 아이디어를 훔쳐갈 수도 있으며, 당신을 무시할 수도 있다. 그렇게 된다면, 그 회사 안에서 다른 자리를 찾거나 아예 다른 회사의 일자리를 찾되, 그동안은 상사 앞에서 '예스맨'처럼 행동하는 것이 좋다.

상사가 당신을 믿지 않는 경우

당신의 상사가 당신을 믿지 않는다. 그것을 어떻게 알 수 있을까? 물론 알 수 있다. 상사가 당신에게 예의 바르게 대하더라도 당신은 뭔가 이상한 점을 느낄 것이다. 상사가 당신을 빼놓고 회의를 주재할 수도 있다. 그리고 그 회의에서 정말 중요한 일을 논의하며, 그 회의에 모인 사람들에게만 이득이 될 일을 배분하는 것이다. 그런 사실을 알게 되더라도 참고 지내는 수밖에 없다.

혹은 힘든 상황에서도 상사가 당신에게는 도움을 청하지 않을 수도 있다. 뭔가 해야 할 특별한 일이 있는 경우, 당신이 아닌 다른 사람에게 일을 부탁하는 것이다. 아니면 시시한 일은 당신에게 시키고 독창성이 필요한 일은 다른 사람에게 시킬 수도 있다.

이렇게 상사가 당신을 믿지 않는 경우, 상황을 어떻게 호전시킬 수 있을까?

:: 악순환을 막아야 한다

당신은 자신의 재능을 과시할 수 있는 기회를 얻고 싶어한다. 그런데 그런 기회는 다른 사람들, 즉 당신의 상사가 신뢰하는 사람들에게 가버린다. 그러면 악순환이 이어진다. 상사가 당신을 부르지 않으니 당신도 다른 사람들만큼 일을 잘할 수 있다는 사실을 보여줄 수가 없고, 그렇게 되면 상사는 당신의 능력에 대해 점점 더 불신하게 되는 것이다.

이것은 당신이 자존심을 다친다거나 기분이 상한다는 것 이상의 문제이다. 그와 같은 악순환이 시작되고 나면 상사는 당신을 승진시키지도 않을 것이고, 연봉을 인상해주지도 않을 것이며, 당신과 이야기조차 하지 않을 수도 있다. 그 결과는? 당신의 커리어는 계속해서 제자리걸음을 하게 될 것이다.

그렇다면 어떻게 해야 할까? 당신의 상사는—어떤 이유에서인지—당신이 기회를 원하지 않는다고 생각하기 때문에 당신에게 기회를 주지 않고 있다. 당신은 어쩌면 상사가 당신에 대해 어떻게 생각하고 있는지를 알지 못할 수도 있다. 그래서 최악의 상황—상사가 당신을 무능하다고 생각하고 있다는—을 상상하면서도 상사가 당신에 대해 가지고 있을 나쁜 인상을 약화시키기 위해 최선을 다해 노력해야 한다. 비록 상사가 당신에 대해 어떤 좋지 않은 인상을 가지고 있는지 알지 못하더라도.

:: 일을 자원하라

당신이 아주 잘 해낼 수 있는 일이 있다면, 그 일을 하겠다고 자원하라. 하지만 일을 잘 선택해야 한다. 그리고 그 일을 반드시 성공적으로 해내야 한다. 당신이 여러 가지 일들을 성공적으로 해나감에 따라 당신은 믿을 만한 사람이고 책임감 있는 사람이라는 평판을 얻게 될 것이다. 그리고 당신에 대해 극단적으로 회의적이던 상사의 마음을 돌려놓을 수도 있을 것이다.

참고 견뎌야 한다. 일을 하겠다고 자원을 해도 거절당할 수 있다. 그렇더라도 모욕을 당했다고 생각하거나 기죽지 말고 계속해서 자원을 해야 한다. 그러면 언젠가는 어떤 일을 할 수 있는 사람이 당신밖에 없는 상황이 올 것이고, 결국 기회를 얻게 될 것이다.

:: 자신의 성과에 대해 이야기하라

이 방법은 조심해서 사용해야 한다. 잘못하면 더 큰 문제가 발생할 수 있기 때문이다. 상사에게 당신이 한 일에 대해 이야기하라. 일하는 모습을 직접 보여주는 것만은 못하겠지만, 자신의 재능을 감추고 있는 것보다는 낫다. 그렇다고 아무 때나 이야기해서는 안 된다. 전략적으로 필요한 때에 말을 해야 한다. 예를 들어, 당신이 한 일에 대해 냉담한 평가를 받았다면, 상사가 잊고 있는 당신의 성과를 부드럽고 조심스럽게 일깨워주는 것이다.

:: 나를 변호해줄 사람을 찾아라

상사의 동료 중에 당신을 좋게 평가하는 사람이 있지는 않은가? 당신에 대해 좋게 이야기해줄 수 있는 사람 말이다. 이런 카드는 매일 꺼내 쓸 수 있는 것은 아니지만, 당신이 승진을 앞두거나 한 상황에서 당신에 대해 칭찬을 해줄 수 있는 사람이 필요하다면, 그때 바로 이 카드를 써야 한다.

때로는 이도 저도 제대로 되지 않을 때가 있다. 그러면 상사가 다른 부서나 다른 회사로 옮겨가기를 기다리며 견딜 수도 있고, 다른 부서로의 전임을 요청할 수도 있으며, 아예 다른 회사로 옮길 수도 있다. 그렇게 될 경우, 새로운 상사가 당신과 얼마나 소통할 수 있는 사람인지 확인하는 것을 잊어서는 안 된다. 상사와 의사소통이 되지 않을 경우 당신의 커리어가 얼마나 뒤떨어지게 되는지를 알게 되었으니 말이다.

상사가 6개월마다 바뀌는 경우

상사가 6개월 정도의 짧은 기간마다 바뀌는 경우가 있다. 상사가 어떤 사람인지 이해한 순간 새로운 상사가 나타나는 것이다. 다음은 그런 경우에 대해 마크라는 독자가 겪은 문제이다.

"일정한 기간에 따라 관리 직원을 각기 다른 프로젝트 팀에 정기적으로 순환 배치하는 이유가 무엇인지 말씀해주실 수 있나요?

저는 한 대규모 건강관리 업체의 데이터 처리 부서에서 일을 하는데, 평균 일 년에 한 번씩 관리자가 바뀝니다. (같은 관리자들에게 매번 다른 임무를 맡기는 식이죠.) 직원들은 새로운 관리자와 관리 방식에 적응하느라 끊임없이 스트레스를 받습니다. 결과적으로 그런 방식은 직원들이 발전을 해나가는 데 있어 중대한 장벽이 되고 있습니다.

이는 또한 직원들의 사기에도 부정적인 영향을 미칩니다. 한 상사에게 익숙해질 때쯤이면 조직이 바뀌어서 새로운 상사를 맞이해야 하니까요."

당신도 이런 일을 겪었다면, 당신 역시 회사에서 왜 부서마다 관리자들을 순환 근무시키는지 그 이유를 궁금해했을지 모른다. 회사에서는 그런 방식을 '크로스 트레이닝(cross- training; 두 가지 이상의 작업에 익숙해지도록 훈련시키는 일 - 옮긴이)'이라고 부르는데, 그것은 관리자들에게 회사가 어떻게 돌아가는지, 그들이 장차 직면하게 될 문제점들이 어떤 것인지, 그리고 그들에게 그런 도전을 해올 사람들이 어떤 사람들인지에 대해 전반적인 시각을 갖게 해주는 중요한 수단이다.

하지만 당신의 입장에서 그것은 새롭게 고안된 고문 수단처럼 느껴질 수도 있다. 그리고 최악의 경우, 그렇게 여러 명의 상사를 거치다 보면 당신은 한 명이 아니라 여러 명의 상사의 기분을 상하게 하고 실망시키게 될 수도 있는 것이다.

하지만 긍정적으로 생각하자. 이런 경험을 당신 자신의 관리 훈련으로 만들어보자.

:: 대화를 나누어 상사를 내 편으로 만들어라

가능한 빠른 기회에 새로운 상사에게 면담을 청해서 부서가 만들어진 과정에 대해 이야기를 나누자. 당신의 질문에 대한 상사의 대답을 통해 회사에 대한 큰 그림을 그릴 수 있게 될 것이고, 사내의 어떤 곳에 빈자리가 있다는 사실을 알게 될 수도 있다.

뿐만 아니라, 당신이 상사에게 관심을 보인다는 사실만으로도 상사를 당신 편으로 만들 수도 있고, 사내에서 당신의 뜻을 펼 여지를 넓힐 수도 있다. 함께 일하는 상사가 여러 명일수록 당신은 이런 면담을 연습할 기회가 많아질 것이다. 그리고 각각의 상사들이 말해준 사실들을 취합하면 당신도 그들만큼 회사에 대해 아는 것이 많아질 수 있을 것이다.

:: 새로운 상사가 오기 전에 준비하라

계속해서 관리자가 바뀌는 것 때문에 좋지 않은 경험을 했다면, 다음에 새로 올 관리자와는 지금까지 배운 것을 활용해보도록 하자. 동료들과 함께 날을 잡아서 피자라도 함께 먹으면서 이 문제에 대해 분석하고, 해결할 방법에 대해 계획을 세우는 것이다. (이렇게 하면 관리자 훈련도 된다. 솔선하는 자세와 팀워크에 대해 배울 수 있는 것이다.)

지난번의 상사와 일할 때 당신이 겪었던 문제들에 대해 생각해보라. 이번에는 어떻게 다른 방식으로 대처할 수 있을까? 결론은 이것이다. 새로운 상사가 나타나기 '전에' 준비를 해야 한다.

:: 주도권을 잡아라

계속해서 바뀌는 상사들 중 한 사람이 의사소통이 되지 않는 사람이거나, 서로 모순되어 당황스러운 명령을 내린다면, 여러 명이 함께 상사와 면담을 하는 것도 좋다. 상사에게는 지도를 받기 위해 찾아왔음을 명백히 해야 한다. "부장님의 규칙은 무엇인가요? 알려주시면 저희가 일을 하기가 쉬울 것 같습니다."

상사들이 6개월 정도 주기로 바뀐다면 새로운 상사가 온 뒤 한 달 이내에 찾아가야 한다. 한 달이 지나버리면 골치 아픈 상황에 빠질 수 있기 때문이다. 그야말로 당신의 부서로 '새' 상사가 왔을 때 바로 행동을 해야 한다.

:: 경험 없는 상사에게는 도움을 주어라

6개월마다 상사가 바뀌는 가운데에 경험이 없는 상사가 온다면 상사가 부서에 대해 알아가는 데 도움을 주도록 하라. 이것은 상사의 일을 대신 해주라는 뜻이 아니다. 상사에게 조언을 해줄 수 있는 기회를 찾으라는 얘기다. 그러면 충성심 있는 직원이라는 인상을 심어줄 수 있을 것이다. 상사가 다른 부서로 옮겨간 후에도 기억하는 직원이 되는 건 괜찮은 일 아닌가?

물론, 이렇게 말할 사람이 있을지 모른다. "쥐꼬리만한 월급을 받는 나더러 내 월급의 두 배를 받으면서 회사 차까지 타고 다니는 사람을 도와주라구요?" 맞는 말이긴 하다. 하지만 힘 있는 사람을 도와주었는데 그 사람이 당신에 대해 잊어버린다고 해서 당신이 잃을 것도 없지 않은가? 사람들에게 운을 걸어보면 일이 뜻대로 되지 않을 수도 있고, 뜻대로 될 수도 있다. 나 같으면 그런 가능성에 기대를 걸어볼 것이다.

세세한 부분까지 관리하는 상사

지금 당신이 하고 있는 일을 예전에 한 적이 있는 사람을 상사로 모시고 일하는 것만큼 우울한 일도 없을지 모른다. 아무리 애를 써도 상사가 했던 것만큼 그 일을 잘할 수는 없을 테니 말이다. 어디까지나 상사가 보기에는 그럴 것이다. 그런 상사가 세세한 부분까지 관리하려 드는 상사의 고전적인 예이다. 즉, 부하 직원이 하는 일에 대해 속속들이 모든 면을 알고 있다고 확신하고는 부하 직원이 한 일을 자신이 다시 하거나, 기회가 생길 때마다 부하 직원의 일에 참견을 하는 상사 말이다.

당신이 하는 일의 모든 면을 참견하는 그런 상사는 당신을 기죽게 하거나 좌절시키려고 일부러 그러는 것은 아니다. 하지만 종종 그런 결과를 낳기도 한다. 그런 상사는 직원들의 독창성을 파괴하고 사기를 떨어뜨리며 생산성 또한 떨어뜨린다.

그렇다면, 당신이 하는 모든 행동을 감시하면서 따르기에 불가능한 기준을 제시하는 상사는 어떻게 다루어야 할까?

:: 업무의 객관적 기준을 충족시켜라

당신의 커리어와 관련이 있는 일에 대해서는 업무의 질이나 책임감, 신뢰감에 있어서 최고의 객관적 기준을 충족시킬 수 있도록 해야 한다.

상사가 세워놓은 기준은 당신이 (혹은 다른 누구도) 충족시킬 수 없을 정도로 높을 수도 있다. 따라서 '객관적인' 기준을 충족시키도록 하는 게 좋다. 객관적인 기준은 업무 매뉴얼이나 업무 지침서 등에 설명이 되어 있다.

객관적인 업무 기준에 맞추려고 애쓴다면, 계속해서 높아져만 가는, 그래서 도저히 따라잡을 수 없을 것 같은 상사의 기준 때문에 기가 죽을 가능성은 적어진다. 합리적이고 구체적인 목표를 계속해서 지니고 있기만 하다면, 상사가 어떤 머리싸움을 걸어와도 흔들리지 않고 일을 할 수 있을 것이다.

:: 조건을 협상하라

물론 당신은 상사의 업무 방식에 적응해야 할 필요도 있을 것이다. 또한 당신이 동의할 수 있는 업무 지침을 세워달라고 요청함으로써 상사를 능가할 수도 있다. 새로운 상사와 일을 하기 시작하자마자 바로 그런 내용에 대한 면담을 요청하도록 하라. 필요한 게 무엇인지 명확히 이해하지 못한 상태로 일을 하는 기간이 길어지면 질수록 당신은 점점 더 괴로워질 것이다.

면담을 하면서는 상사에게 당신에게 기대하는 게 무엇인지 명확히 이해시켜주었으면 좋겠다고 이야기하라. 세세한 일에까지 참견하는 상사가 어느 정도로 세세한 부분까지 간섭을 하느냐에 따라 당신이 어떻게 하루를 보내야 할지를 정할 수 있기 때문이다. 최대한 사소한 부분까지 상사가 원하는 게 무엇인지를 알아내도록 하라. 당신이 정확히 몇 시에 출근하기를 바라는가에서부터 매일 오후 3시 30분에 당신이 어디에 있기를 바라는가에 이르기까지 말이다.

빈틈없이 신중하게 행동해야 한다. 당신이 지금 하고 있는 일을 상사가 예전에 했다면, 그 일에 대해 상사에게 조언을 구하도록 하라. 그렇게 하면 상사가 자신의 능력에 대해 자랑할 수 있는 기회를 주는 셈이기도 하다. 물론 당신의 입장에서는 어떻게 일을 해야 상사가 만족할 수 있을지에 대해서 세세한 지도를 받을 수 있는 기회이기도 하다.

이렇게 함으로써 결국 당신도 상사를 세세한 부분까지 관리할 수 있게 되는 것이다. 면담이 끝나면 당신과 상사 두 사람은 모두 당신의 일이 어떻게 행해져야 하는지 정확히 알게 될 것이다.

이 면담을 통해서는 적어도 세 가지 중요한 일을 이루어낼 수 있다.

1. 당신은 상사가 당신에게 기대하는 것이 무엇인지 정확히 알 수 있게 되고, 그 기대에 맞게 일을 할 수 있다.

2. 업무 수행 평가에서 상사와 함께 항목별로 검토할 수 있는 근거가 생기게 된다. 당신이, 당신과 상사가 면담에서 동의한 기준을 충족시켰거나, 아니면 그 이상으로 일을 해냈음을 입증할 수 있다면 상사도 인정을 할 가능성이 높다. 면담 후에 상사의 기준이 바뀌었다면, 업무 평가가 끝난 후 다음의 평가를 위해서 업무 기준에 대해 새롭게 교섭을 할 수 있을 것이다.

3. 앞서서 '당신이 동의한 지침'이라고 말했던 것을 기억하는가? 그 말은 상사가 기대하는 것이 정확히 무엇인지 자세한 설명을 요구하라는 뜻이다. 또한 너무 모호하거나 당신의 능력을 벗어나는 것에

대해서는 동의하지 않겠다는 뜻을 나타내기도 한다. 어떤 일을 하는 방법을 알지 못한다면, 스스로 훈련을 해야 한다. 그리고 무언가 동의할 수 없는 것이 있다면, 객관적인 기준을 이용하여 타협을 할 수도 있을 것이다.

물론, 이렇게 하는 것이 말처럼 쉬운 일은 아니다. 상사는 당신에 대한 기준을 바꾸려 할지 모른다. 그것이 세세한 일에까지 간섭하는 상사의 본성 중 하나인 것이다. 상사가 기준을 바꾸지 않는지 방심하지 말고 지켜보고, 주기적으로 상사와 함께 계획이나 기준을 조정할 준비를 하고 있어야 한다.

있으나 마나 한 상사

당신이 하는 일마다 사사건건 간섭하는 상사보다 더 나쁜 상사는 어떤 상사일까? 많은 사람들에게 있어 그것은 있으나 마나 한 상사이다. 이런 상사는 업무 지시도 내리지 않고, 회의를 주재하지도 않고, 업무 평가는 아예 하지 않거나 하더라도 아주 가끔 하며, 결정도 내리지 않는다. 게다가 상사의 지도가 필요한 경우에도 이런 상사는 모습을 감추고 나타나지 않을 것이다. (있으나 마나 한 상사의 변형으로는, 몇 달 동안은 아무 일도 하지 않고 가만히 있다가 갑자기 나타나서 모든 일에 지나친 관심을 보이면서 사람들의 마음의 평화를 깨뜨려놓고 한바탕 소동을 부린 후 다시 동면에 들어가는 상사가 있다. 이런 상사는 세세한 일에 간섭하는 유형의 상사로도, 혹은 있으나 마나 한 상사로도 취급할 수 있다.)

있으나 마나 한 상사는 어떻게 해서 생기는 것일까? 일에 대한 열정이 전혀 없는 사람이 그런 상사가 될 수도 있다. 그것은 쉽게 상상할 수 있는 시나리오이다. 사람들은 관리자의 자리로 올라감에 따라 실재 업무와는 점점 멀어진다. 물론 세세한 일에까지 간섭하는 부류의 상사들은 관리자의 자리에 올랐음에도 부하 직원들의 일을 관리하고 감독하는 대신 자신이 전에 했던 일을 계속하기도 한다.

하지만 다른 유형의 상사들, 특히 있으나 마나 한 상사들은 사람들로부터 멀어질 뿐만 아니라 일 자체로부터도 멀어지게 되고, 대화도 하지 않게 된다. 사람들과 업무로부터 관계가 없어지면서 그들은 또한 자신들이 지니고 있는 지식을 전해줄 능력이나 기회도 잃게 된다. 최악의 경우로는 무능하기 때문에 사람들과 업무로부터 멀어지는 상사들도 있다.

있으나 마나 한 상사가 다른 부서나 직위로 옮겨가기 전까지는 당신은 스스로를 관리해야 할 것이고, 필요한 경우에는 당신이 상사를 관리해야 할 것이다.

:: 상사에게 질문을 하라

상사가 당신에게 먼저 다가오지 않으면 당신이 상사에게 다가가도록 하라. 상사에게 질문을 하라. 가능한 구체적으로 질문을 해야 한다. 그래야 답을 얻을 가능성이 있다.

다지선택식으로 질문을 하는 방법도 있다. 상사로부터 진정한 지도를 얻기 힘들다고 생각되는 경우에는 그렇게 두세 가지 답을 제시하여 그 가운데 한 가지를 선택하도록 유도하는 것도 좋은 방법이다.

하지만 상사에게 성가신 존재가 되어서는 안 된다. 상사의 도움 없이 스스로 알아서 할 수 있는 일은 스스로 하고, 상사 외에 당신에게 도움을 줄 수 있는 사람들을 활용해야 한다. 예를 들어 동료들이나 다른 관리자들에게 도움을 받을 수 있을 것이다. 상사가 있으나 마나 한 경우에는 대개 '그림자에 가려진' 상사가 있기 마련이다. 그런 사람이 있으나 마나 한 상사 대신에 실제로 상사 역할을 하는 것이다. 그런 사람이 누구인지 식별하여 잘 활용하도록 하라.

그리고 다시 한 번 말하지만, 있으나 마나 한 상사에게 질문을 할 때는 그가 대답할 수 있는 질문만 해야 한다.

:: 업무 평가와 업무 개선을 주도하라

당신의 상사가 업무 평가를 6개월쯤 늦게 한다고 해보자. 그런 경우 당신이 택해야 할 전술은 앞서가는 것이다. 상사는 절대 그렇게 하지 않을 것이기 때문이다.

인사부서로부터 업무 평가가 언제 이루어질 것인지 알아내고 상사에게 그 날짜를 알려준다. 그리고 약속을 잡는다. 그 사이에, 과거에 행했던 평가 용지를 이용해서 스스로의 업무를 평가해본다. 그리고 상사를 만나면 그 평가 내용에 따라 대화를 이끌어가도록 한다. 그리고 그 내용에 따라 업무에서 바꾸고 싶은 것이 있다면 제안을 하도록 한다.

있으나 마나 한 유형의 상사는 당신의 업무에 별 관심을 갖지 않을 것이다. 따라서 당신의 성과를 알리는 것은 전적으로 당신에게 달려 있다. 문제가 있을 때 도움을 청하는 것 역시 당신의 몫이다. 그런 경우 상사가 도움을 주지 못한다면 도움을 줄 수 있는 다른 사람을 찾아야 한다.

:: 당신과 상사의 스타일이 너무 다른 경우라면

어쩌면 상사가 당신이 생각하는 것처럼 아무 생각이 없지는 않을 수 있다. 단지 당신과 상사의 스타일이 서로 너무 다른 것일 수도 있는 것이다. 즉, 당신은 가까이서 관리 감독을 받아야 편안하게 느끼는 반면, 당신의 상사는 조금 떨어져서 감독하는 방식을 선호할 수도 있다. 동료들과 함께 확인해보라. 스스로 알아서 일하기를 좋아하는 사람들은 있으나 마나 하게 보이는 유형의 상사와 일하면 더욱 잘 성장할 수도 있다.

자신과 상사가 업무 감독 방식에서 서로 맞지 않는다는 사실을 깨닫는다면, 세심하게 지도하는 상사에 대한 기대를 버려야 한다. 그저 다음에는 당신과 맞는 상사를 만날 수 있을 것이라는 기대를 품는 게 좋다. 지금은 스스로 자신의 일을 관리하도록 훈련하라. 그게 공정하냐고? 물론 공정하지 않다. 하지만 그것이 현실이다.

그런 점이 있으나 마나 한 상사의 좋은 점이다. 좌절감을 느끼지만 않는다면 당신은 스스로 일을 관리하는 방법을 배울 수 있는 것이다. 그것은 비록 당신이 원하지 않았던 것이기는 하지만 값진 선물이다.

당신과 상사와의 관계를 어떻게 만들고 가꾸어갈 것인가 하는 점이 대부분 당신 스스로의 책임이라는 사실을 인정하기만 한다면, 당신은 어떤 유형의 상사와도 잘 지낼 수 있을 것이다. 상사가 무엇인가 해주기를 기다리기만 한다면 당신은 실망할 수밖에 없다. 상사의 특성과 기벽을 알아내어 적응하도록 노력하라. 정기적으로, 간결하지만 명확하게 상사와 대화를 나누는 습관을 기르도록 하라. 상사에게 당신이 어떤 일을 하고 있는지 계속해서 이야기하라. 상황이 바뀌었을 때는 그런 사실 또한 상사에게 알리도록 하라. 그리고 당신이 원하는 것이 무엇인지 상사에게 알려라. 그렇다고 당신이 원하는 것을 항상 얻을 수는 없겠지만, 아예 알리지 않을 때보다는 얻을 가능성이 훨씬 높아질 것이다.

과연 나는 정치와는 상관이 없을까?

상생의 정치적 기술 익히기

아직도 회사 내의 정치가 너저분한 것으로 느껴진다면, 정치라고 부르지 말고 '회사 내의 인류학'이라고 불러도 좋을 것이다. 회사 안의 '종족'을 연구하는 것이다. 인류학과 다른 점은 당신이 연구하는 종족이 바로 당신의 종족이라는 점이고, 인류학자들과 다른 점은 당신에게는 이해관계가 있다는 점이다. 사내의 인류학을 공부하면 당신의 일을 보호받을 수 있을 것이고, 사내의 전투를 피할 수 있을 것이다.

마지막으로, 다른 모든 정치 전술은 잊더라도 이것 한 가지만은 기억하라. "말을 하기보다는 남들의 말을 들어라."

회사 내에서 이루어지는 '정치'의 기본을 이해하고 숙달해야 하는 이유가 궁금하다면, 여기 그 이유가 있다. 당신이 아무리 똑똑하고 유능하더라도, 당신의 아이디어가 아무리 독창적이더라도, 사람들이 당신에게 협조하지 않는다면 당신은 직장에서 성공할 수 없다. 뿐만 아니라, 무슨 이유에서든 당신이 주변 사람들을 멀리한다면—그들이 바보 같아서, 무능해서, 혹은 충성심이 없어서 등 여러 가지 이유가 있을 수 있다 —그들은 결국 당신을 파멸시킬 것이다. 그리고 당신이 뒤늦게 상황을 개선시키고자 노력한다 해도 아무 소용이 없을 것이다.

당신이 아무리 야망 같은 것은 없고 그저 조용히 일하며 조용히 살고 싶다고 해도, 여전히 정치를 하는 기술은 알고 있어야 한다. 왜냐고? 사내의 정치를 알지 못하는 사람들은 그것에 의해 파멸당할 수 있기 때문이다.

당신은 이렇게 생각할지도 모른다. "그건 관리자들한테나 해당되는 얘기 아니야? 난 말단 사원일 뿐인데 뭐. 그런 건 나랑은 상관없잖아?" 물론 자신의 생각에 따라 사람들을 움직이게 하는 것은 관리자가 할 일이긴 하다.

하지만 사내의 정치가 당신과는 아무 관계없는 것이라고 성급하게 결론짓기 전에, 정치를 전혀 못하는 사람들의 특성을 보도록 하자. 아마도 몇 가지 특성이, 혹은 모든 특성이 당신에게 적용될 것이다.

성급함 | 상황을 이해하는 데는 빠르지만, 다른 사람들도 자신과 마찬가지일 수 있다는 사실을, 혹은 다른 사람들이 자신의 마음을 읽을 수 있다는 사실을 예상하지 못한다. 머리가 빨리 돌아갈수록 천천히 행동하고, 남들의 말에 귀를 기울이고, 행동하기 전에 기다릴 필요가 있다.

의사소통 능력 부족 | 상대방을 멍청이라고 생각하는 대신 (상대방은 전혀 멍청이가 아닐 수 있다) 자신의 생각을 표현하는 방법을 개선하도록 노력해야 한다. 당신은 같은 아이디어나 지시 사항을 적어도 두 번씩은 반복하는가? 당신은 그런 아이디어나 지시 사항을 다른 사람들이 알아들을 수 있는 말로 표현하는가? 당신이 한 이야기 중 이해가 안 가는 부분이 있는지 사람들에게 묻는가? 사람들에게 질문을 유도하는가?

당신은 당신 입에서 나온 모든 말에 책임을 져야 한다. 따라서 당신의 의사가 다른 사람들에게 그대로 전달되도록 해야 한다.

힘 있는 자들을 무시함 | 모든 회사와 기관에는 직함을 가진 사람들이 있고, 실제로 일이 돌아가게 하는 사람들이 있다. 그 두 부류의 사람들이 같은 사람들일 수도 있고, 다른 사람들일 수도 있다. 그 사람들은 당신과 생각이 다르다는 이유로, 혹은 단지 당신이 마음에 들지 않는다는 이유로 당신이 하는 어떤 일을 방해할 수도 있다.

진실로 어떤 일을 성취하고 싶다면, 권력과 영향력을 지닌 사람들이 누구인지 알아내고 그들이 어떤 영역에서 지배력을 갖는지를 알아내야 한다. 당신이 힘이 있다 해도, 예를 들어 부서장이라거나 하더라도, 다른 유력한 사람들이 당신을 도와주지 않거나 당신에게 반대하고 있다면, 당신은 원하는 일을 해낼 수 없을 것이다.

고립 | 권력을 지닌 사람들을 알아내는 것을 냉소적으로만 볼 일은 아니다. 권력을 지닌 사람들 중에도 당신의 편이 될 사람들은 있을 것이다. 그래서 당신이 어리석은 실수를 하지 않도록 이끌어줄 수 있을 것이다. 사람들을 제대로 알려는 노력을 하지 않는다면 그런 사람이 누구인지 알아낼 수 없을 것이다. 사람들을 알려는 노력을 하지 않고 자신을 고립시킨다면 당신은 무능력한 사람이 될 것이다.

규칙 파괴 | 자신이 원하는 것이 무엇인지 말하는 것 자체가 그 일을 해내는 것이나 마찬가지라고 생각할지도 모른다. 그것은 너무나 순진한 생각이다. 이미 성립되어 있는 권력 구조 안으로 들어가면, 그곳의 규칙은 무엇인지, 빈틈없이 지켜지고 있는 영역은 어디인지, 누구의 발을 밟아야 하는지를 알아내야 한다. 그리고 당신이 하는 일은 반드시 그 맥락 안에서 행해져야 한다. 그렇지 않으면 당신은 아웃사이더로, 심지어는 트러블메이커로 여겨질 수 있다. 사람들은 결정 과정에서 당신을 배제하거나, 당신을 무시하거나, 혹은 당신의 힘을 약화시킬 방법들을 찾을 것이다.

당신이 상사라면 정치로부터 자유로울 수 없다. 당신의 의견에 동의하지 않는 사람들을 모두 해고할 수 있는 위치에 있다 하더라도, 당신 주변의 정치적 구도를 그려보는 시간을 갖는 것은 도움이 될 것이다.

예컨대 지금 당장 편지 한 장을 타이핑해야 한다고 가정해보자. 그런데 당신의 비서가 마침 사무실에 없다. 당신은 다른 사람의 비서에게 타이핑을 부탁해도 문제 될 것이 없다고 생각할지 모른다. 그 비서는 당신이 부탁하는 일을 해줄 것이기 때문이다.

그러나 그런 과정에서 어쩌면 당신은 두 사람, 즉 다른 비서와 그 비서의 상사를 이간질하게 될지도 모른다. 다른 상사는 당신이 자신의 비서에게 타이핑을 부탁했다는 사실을 알면 기분 나빠할지 모른다. 그리고 그 사람의 비서는 애매한 입장에 처하게 될 것이다. 당신은 그 비서의 상사에게 먼저 부탁을 하는 게 옳았을 것이다. 그리고 어쩌면 당신의 비서까지 기분 상해할 수 있다. 그는 당신이 자신이 아닌 다른 비서가 일을 더 잘한다고 생각하는 것으로 해석할 수도 있는 것이다.

이런 이야기가 이상하게 들릴 수도 있다. 하지만 당신이 어떤 조직에 있는 한 그곳의 규칙들을 따라야 한다. 그렇게 하면 보상이 뒤따를 것이다. 그리고 일단 규칙을 배워두면, 필요할 때 그 규칙을 상황에 맞게 바꾸기가 훨씬 쉬워질 것이다.

착한 여자/남자 콤플렉스 극복하기

당신은 사내의 정치에 의해 파멸당하는 다른 부류의 사람에 속할 수도 있다. 그것은 바로 착한 여자/남자 콤플렉스를 지닌 사람들이다. 다음의 테스트를 해보고 당신이 그런 유형은 아닌지 알아보도록 하자.

True False

1. 아무리 현재 직업에 만족하지 못하더라도, 지금 회사에 다니면서 다른 회사의 면접을 보는 것은 불순하게 느껴진다.

2. 상사가 약속을 지키지 않았다는 이야기만 들어도 간담이 서늘해진다.

3. 자신의 견해가 논쟁의 여지가 있다는 걸 알더라도 큰소리로 이야기한다.

4. 야망보다는 동료들과의 우정이 더 중요하고, 동료들도 자신과 똑같이 생각하기를 바란다.

5. 사람들이 회사에서 출세하기 위해 하는 행동을 보고 놀라는 경우가 많다.

6. 떠벌이기 좋아하는 사람들과 극단적으로 이기적인 사람들만이 연봉도 올려 받고 승진을 하는 것 같다. 사람들은 그렇게 대개 불공정한 이유로 보상을 받는다.

7. 열심히 일하고 불평하지 않으면 보상을 받을

   것이라고 믿는다. 단지 그 보상을 받기까지

   시간이 오래 걸릴 뿐이다.　　　　　　　□　□

8. 다른 사람에게 해가 되는 일은 하지 않을 것이다.

   비록 그 일이 출세하는 데 도움이 되더라도.　□　□

9. 사내의 정치 게임에 참여하는 것은 혐오스런 일이다.　□　□

10. 실용적인 이유보다는 원칙에 따라 행동한다.　□　□

위의 질문들에 대개 True로 대답했다면 당신은 착한 여자/남자 콤플렉스에 시달리고 있을지도 모른다. 착한 여자/남자 콤플렉스를 지닌 사람들은 집에서 하는 행동과 직장에서 하는 행동은 다를 것이 없다고 생각한다. 다른 사람들은 커리어상의 전략이라고 부르는 것을 그들은 부도덕하거나 이기적인 행동이라고 생각한다. 착한 여자/남자 콤플렉스를 지닌 사람들은 끈기 있게 언젠가 찾아올 보상을 기다리면서도, 내심 그 보상이 찾아오지 않을까 걱정한다.

우리의 부모님들과 선생님들은 우리에게 착한 사람이 되라고 가르쳤다. 우리가 좋은 성적을 받고 말썽을 부리지만 않으면 그분들은 기뻐하셨다.

하지만 상사는 당신의 부모가 아니다. 그리고 동료들은 당신의 형제나 이모, 혹은 삼촌이 아니다. 당신이 깨닫기도 전에 당신은 착한 여자/남자 콤플렉스를 가진 사람들보다 한 수 위에서 굴러가는 시스템의 희생양이 될 수 있다.

착한 여자/남자 콤플렉스를 극복하려고 거짓말을 일삼는 사람이 될 필요는 없다. 하지만 직장에서의 관계를 다른 방식으로 볼 필요는 있다. 직장에서 만난 사람들이 당신을 가족들처럼 사랑하리라고 기대할 수는 없기 때문이다.

세탁소에서 드라이클리닝을 해주면 돈을 지불하는 것과 마찬가지로, 당신의 사장은 당신이 하는 일에 대해 보수를 주는 것이다. 일반적으로 당신은 당신이 일을 해내는 능력에 근거하여 상사에게서 평가를 받는다.

당신은 직장에서 하는 일이 서비스에 대해 돈을 지불하는 것과 다름없다는 견해를 불편하게 느낄지도 모른다. 직장에서 가족이나 친구들과 있을 때와는 다른 모습을 보인다면 믿음을 저버리는 일이라고 느낄 것이다. 그렇게 생각하지 말고 그것을 일종의 '역할 연기' 라고 생각하라. 당신의 업무 능력과 이미지를 향상시킬 수 있는 성격적 특성을 보여주는 것이다. 그리고 그 외의 성격은 드러내지 말고 남겨두는 것이다. 그것은 타협이라기보다는 남들에게 보여줄 모습을 선택하는 과정인 것이다.

배우 그레고리 하인즈(1946~2003, 미국의 배우이자 탭댄서로, 주요 출연작으로 〈백야(White Nights)〉, 〈코튼 클럽(Cotton Club)〉 등이 있다 - 옮긴이)는 한 인터뷰에서 이런 이야기를 한 적이 있다. 그는 영화 〈코튼 클럽〉의 배역을 몹시도 따내고 싶어서 프로듀서 로버트 에반스의 집을 찾아가 에반스의 커피 탁자 위에 올라가 탭댄스를 추었다고 한다. 그 결과 에반스는 그를 〈코튼 클럽〉에 출연시켰다. "저는 그때 그곳에서 내가 정말로 원하는 것이라면 반드시 얻어내리라고 결심했습니다." 하인즈의 말이다. "그런 적극성은 필요한 것 아닌가요? 사람들과 관계를 억지로 만들려고 한 게 아닙니다. 관계는 함께 일을 하게 되면 저절로 따라오죠. 저는 제가 그 일에 적합한 사람이라는 것을 그들에게 확신시키려고 한 겁니다."

당신도 할 수 있다. 자신이 직장에서 원하는 것을 얻게 해주는 역할을 할 수 있는 것이다. 당신이 원하는 것이 돈일 수도 있고, 존중을 받는 것일 수도 있고, 일정한 책임을 맡는 것일 수도 있고, 아니면 이 모두일 수도 있다. 하지만 그에 앞서서 자신을 스스로를 위해 그 모든 것을 얻어낼 수 있는 사람이라고 생각해야 한다.

만일 상사가 당신이 원하고 당신이 받을 자격이 있는 것을 당신에게 준다면 그것은 무엇일까? 지금부터 그것들을 마음에 확고하게 담고, 어떻게 하면 그 꿈을 실현시킬 수 있을지를 생각하도록 하자.

당신이 원하는 것과 당신의 야망은 다른 사람의 그것만큼이나 중요하다. 원하는 것이 있을 때는 소리 내어 말하는 연습을 해야 한다.

그리고 자신이 가진 업무 능력이 그에 상응하는 돈을 받을 만한 자원이라고 생각하는 연습을 해야 한다. 그리고 그 능력이 단지 지금 있는 회사에서만 가치 있는 것은 아니라고.

만일 자신이 "내가 일을 하고 있다니 정말 운도 좋아"라고 생각하고 있다면, 이제는 이렇게 말해라. "나 같은 직원을 만났다니 이 회사는 운도 좋아."

평소에 사내의 인사 이동, 승진, 신규 고용 등이 당신의 위치에 어떤 영향을 미칠지를 평가하도록 한다. 또한 그런 것들이 다른 사람들에게는 어떤 영향을 미칠지도 생각해본다.

남들의 이야기를 잘 듣는 사람이 되어야 한다. 얘기를 하기보다는 잘 들음으로써 배우는 것이 더 많다. 남들이 이야기를 하게 놔두고 당신은 주로 듣도록 하라.

비밀을 지켜야 한다. 당신이 필요로 하는 것을 얻기 위해 정보를 교환하는 경우가 아닌 한, 자신이 알고 있는 것을 나서서 남들에게 이야기할 필요는 없다. 당신이 알고 있는 것은 당신의 재산이다.

다른 사람들을 도와줄 수 있는 기회를 끊임없이 찾아야 한다. 다른 사람에게 이익이 될 수 있는 정보를 갖고 있다면 그 정보를 전해주도록 한다. 단, 그 정보를 전하더라도 아무에게도 해가 되지 않으며 신뢰가 깨지지 않으리라는 판단이 들었을 때만 그렇게 해야 한다.

성실한 직원이라는 인상을 만드는 한 가지 방법은 다른 사람들을 경계하는 것이다. 그것이 바로 정치이다. 너무 파괴적이지는 않은.

정치에 약하다면, 정신적 스승을 구하라

사무실에서 무슨 일이 벌어지는지 전혀 모르겠다면, 멘토, 즉 정신적 스승을 찾을 필요가 있다. 이 일을 해온 지 몇 년이 되었고, 이곳의 역학 관계와 선수들을 잘 알고 있으며, 그런 정치적 지식을 당신과 공유할 생각이 있는 사람을 찾는 것이다.

그런 조건을 충족시키는 사람이 몇 명 있을 수도 있다. 그런 후보들에게 접근하기 전에 그들에 대한 기본 사항을 알아봐야 한다. 예를 들어, 술을 너무 많이 마시지는 않는지, 부하 직원과 잠자리를 같이 하지는 않는지를 알아봐야 한다. 정신적 스승을 만들기 전에 눈을 똑바로 뜨고 잘 살펴봐야 한다. 그 사람과는 마음을 열고 신뢰할 수 있는 관계가 되어야 하기 때문이다. 정신적 스승으로 모신 사람 때문에 뒤늦게 추잡한 일에 걸려들고 싶지는 않을 테니까.

후보들에 대해 조사를 마쳤다면 그 중 한 사람을 선택하기 전에 후보들에게 모두 접근해보도록 한다. 정신적 스승으로 모실 만한 사람이 한 사람이 넘는다면 당신은 운이 좋은 것이다. 정신적 스승이 꼭 한 사람일 필요는 없다. 스승으로 모실 수 있는 사람은 모두 모셔도 된다.

:: 정신적 스승으로 피해야 하는 유형

당신이 정신적 스승으로 삼아서는 안 되는 사람들이 있다. 감정이 상해 있거나 권력을 잃어버린 사람들이 바로 그들이다. 그들이 당신에게 전해줄 지식은 많을지 모른다. 하지만 당신이 치러야 할 대가가 너무 지나칠 수도 있다. 그들로부터 뭔가를 배우기도 전에 그들의 불행과 분노에 물들지도 모른다. 그리고 또 한 가지 위험한 점은 '한물간' 사람과 어울림으로써 당신도 한물간 사람으로 취급받을 수도 있다는 사실이다.

고독한 사람들을 위한 팀워크

이제 팀워크에 대해 이야기해보자. 이 부분은 냉소적으로 다음과 같이 말하는 외톨이들에게 필요한 내용이다. "맞아. 우리는 팀이야. 하지만 당신이 원하는 것을 얻을 때까지만 그렇겠지."

팀워크의 의미를 진정으로 믿는 사람이라면 이 부분은 건너뛰어도 좋다. 하지만 그 전에 숙제가 있다. 당신의 사무실에서 외톨이를 찾아서 당신의 팀으로 합류시키는 방법을 찾는 것이다.

이 부분을 계속해서 읽어야 하는 당신. 내가 당신의 흠을 들추려는 것이라고 생각하지 말기 바란다. 당신은 이미 팀워크에 대해서는 많은 이야기를 들어왔다고 느낄지 모른다. 하지만 팀워크의 어떤 점이 정말로 중요한지 당신은 알고 있는가?

당신이 혼자 일하기를 좋아하는 사람이라면, 팀워크는 혼자 앞서서 성큼 성큼 나아갈 수 있을 때 당신의 발목을 잡는 존재로 느껴질 것이다. 당신은 혼자서도 일을 금방 익히기 때문에, 다른 사람들이 무언가를 배우는 데 시간이 오래 걸리는 것을 참지 못한다. 당신이 정직하다면 당신은 다른 사람들의 의견을 중요하게 생각하지 않는다는 것을 인정할 것이다. 심지어 당신은 다른 사람들의 이야기를 듣지도 않을 것이다.

외톨이들이 흔히 저지르는 실수는 자신을 지나치게 믿고 다른 사람들을 자원으로 활용할 줄 모르는 것이다. 외톨이들은 흔히 자신이 똑똑하다고 믿어 의심치 않기 때문에 다른 사람들로부터는 배울 게 없다고 생각한다. 당신이 아무리 똑똑할지 몰라도, 당신 옆에 있는 사람은 당신과는 다른 방식으로 사물을 볼 것이다. 그 다른 방식이 당신의 방식보다 나을 수도 있고 못할 수도 있지만, 더 낫지는 않더라도 최소한 당신의 사고를 자극할 수는 있다. 자극을 받음으로써 생각을 더 많이 하고, 다른 사람들과 토론을 더 많이 할수록 당신은 더 올바른 선택을 할 수 있을 것이다.

다른 사람의 이야기를 들을 수만 있다면, 당신은 당신과는 다른 견해로부터 무언가를 배울 수 있을 것이다. 사실, 남의 말을 수동적으로 듣지만 말고 상대의 의견을 먼저 물을 필요도 있다.

그리고 혼자서 일을 하면 다른 사람들과 함께 할 때만큼 많은 것을 이루지 못하는 때도 많다. 그런 사실을 인정할 수 있으려면, 다른 사람들도 당신만큼 좋은 아이디어를 가지고 있다는 사실을 인정해야 한다. 당신이 잘난 체하기를 좋아하는 사람이라면, 혹은 남들과 함께 일하기에는 너무 독단적이거나, 남들과 일하는 것을 불편하게 느낀다면, 그렇게 하는 것이 어려울 것이다. 물론, 다른 사람들과 함께 일하는 방법을 알지 못하기 때문에 혼자 일하는 것을 선호하는 사람들도 있을 것이다. 그들에게는 협동 작업을 하면서 남들과 무엇을 어떻게 주고받아야 할지를 알아가는 것보다는 차라리 혼자 일하는 것이 더 쉬운 것이다.

:: 팀은 개인보다 넓은 시야를 가질 수 있다

당신은 직장에서 일을 할 때 무엇이 중요한지에 대해 더 넓은 시야를 가질 필요가 있다. '더' 넓다니, 어떤 시야보다 더 넓다는 얘기냐고 물을지도 모른다. 당신의 시야보다 넓은 시야를 말하는 것이다. 사실, 한 개인이 길고 넓게 볼 줄 아는 경우는 극히 드문 것이 사실이다.

:: 이기심을 잘 관리하자

다음으로는 우리의 '이기심'을 살펴봐야 한다. 이기심은 공적을 혼자 인정받고 싶어하고, 혼자 지배력을 갖기를 원하고, 영광을 남들과 나누기 싫어하는 성향이다. 사실 그런 감정들은 정상적인 것들이다. 일에서 최선의 결과를 얻는다는 중요한 목표를 해치지 않는 한.

:: 좋은 팀은 팀원들에게 에너지가 된다

좋은 팀은 그 팀을 이루고 있는 모든 사람들에게 도움이 된다. 오하이오 주립대학의 로버트 빌링스 교수와 워싱턴 주립대학의 토머스 베커 교수가 최근에 실시한 연구에 따르면, 팀에 헌신하는 직원들은 업무 능률도 더 높고 업무 환경에도 더욱 만족하는 것으로 나타났다.

:: 외톨이도 팀워크를 이루어 일할 수 있다

어쩌면 당신은 이렇게 생각할지 모른다. "난 외톨이야. 앞으로도 늘 그럴 거야. 난 달라질 수 없어." 그렇다. 당신은 위기 상황에 닥치면 원래처럼 외톨이로 돌아갈지 모른다. 하지만 팀워크를 이루어 일하는 방법을 배울 수는 있을 것이다.

이미 답을 알고 있다고 생각하더라도, 다른 사람들에게 해결책을 묻는 습관을 갖도록 하라. 다른 사람들의 의견을 묻고 그 의견을 귀 담아 듣는 습관을 들이자.

:: 팀은 개인의 부족한 점을 채워줄 수 있다

당신이 인정해야 할 또 한 가지는 당신의 전문적 지식에 틈이 있다는 사실이다. 팀에는 여러 가지 재능이 필요한데, 그런 재능들은 다양한 사람들에 의해 충족될 수 있다. 팀에는 아이디어에 능한 사람, 낙관적인 태도를 지닌 사람, 세부 사항에 강한 사람, 협상에 강한 사람, 추진력이 강한 사람, 그리고 전체의 의견을 잘 따르는 사람 등 여러 유형의 사람이 필요하다.

위에 열거한 유형 가운데 자신이 어떤 유형에 해당하는지 안다면 (그리고 자신이 약한 부분이 어느 것인지 안다면) 당신은 자신에게 부족한 점을 채우기 위해 다른 사람들을 찾아 나서게 될 것이다. 똑똑한 사람은 그렇게 자신에게 부족한 재능을 가진 사람들을 찾아서 팀을 이룰 것이다. 그렇게 여러 재능이 결합되면 대단한 능력을 발휘할 수 있게 된다.

회사 내의 정치는 전쟁이 아니다

많은 사람들이 회사 내의 정치라는 것은 적들의 평판을 나쁘게 하고 적들을 파멸시키는 행위를 다소 교양 있게 부르는 이름이라고 생각한다. 그런 사람들이 이해하지 못하는 것은 누군가를 적이라고 생각하는 것, 즉 적을 만드는 것 자체가 어리석은 일이라는 사실이다. 적에 대한 정의를 새롭게 한다면 당신은 직장 생활에서 훨씬 성공할 수 있을 것이다.

흔히 사람들은 직장을 전쟁터에 비유하곤 한다. 관리자들은 《손자병법》 같은 전투 전략에 기초한 비즈니스 도서를 읽고 그런 전략을 사무실에 적용할 방법을 찾는다. 하지만 그런 태도는 사람들이 누구와 싸우는지, 무엇을 위해 싸우는지를 잊어버리는 경우에는 문제가 될 수 있다.

그런 경우, 옆방에서 일하는 사람이 당신이 전투 기법을 사용하는 상대방, 즉 당신의 적이 될 수 있다. 그러면 당신은 자신과 같은 조직에 있는 누군가에게 해를 입히는 데 에너지를 쏟게 된다. 이렇게 모두가 전쟁이라는 게임을 시작하면 조직에 파괴적인 영향이 미치게 된다. "조직에 어떤 영향이 미치든, 나는 그런 것 신경 안 써요"라고 말한다면, 신경을 써야 하는 이유를 말해 주겠다.

1. 당신이 직장을 전쟁터와 같은 분위기로 만드는 데 일조하고 있다면 당신도 결국 그 전쟁의 희생자가 될 것이다. 지금은 승승장구하고 있을지 몰라도, 다른 사람이 등장하면 (반드시 등장하게 되어 있다) 당신은 그 자리에서 내려와야 할 것이다.

2. 당신이 직장 생활에 전투 기법을 적용하는 데에만 점점 더 신경을

쓴다면, 실제 업무 능력은 점점 더 떨어질 것이다.

3. 그렇게 업무 능력이 떨어지면, 새로운 세력이 등장했을 때 그들에게 당신을 좌천시키게 하는 빌미를 제공하게 된다.

:: 전쟁터 같은 분위기를 바꾸자

우선 당신이 어쩌다가 이런 상황에 빠지게 되었는지, 그리고 어떻게 하면 빠져나갈 수 있을지에 대해 이야기해보자. 관리자들은 예전부터 전쟁과 관련한 단어들을 즐겨 써왔다. 예를 들어 캠페인(campaign; 군사 용어로 '작전'이나 '전투'의 뜻이 있음 - 옮긴이), 전략 등이 그것이다. 관리자들은 또한 경쟁상대를 '적'이라고 칭하고, 이기고 싶어하고 지배하고 싶어하는 사람들의 오랜 욕망을 자신의 '부대'에게 동기를 부여하는 수단으로 사용한다.

외부의 적을 정복하려던 것을 넘어서서 내부인들끼리 싸우기 시작하는 상황은 어쩌다 생기는 것일까? 공포나 분노 같은 인간의 기본적인 감정이 뒤에서 험담을 하고, 뒷공론을 하고, 소문을 퍼뜨리고, 하는 행동으로 변한다. 전투가 끝난 뒤에도 질투심과 악의는 남는다. 그리고 모든 사람이 파벌에 속하게 되면 전투는 몇 년간이고 계속될 수 있다.

어떤 사람들은 자신들의 정체성을 일과 직장으로부터 지나치게 많이 얻는 바람에 균형감각을 잃는다. 그들은 조직 내의 모든 작은 변화들이 자신에게 어떤 영향을 미칠까봐 고민한다. 그들에게 있어서 방어하는 것과 공격술을 쓰는 것 사이에는 별 차이가 없다. 그렇게 공격적이고 호전적인 사람이 당신의 상사가 된다면, 중립을 유지하는 일은 그만큼 어려워지는 것이다. 어디서 많이 듣던 이야기처럼 들리는가? 그런 분위기에서 일하는 게 편한가?

음모를 꾸미는 데 능한 사람들이 있다. 하지만 대부분의 사람들은 그렇지 못하다. 사람들이 그런 기법을 쓰기 시작하면 직장의 분위기는 금방 험악해질 것이다. 그리고 그런 분위기에서 직원들은 일을 제대로 할 수 없을 것이다.

∷ 호전적인 태도를 없애는 방법

당신이 호전적인 행동을 하고 있음을 보여주는 몇 가지 증상은 다음과 같다. 자신의 이미지를 개선시키기 위해 다른 사람의 이미지를 나쁘게 만들려고 한다. 당신은 충성심이 깊기 때문에, 상사의 아이디어가 정말로 좋은 것인지 의문을 품지 않고 그저 따른다. 동료에 대해 부정적으로 말을 하거나 비아냥댄다. 다른 사람의 아이디어에 대해서는 장애물을 만들어서 진행되지 못하게 한다.

호전적인 태도를 없애는 일은 쉽지 않다. 실제로, 누군가를 적으로 상정하고 그 적을 파멸시키기 위해 에너지를 사용하지 않는 한 제대로 일하지 못하는 사람들도 있다. 하지만 당신이 위에서 열거한 증상들을 보고 마음이 불편하다면 그것은 좋은 신호이다. 당신은 변화할 가능성이 있는 것이다.

1. 자신이 위에서 열거된 증상들을 보이고 있지 않은지 파악하라. 그리고 스스로 그렇게 비열한 게임을 하지 못하게 하라. 그런 행동들

이 두려움과 겁에서 기인한 것이라는 사실을 인정하라.

2. 호전적인 동료들 사이에서 일을 하다 보면 당신도 예전의 호전적인 모습으로 돌아갈 수 있다. 마음을 굳게 먹고 중립적인 태도를 유지하도록 노력하라.

3. 누구와 싸우는가 생각하지 말고 무엇을 위해 싸우는지를 생각하라. 일의 목표에만 집중하라.

4. 비전을 지녀라. 자신이 무엇을 위해 싸우고 있는지를 안다면 비전을 잃지 않을 수 있을 것이다.

5. 호전적인 사람으로부터 도전을 받을 때에도 그에게 휩쓸리지 않도록 하라. 즉, 상대방의 비난을 무시해버리고, 교활한 속임수를 무찌를 수 있는 계략을 갖추라는 뜻이다. 결국, 현명한 전사는 어떤 장애물도 넘어설 수 있는 것이다.

권력이란 대체 무엇인가?

자신이 권력을 갖게 된다면 무슨 일을 할지 상상해보는 일은 재미있다. 하지만 정작 힘을 갖게 되면 그렇게 재미있지는 않을 것이다. 책임감이 더 커질 뿐이다.

상상 속에서는 권력을 무기처럼 사용할 수 있지만, 실제 생활에서 권력은 컴퓨터나 드라이버처럼 수단에 불과할 뿐이다. 아니면 자동차와 같은 것일지 모른다. 당신이 가야 하는 곳으로 당신을 데려다주는.

두려움을 예로 들어보자. 당신이 권력을 지니게 되면 사람들은 당신을 두려워할 것이다. 비록 그들이 당신을 두려워한다는 것이 당신 눈에 바로 보이지는 않더라도. 그들은 당신이 자신들을 해고하거나, 해고하지는 않더라도 당신의 삶을 비참하게 만들까봐 두려워하는 것이다.

원한다면 당신은 부하 직원들의 두려움의 정도를 높일 수도 있다. 정기적으로 직원들을 훈계할 수도 있고, 직원들 앞에서 엄격한 모습으로 연설을 할 수도 있다. 어려운 기준을 세울 수도 있고, 사람들이 그 기준에 따라오지 못할 때, 필요하다면 몇 명을 심하게 혼낼 수도 있다. 이와 같은 행동들은 아무런 문제가 없는 것들이다. 올바른 이유를 위해 행해지기만 한다면. (사람들이 당신을 두려워하는 것을 즐긴다면, 그것은 잘못된 이유이다. 권력은 남들을 학대함으로써 즐거움을 느끼는 것이 아니다.)

당신은 기준을 명확하게 세우고 직원들이 그 기준에 맞추도록 해야 한다. 그리고 기준을 충족시키지 못하는 사람들은 훈련을 시켜야 한다. 사실, 권력을 유지하기 위해서는 그렇게 하는 것이 반드시 필요하다. 결과를 강요하지 않으면 사람들은 곧 당신이 시킨 일을 하지 않아도 된다고 생각하게 될 것이고, 그러면 당신의 권력은 사라지고 말 것이다.

두려움을 갖게 만드는 것이 단기적인 수단이 될 수는 있다. 예를 들어, 업무 기준에 맞추지 못하는 사람들에게 다른 전술을 써도 효력이 없다면 두려움을 느끼게 하는 것이 효과가 있을 수 있다.

하지만 계속적으로 사무실에서 공포 분위기를 조성하는 것은 효과가 없다. 공포감은 사람들을 지치게 할 것이고, 독창성이나 솔선수범하는 자세를 없앨 것이며, 분노를 품게 만들 것이다. 그리고 결국 업무의 질을 떨어뜨리게 될 것이다.

이것이 권력에 대한 환상을 깨뜨리게 하는 사실들 중 하나다. 당신은 두려움을 느끼게 할 수 있는 힘을 가지고 있지만, 그 힘을 자주 사용해서는 안 된다. 많은 경우, 두려움을 느끼게 하기보다는 설득을 해야 한다. 그리고 설득을 하려면 두려움을 느끼게 하는 것보다 더 많은 기술과 인내심이 필요하다.

:: 권력을 잃게 되는 경우들

부하 직원들에게 결과를 강제하지 않음으로써 권력이 손상될 수 있지만, 다른 방식으로도 권력을 잃을 수 있다. 예를 들어, 당신이 어떤 목표로부터 벗어난다면, 그 목표가 지니고 있는 힘을 포기하는 것이다. 그리고 당신이 목표에 대한 집중력을 잃으면 직원들에게도 영향이 미칠 것이다. 직원들도 목표를 수행하기 위한 세부 사항에서 길을 잃고 헤매게 될 것이다.

권력을 잃기 위해 당신이 할 수 있는 최악의 행동은 당신이 한 행동의 결과를 제대로 이해하지 못하는 것이다. 당신이 주변 사람들에게 갖는 영향력에 대해 부주의하게 행동한다면, 당신은 권력을 적절하게 이용하지 못하는 것이다.

당신은 스스로 깨닫지 못하는 권력을 가지고 있을 수도 있다. 예를 들어, 사람들은 당신에게서 올바른 지침과, 지혜와, 경험과, 균형 있는 식견을 기대할지 모른다. 그러면 당신은 그런 쪽의 힘을 사용해야 한다. 하지만 당신은 권력을 가지고 어떻게 해야 할지 몰라서 권력을 제대로 사용하지 못할지도 모른다.

:: 권력을 사용하지 말아야 할 때를 알아야 한다

아마도 가장 좋은 전술은 자신의 권력을 사용하지 말아야 할 때가 언제일지를 아는 것이다. 뒤로 물러서야 할 때가 언제인지를 알아야 하는 것이다. 만일 당신이 상황을 지배하기를 좋아한다면, 이것은 당신이 숙련해야 할 가장 어려운 기술이 될 것이다. 사람들을 관리하는 것은 그들 스스로 해낼 수 있을 만큼만 지침을 주는 것이다. 오랜 시간이 걸리더라도 사람들 스스로 노력해서 일을 배우고 결국 일에 숙달할 수 있게 놔두는 것은 어려운 일이다. 그러나 사람들은 충분히 그렇게 할 수 있다.

그렇다고 그렇게 되기까지 몇 주 동안 부하 직원의 앞에서 완전히 사라져주라는 얘기는 아니다. 의사소통을 계속하는 것은 중요하다. 하지만 일의 세세한 부분까지 모두 나서서 조종해 주어서는 안 된다.

끊임없이 지배하려는 태도의 또 다른 문제점은, 그런 태도는 두려움과 마찬가지로 상대방을 지치게 할 뿐 아니라 당신 자신도 지치게 한다는 점이다.

다른 사람들의 일에 간섭하지 않는다면 당신은 무슨 일을 해야 할까? 당신은 계속해서 '큰 그림'을 따라가야 한다. 당신 자신의 목표를 달성하도록 노력하고, 자신의 업무 능력을 개선시키며, 성장해야 한다. 그렇게 하기에도 시간이 모자랄 것이다.

정치적 기술: 민첩하게 판단해야 한다

숙달해야 하는 여러 가지 기술에 대해 들어왔어도, 순간적으로 민첩하게 판단하는 기술에 대해서는 별로 들어보지 못했을 것이다. 그런 기술을 가르치는 것은 무척 어려운 일이기 때문이다. 그런 기술을 배운다는 것이 만일 가능하다면, 스탠드 업 코미디나 연기 수업을 받는 것이 가장 좋은 방법일 것이다. 당신이 코미디언이나 배우가 아니더라도, 많은 경우 당신이 하는 일은 일종의 연기이기 때문이다. 그리고 연기에는 즉흥적으로 해내는 능력과 아울러 빨리 판단하고 결정하는 능력이 필요하다.

당신은 프레젠테이션이나 회의를 준비한 경험이 있을 것이다. 그럴 때는 상사나 동료들의 질문에 답할 준비가 되어 있어야 한다. 발표를 끝나면 당신은 박수갈채를 받으리라 기대하겠지만, 대개의 경우 박수가 아니라 질문 공세와 반대 의견에 맞닥뜨리게 될 것이다.

우리는 일이란 자기 자리에 앉아서만 하는 것이라고 생각한다. 하지만 실제로 복도에서, 식당에서, 아니면 주차장에서, 사람들이 당신에게 말을 걸어 뒷공론을 하거나, 비밀스런 정보를 주거나, 부탁을 하는 경우가 얼마나 많은지 생각해보라.

정보, 기회, 아이디어. 이런 중요한 업무 요소들이 당신의 책상을 벗어난 장소에서 이루어지고 주고받아진다. 그곳이 어디이든 간에, 바로 그 자리에서 그런 것들에 반응하고 대응할 수 있어야 한다.

:: 민첩한 판단과 행동을 위한 방어 전술들

우발적으로 사람들과 중요한 접촉을 하게 되는 경우는 별도로 하더라도, 일을 하면서는 자신이 계획하지 않았던 스트레스 상황에서 자신을 얼마나 잘 관리하느냐가 무척 중요하다. 순간적으로 민첩하게 판단하고 행동할 수 있다면, 당신은 그런 상황에서 침착을 유지할 수 있을 것이다.

어떻게 하면 그렇게 할 수 있을까? 그것을 가능하게 하는 몇 가지 기법은 다음과 같다. 침묵, 중립 지키기, 정직. 이것들은 모두 먼저 생각하는 시간을 갖고, 그 뒤에 반응할 수 있게 해주는 방어 전술들이다. 당신은 또한 그 자리에서 바로 결정을 내리고, 사람들에 대해 판단을 내리고, 어색한 상황을 중화시킬 수 있어야 한다. 그리고 공격을 해야 할 필요가 있다면 완강하고 단호한 자세로 자신의 생각을 내세워야 한다.

침묵 | 지지한다는 듯한 태도로 상대의 이야기를 듣고, 고개를 끄덕이고, 미소를 짓고, 상대를 격려하라. 이는 모두 좋은 행동들이다. 계속해서 침묵을 지키는 것의 가치를 잊어서는 안 된다. 대화가 잠시 중단될 때 무슨 말인가 해야 하지 않을까 하는 유혹은 떨쳐버려야 한다. 조용히 앉아서 다른 사람들이 이야기하게 내버려두어라. 그렇게 이야기를 듣다 보면 배울 것이 얼마나 많은지 놀랄 것이다. 정보를 받아들이되, 성급하게, 혹은 충동적으로 자신의 입장을 밝히지는 마라. 의심이 가는 경우에는 입을

다물고 있는 것이 최선이다.

중립 지키기 | 많은 경우, 당신의 동료는 당신에게 압력을 넣어서 그 자리에서 결정을 내리게 하거나 약속을 받아내려 할 것이다. 아니면 당신 스스로가 무언가 말해야 할 것 같은 기분을 느끼면서 스스로에게 압력을 넣을지도 모른다. 하지만 그 자리에서 입장을 밝히거나 약속을 할 필요는 없다. 상대가 재촉을 하더라도, 열린 태도로 성실하게 이야기를 듣되, 쉽게 약속을 하지는 마라. ("정말이지 저는 잘 알지 못하기 때문에 뭐라고 말을 할 수가 없네요. 확인을 좀 해보고 내일 다시 얘기해요.")

정직하게… 그러나 | 자신을 보호하기 위해 거짓말을 해서는 안 된다. 정직하게 반응하는 것이 좋다. "관심 있게 들리네요. 하지만…" '하지만'이라는 말이 당신의 중심축이 되는 것이다. 그 단어를 사용하면 상대방의 말에 정직하게 응대하되, 성급하게 상대의 프로젝트나 아이디어에 참여하거나 찬성한다고 약속하지는 않을 수 있다. '하지만'이라고 말한 뒤에 이렇게 덧붙일 수 있다. "새로운 일에 뛰어들기 전에 지금 준비하고 있는 프레젠테이션을 먼저 끝내야 해서요."

:: 계속해서 나아가라

당신이 지금 한 가지 아이디어를 진행하고 있다면, 도널드 프럼트(미국의 부동산·카지노 재벌로, 호화와 사치의 대명사로 불린다 - 옮긴이)의 경우를 생각하라. 당신이 그를 지지하지는 않는다 하더라도, 그 사람은 자신이 원하는 것을 해내기 위해 끊임없이 노력한다는 사실은 인정해야 한다. 카메라와 녹음기가 자신을 향할 때, 그는 자신의 목적을 위해 그런 기회들을 이용한다.

최근의 한 TV 인터뷰에서 그는 인터뷰하는 사람이 마음에 안 드는 질문을 하면 그냥 무시해버렸다. 그 대신 자신에게 중요한 것들을 강조했다. 그는 그렇게 대화를 주도해나갔다.

도널드 트럼프와 같은 사람들은 수줍어하거나, 공손하거나, 겸손한 태도로, 혹은 다른 사람들이 기대하는 대로 행동하면서 지금의 자리에 온 것이 아니다. 당신도 그 사람처럼 행동할 필요는 없지만, 그의 고집에서 무언가 배울 수는 있을 것이다.

예를 들어, 당신이 프레젠테이션을 열심히 준비해왔으나, 당신보다 더 적극적이고 공격적인 누군가가 나서서 말을 하는 바람에 프레젠테이션을 제대로 못한다면, 우리가 미덕이라고 생각했던 것이 큰 약점이 될 수 있는 것이다. 그러니, 수줍고 예의 바르고 겸손하게 행동하겠는가, 아니면 당신의 아이디어가 다른 누구의 아이디어보다 우세하게 만들겠는가?

그렇다고 해서 이런 행동들을 상스럽게 할 필요는 없다. 자신에게 적합한 방식을 찾아야 한다. 상대방이 큰 소리로 이야기를 한다면, 당신은 더 큰 목소리로 말할 수도 있고, 아니면 부드러운 목소리로 말할 수도 있다. 상대가 앉아서 이야기를 한다면, 당신은 일어서서 말할 수도 있다. 자신에게 가장 알맞은 방법을 찾으면 된다. 가장 중요한 것은 대화를 우세하게 이끌겠다는 확고한 결의이다. 그리고 행동을 한 후에는 자신의 행동을 돌아보고, 실수를 한 것이 있다면 나중을 위해 교훈으로 삼아야 한다.

마지막으로 강조할 것 하나. ‘민첩하게 생각하라’고 했지 ‘민첩하게 말하라’고 하지 않았다. 먼저 ‘생각’을 한다면 이야기를 덜 할 수 있을 것이다. 대화의 공백을 채워야 한다는 충동을 억제할 수만 있다면, 당신은 정치 게임에서 한 발 앞서 갈 수 있다. 말을 적게 하면 실수도 덜 할 것이고, 상대의 이야기를 귀 기울여 들으면 배울 것이 많다는 사실에 놀랄 것이다.

아직도 회사 내의 정치가 너저분한 것으로 느껴진다면, 정치라고 부르지 말고 ‘회사 내의 인류학’이라고 불러도 좋을 것이다. 회사 안의 ‘종족’을 연구하는 것이다. 인류학과 다른 점은 당신이 연구하는 종족이 바로 당신의 종족이라는 점이고, 인류학자들과 다른 점은 당신에게는 이해관계가 있다는 점이다. 사내의 인류학을 공부하면 당신의 일을 보호받을 수 있을 것이고, 사내의 전투를 피할 수 있을 것이다.

마지막으로, 다른 모든 정치 전술은 잊더라도 이것 한 가지만은 기억하라. “말을 하기보다는 남들의 말을 들어라.”

어떻게 하면 이미지를 바꿀 수 있을까?

Chapter 7 ⇨ ⇨ ⇨

프로다운 이미지 구축하기

이미지를 개조함으로써 가장 멋진 일은 과거의 실수와 경솔한 언동을 만회할 수 있다는 점이다. 당신은 자신을 새롭게 만들어낼 수 있다. 과거의 행동을 돌아보고—이는 고통스런 일일 것이다—자신을 실패자로 만들었던 습관들을 바꿀 수 있다. 이미지를 개조하느니 회사를 옮겨버릴 수도 있을 것이다. 하지만 그러면 문제가 해결되지 않는다. 나쁜 습관들은 당신이 어디로 가든 당신을 따라다닐 것이고, 그 습관들이 당신을 해치는 것은 시간문제일 뿐이다.

우리들 대부분은 자신에게 가장 알맞은 직업을 구하기까지 여러 군데 직장을 옮겨 다닐 만한 용기나 자유를 지니고 있지 못하다. 갈수록 이직률이 증가하고 있기는 하지만, 우리는 여전히 한 직장에서 5년 정도는 지내기를 바라는 것이다.

그러나 그 5년 동안 당신은 굴을 파고 들어갈 수도 있다. 사람들은 당신을 실패자, 게으름뱅이, 혹은 목표나 동기라곤 없는 사람이라고 생각할 수도 있다. 하지만 당신은 그 이유를 알지 못할 것이다. 그 누구도 당신의 문제가 무엇인지 이야기해주지 않을 것이다. 어쩌면 다른 사람들도 당신의 문제가 무엇인지 알지 못할 수 있다. 그들도 다른 사람들로부터 당신에 대한 좋지 않은 이야기를 듣고 그저 그렇게 생각하게 된 것이다. 그리고 당신은 서서히 남들 눈에 보이지 않는 사람이 되어갈 것이다.

혹은 그 5년이라는 시간을 자신의 좋지 않은 이미지를 개선시키는 기간으로 사용할 수도 있다. 당신이 최악의 이미지를 가지고 있었더라도, 이 장에서 제시하는 조언을 따르면서 조금만 인내심을 가지면 이미지를 개선할 수 있을 것이다.

이미지를 개조하는 동안 시간은 당신 편이다. 직장 생활의 기억은 오래 가지만, 영원하지는 않다. 당신을 나쁘게 생각하던 사람들도 그 사이

에 회사를 떠나거나 다른 부서로 옮겨가고, 당신에 대해 알지 못하는 새
로운 사람들이 올 것이다. 그동안 당신은 서서히 이미지를 바꿔갈 수 있
을 것이다.

이미지 개조 1 — 자신이 투명인간처럼 느껴지는 경우

오하이오 주에 사는 한 독자가 나에게 편지를 한 통 보내왔다. 자신의
팀 사람들이 자신을 완전히 잊어버린 것 같다는 내용이었다.

"사람들은 저를 접수원으로만 여겨요. 저는 전화 목소리가 좋거든요. (적어도
일주일에 한 번은 그런 얘기를 들어요.) 직원이나 외부인들을 마주칠 때마다 저
는 부드럽게 미소를 지으면서 인사를 해요. 옷도 깔끔하게 입고 다니구요.
　저희 팀 사람들이 훈련을 받고 이리 저리 다니면서 일을 하는 동안, 저는 프런
트 데스크에 미소를 띠고 앉아서 가슴앓이만 하고 있어요.
　어떻게 해야 할까요? 저는 동료들과는 잘 지내요. 업무 프로그램에 도움을 줄
수 있는 위원회 활동도 해요. 하지만 전 항상 뒤처져 있어요. 절 좀 도와주세요!"

이 독자는 아마도 접수계에서 일하는 것으로 보이는데, 심한 '투명인
간 증후군'에 시달리고 있다. 이것은 직장에서의 자신의 이미지와 관련
하여 흔히 발생하는 문제이다. 사람들이 당신을 얕잡아보고, 당신의 존
재를 당연한 것으로 여기고, 투명인간으로 대하는 것처럼 느껴지는 것
이다.

: : 조언을 구하라

당신이 나아질 수 있을지의 가능성에 대해 솔직하게 이야기해줄 수 있는 누군가(상사는 제외하고)에게 이야기를 하라. 그 사람은 당신을 좋아하고 당신이 성공하기를 원하는 사람이어야 한다. 또한 사내의 정치적 풍토를 잘 이해하고 있는 현실주의자여야 하고, 그 풍토 속으로 당신을 이끌 수 있는 사람이어야 한다. 하지만 가장 중요하게는 당신의 발목을 잡고 있는 문제가 무엇인지 아는 사람이어야 한다. 그 사실을 알게 되는 것은 고통스러울 수 있다. 하지만 문제가 무엇인지는 반드시 알아야 한다. 문제가 무엇인지 알아야 문제에서 벗어날 수 있는 것이다.

당신에게 필요한 것은 어떤 성격적 측면일 수도 있고, 특정한 업무 기술일 수도 있다. 훈련을 받을 필요가 있을 수도 있다. 그게 무엇이든 간에, 그게 무엇인지 알고 나면 당신은 놀랄 수도 있고, 상처를 받을 수도 있다. 하지만 그 자체를 그대로 받아들여라. 그것은 극복해야 할 장애물인 것이다.

조언자는 당신에게 현실적인 한계를 일러줄 수도 있다. 예를 들어, 당신은 한두 단계는 앞으로 나아갈 수 있지만 그 이상 나아갈 수는 없을 거라고 말할 수도 있다. 그 말을 액면 그대로 받아들일 필요는 없지만, 당신이 일하는 곳이 어떻게 돌아가는지를 이해하고 있는 사람의 현실적인 평가에 귀를 기울일 필요는 있다.

:: 계획을 세우고 상사에게 알려라

조언자의 도움으로 당신은 발전하기 위한 계획을 세울 수 있다. 그 다음에는 그 계획을 상사에게 알려서 그 계획을 달성하는 데 도움을 받아야 한다.

상사가 반감을 보이거나 저항할 수도 있음을 예상해야 한다. 상사의 입장에서는 직원들을 있는 자리에 그대로 두는 것이 훨씬 좋다. 직원들을 발전시키려면 시간과 에너지가 많이 든다. 따라서 상사를 설득할 수 있도록 계획을 세워야 한다. 새로운 자리로 가면 당신이 훨씬 더 쓸모 있는 직원이 될 수 있으리라는 것을 상사에게 보여줘야 한다.

:: 상사와 함께 목표 달성을 위한 조치를 취하라

자신에게 더 알맞은 자리를 스스로 선택하겠다고 상사에게 말하라. 전에 이야기한 적이 있더라도 다시 이야기해야 한다. 불확실하고 모호한 약속을 받아들이고 물러나서는 안 된다. 당신의 목표를 달성하기 위한 일정과 일련의 조치를 상사와 함께 밟아나가야 한다.

:: 이미지 컨트롤 훈련을 하라

직장에서의 위치를 개선하기 위한 기술을 획득하는 것은 힘이 드는 일이지만, 당신의 팀원들이 당신을 동등한 입장의 파트너가 아니라 자신들보다 아래에 있는 사람이라고 생각하고 있다면, 그런 이미지를 바꾸는 일은 훨씬 더 어렵다.

일단 변화하려고 마음먹었다면, 다른 사람들이 당신에 대해 갖고 있는 태도를 바꿀 수 있게 만들어야 한다. 당신이 하는 일의 책임과 중요성이 커진다면, 당신은 사람들에게 당신이 더 이상 복사기에 낀 종이나 빼주던 사람이 아니라는 사실을 인식시켜야 한다.

긴 시간을 두고 사람들에게 당신이 달라졌으며, 당신과 그들과의 관계도 달라졌음을 교육시켜야 한다. 이는 언뜻 불공평하게 느껴질 수도 있다. 당신은 새로운 기술을 배워야 할 뿐만 아니라 이미지 개선 캠페인도 벌여야 하기 때문이다. 그것은 새로운 스트레스가 될 것이다.

하지만 이미지 컨트롤은 당신이 할 수 있는 가장 값진 훈련 중 하나다. 이미지 컨트롤을 수행함으로써 새로운 일을 찾기 쉬워질 것이고, 인내심과 외교술을 훈련할 수도 있다.

이미지를 바꾸는 것은 시간도 오래 걸리고, 때로는 고통스러운 과정이기도 하다. 가끔은 이미지를 바꾸는 것 자체가 불가능할 수도 있다. 현재 팀에서는 도저히 이미지를 바꿀 수 없다고 판단되는 경우, 다른 부서나 다른 회사로 옮겨가는 것을 고려해야 한다. 그렇게 함으로써 지금 하고 있는 일과는 전혀 다른 일, 즉 지금으로부터 5년 뒤쯤 하고 싶은 일에 더 가까운 일을 시작할 수도 있다. 그리고 처음부터 당신이 컨트롤할 수 있는 전혀 새로운 이미지로 시작할 수 있다.

당신은 파티의 중심인물 같은 이미지를 갖고 있을 수도 있다. 금요일 밤을 함께 보내기엔 즐겁지만, 승진을 시키기에 적합한 인물은 아닌 것이다.

혹은 당신은 일을 충분히 잘하는데도 정말 좋은 일은 항상 다른 사람들에게 가버리는 것처럼 느껴질 수도 있다. 그런 경우, 당신에게 책임감이 부족하다는 딱지가 붙어 있는 것은 아닐까?

아래의 열 가지 경우 가운데 자신에게 해당되는 것에 표시를 해보자.

1. 월요일 아침에 사람들이 커피 자판기 주위에 모여서 토요일 밤에 있었던 일에 대해 이야기를 나눌 때, 그들의 화제는 바로 나이다. "글쎄, 믿을 수가 없었다니까! 바 위에 올라서서 머리 위에 술잔을 올려놓고 춤을 추더라구!"

2. 회의에서 농담을 하는 사람은 항상 나이다. 물론 그 농담 덕에 분위기가 좀 산만해지기는 하지만, 따분함을 조금 없애주기는 한다.

3. 가끔 지각을 하긴 하지만, (대부분의 경우) 일은 다 해낸다.

4. 술과 파티를 얼마나 좋아하는지에 대해 동료들과 이야기하는 것이 즐겁다.

5. 언제 어디서든 내가 하고 싶은 이야기를 한다.

6. "난 못하는데…"라는 이야기를 자주 한다.

7. 상사가 추가적인 프로젝트를 시키려고 하면 대개 도망가버린다.

8. 나는 뒤에서 남들의 이야기를 하는 것을 무척 좋아하며, 비밀은 통 지키지 못한다. 내가 알고 있는 것이 100퍼센트 사실이 아니더라도 남들에게 이야기를 한다.

9. 직장에 어떤 복장으로 가느냐가 무척 중요하다.

10. 사람들이 나를 조금은 괴짜라고 생각한들 무슨 상관이람?

우리는 지금 당신이 하는 업무의 질에 대해 이야기하는 것이 아니다. 우리는 지금 당신 스스로 쌓아온 당신의 평판에 대해 이야기하고 있다. 당신은 깨닫지 못하고 있을지 몰라도, 위의 항목 가운데 몇 가지가 자신에게 해당된다면, 당신은 일보다는 사교생활에 더 관심이 있는 사람이라는 평판을 스스로에게 부여해온 것이다.

일단 어떤 평판이 생기고 나면, 그것을 바꾸기는 어렵다. 특히 그것이 나쁜 평판일 경우에는 더 그러하다. 상사는 당신의 업무 능력에 대해서는 잘 알지 못하고, 당신의 겉모습이나 당신이 얘기한 것들, 그리고 다른 사람들이 당신에 대해 이야기한 것에 대해서만 알고 있을지도 모른다. 거꾸로 생각해보자. 당신이 상사인데, 당신이 보고 들은 것이 그런 것들 뿐이라면, 그 직원에 대해 어떻게 생각하겠는가?

자유 시간에 당신이 무엇을 하든 그건 당신이 알아서 할 일이라고 생각할지도 모른다. (회사에 와서 그에 대한 이야기를 하지 않는다면, 그건 남들이 상관할 필요 없는 당신의 일일 수도 있다.) 또한 당신은 사람들이 당신의 복장이나 당신이 하는 농담 등 '피상적인' 것들에 기초하여 당신을 판단해서는 안 된다고 생각할지도 모른다. 또한, 상사들은 사고가 좀더 깨어야 하고 좀더 개방적이 될 필요가 있다고—특히 당신에 대해서 생각할 때는—생각할지도 모른다.

당신은 위와 같은 생각을 가질 권리가 있다. 문제는 그런 '피상적인' 문제들이 모두 상사에게 당신을 표현하는 정보의 일부라는 사실이다. 개개의 요소들은 그리 나쁜 것이 아닐지 몰라도, 그것들이 모두 합해지면 당신에 대해 부정적인 인상을 심어줄 수 있는 것이다.

대부분의 상사들은 보수적이다. 그들은 자신들의 상사들에게 성과를 보여주어야 하는 책임을 지고 있기 때문에 보수적이고 신중할 수밖에 없다. 어떤 중요한 일을 누구에게 맡길지를 결정할 때, 상사들은 신뢰할 수 있고 책임감이 있으며 쉽게 이야기를 떠벌이지 않는 사람을 선택하기 마련이다. 다른 조건이 모두 같은 두 사람이 있는데, 한 사람은 책임감이 부족하고 한 사람은 책임감이 강하다면, 당신은 누구를 선택하겠는가?

달라지기 위해 성격 자체를 바꿔야 할 필요는 없다. 하지만 당신의 상사를 비롯한 주변 사람들은 당신이 보여주는 모습을 통해서 당신을 판단할 수밖에 없다는 사실을 기억해야 한다.

자신이 좋지 않은 평판을 가지고 있다고 느낀다면, 그런 평판을 약하게 만들 수 있다. 하지만 그렇게 하기까지 시간과 인내심이 필요할 것이다. 말하기 전에 생각해야 하고, 하고 싶은 얘기들도 조절해서 해야 하고, 외모와 습관도 서서히 바꿔야 할 것이다. 아니면 사람들이 당신과 비슷하게 옷을 입고 당신과 비슷하게 말을 하는 회사로 옮겨갈 수도 있다. 하지만 지금 다니는 회사가 싫지 않다면, 지금 있는 곳에 맞출 수 있도록 변화를 하는 것이 훨씬 덜 힘들 것이다. 어쩌면 당신은 변한다는 것이 사람들을 배반하는 것은 아닐지 걱정할지 모른다. 어떤 사람들의 눈에는 그렇게 보일 수도 있다. 하지만 자신을 얕잡아 보게 하는 것보다는 그 편이 낫다.

상사가 당신을 지켜보고 있다 — 상사가 눈여겨보는 습관들

누군가가 당신을 지켜보고 있다는 느낌을 받았던 적이 있는가? 바로 당신의 상사가 당신을 지켜보고 있다. 그리고 상사는 그렇게 관찰한 것을 기초로 당신을 판단한다. 당신이 좋지 않은 이미지를 갖고 있다면, 상사가 당신의 이미지를 좋아하지 않기 때문일지 모른다.

아래에서 상사들이 눈여겨보는 습관들을 열거하겠다. 아울러 상사들이 보고 싶어하는 모습도 제시하도록 하겠다.

∷ 지각

제시간에 출근을 해야 한다. 이 이야기는 너무 당연한 것처럼 들릴지 모른다. 시간에 맞춰 출근을 하는 사람들은 상사들이 시간을 지킬 것을 아무리 강조해도 듣기 싫어하지 않는다. 남들로부터 시간을 지키라는 얘기를 듣기 싫어하는 사람들은 대개 시간을 지키지 않는 사람들이다. 재미있지 않은가? 그리고 상사는 어떤 사람을 환영하겠는가? 상습적으로 지각하는 사람? 아니면 항상 시간을 지키는 사람?

상습적으로 지각을 하는 데는 많은 이유가 있다. 출근 준비가 안 되어 있어서, 출근 전에 너무 많은 일을 하려 해서, 그리고 무언가에 대해 적개심이 있어서. 앞의 두 문제를 해결하는 방법은 미리 준비를 하거나(내일은 어떤 셔츠를 입을까?) 자신의 한계를 인정하는 것(세 바구니 분량의 세탁을 하고 나서 제시간에 출근을 할 수는 없지!)이다.

적개심은 좀더 해결하기 어렵다. 자신이 적개심을 지니고 있다는 사실을 인정하고 싶어하지 않기 때문이다. 당신은 상사가 싫을 수도 있고, 일이 싫을 수도 있다. 그래서 불쾌한 상황을 피하는 한 방편으로 늦게 출근하는 것이다. 이 문제를 해결하려면 반드시 자신에게 그런 문제가 있음을 받아들여야 한다. 문제를 해결하고 다시 일을 즐겁게 할 수 있게 된다면 당신은 제시간에 출근을 하게 될 것이다.

:: 프로답지 않은 행동

출근을 한 후에 당신은 주말에 있던 일에 대해 이야기하느라, 신문의 스포츠 면을 살피느라, 이메일을 확인하느라, 그리고 전화로 친구와 농담을 하느라 얼마나 시간을 보내는가?

직장에서도 어느 정도의 사교 활동은 윤활유 역할을 할 수 있다. 하지만 직장에서 그런 행동을 지나치게 하는 것은 프로답지 못한 것으로 여겨진다. 어느 정도가 지나친 것인지 정확히 모르겠다면, 일단 줄이는 게 좋을 것이다.

:: 변명

"아무도 말해주지 않았어요…" "몰랐어요…" "다시 제게 전화를 해 주지 않았어요…" "그 일은 잭이 하는 줄 알았는데…" "저한테 말씀 안 하셨어요…" 이런 변명들은 당신이 계획에 따라 일하지 않는 사람이며, 문제를 예상하지 않는 사람이고, 필요한 질문을 하지 않는 사람이며, 자 신에게 주어진 일의 세부 사항까지 책임지지 않는 사람임을 나타내는 것 들이다. 당신이 저런 변명에 능한 사람이라면, 자신에게 주어진 일을 해 내지 못했을 때 당신은 다른 누군가를 비난할 것이다.

생각해보면, 자신이 할 일을 해내지 못한 것을 남의 탓으로 돌리는 건… 너무 어린아이 같은 행동이지 않은가? 그리고 그것을 상사의 탓으 로 돌리는 건 어처구니없는 실수이다.

내 말을 이해하겠는가? 자신이 해야 할 일을 제대로 해내지 못하면 사 과를 하고 비난을 받아야 한다. 변명을 할 생각은 마라.

당신이 실수를 하고 난 뒤에 상사는 당신을 더 면밀히 지켜볼 것이다. 실수를 하고 난 다음은 오히려 당신이 잃어버린 신뢰를 되찾을 수 있는 기회이다. 당연히 예전보다 훨씬 더 열심히, 더 잘 일을 해야 한다. 일을 추가로 더 하거나 어떤 일을 하겠다고 자원하기에도 좋은 시기이다. 그 렇게 해서 당신이 제 궤도에 올랐음을 보여주어야 한다.

:: 의사소통의 부재

상사에게 자신들이 무슨 일을 하고 있으며 어디를 가는지를 얘기해야 하는 것을 싫어하는 사람들이 있다. 하지만 제시간에 출근하는 문제와 마찬가지로, 상사들과 의사소통을 잘하는 사람들은 그렇게 하는 것을 싫어하지 않는다.

또한 문제가 있을 때는 그 문제에 대해 이야기를 해야 한다. 부루퉁한 얼굴로 앉아서 상사에게 혼났다는 것을 광고해서는 안 된다. 우선, 상사에게 문제 해결에 도움을 줄 수 있는 기회를 줘야 한다.

의사소통을 상사와 계속해서 대화를 나누는 것이라고 생각하라. 어떤 때는 당신과 상사가 갈등 상황에 놓일 수도 있지만, 협조 관계에 놓이는 경우도 있다. 그리고 장기적으로 볼 때 당신과 상사는 대화를 통해 신뢰를 쌓고 서로를 존중할 수 있다.

상사가 당신에게 질문을 너무 자주 하는 것처럼 느껴진다면, 그것은 당신이 무슨 일을 하고 있는지에 대한 정보를 상사에게 주고 있지 않다는 뜻이다. 적극적이고 원활한 의사소통은 세세한 부분까지 간섭하고 확인하는 관리자를 진정시킬 수 있는 좋은 방법이다.

:: No라고 말하기

No라고 말했다가는 큰 곤란에 처할 수 있다. 노골적으로 No라고 말하면 반항하는 것으로 간주되어 심한 경우 해고를 당할 수도 있다. 따라서 사람들은 No라고 직접적으로 말하지 않고 그런 의사를 표현하는 방법을 개발해왔다. 어떤 사람들은 그냥 명령을 무시한다. 어떤 사람들은 하겠다고 대답을 하고는 하지 않는다. 아니면 계속 일을 미루어서 결국 다른 사람이 하게 만든다.

상사가 시킨 일이 당신이 하는 업무의 일부라면 명령을 따르도록 하라. 하지만 비윤리적이거나 위험한 명령에 대해서는 No라고 말할 수 있다는 것을 기억하라.

:: 당신은 믿을 수 있는 사람인가?

너무 당연한 것을 물어서 놀랐는가? 놀랄 것 없다. 대신 얼마나 많은 사람들이 믿을 수 있는 사람이 되어야 한다는 것을 무시하는지 알면 정말 놀랄 것이다. 우습게도 그런 사람들은 상사가 왜 자신을 그렇게 괴롭히는지 궁금하게 여기는 사람들인 경우가 많다.

솔선수범하는 사람이 되자

수동적이고 소모적인 직원과 조직에 반드시 필요한 리더를 구별하는 특성 중 하나가 솔선해서 일을 하는지의 여부이다. 그것은 상황에 맞게 계획을 세우고 행동을 하고 생각을 하는 능력을 일컫는다.

솔선하는 태도의 열쇠는 자발성, 자신감, 그리고 다른 사람이 뭐라고 시키기 전에 스스로의 힘으로 문제를 해결하는 태도이다. 솔선하는 태도가 무척 중요한 이유 중 하나는 그런 태도를 지닌 사람이 거의 없기 때문이다. 다음에서 솔선하는 태도를 기를 수 있는 방법들을 만나보자.

- 관리할 필요가 별로 없는 직원처럼 행동한다. 상사들이 솔선하는 직원들을 왜 그렇게 좋아한다고 생각하는가? 직원들에게 이래라 저래라 이야기를 하거나, 일을 제대로 하고 있는지 수시로 확인하는 데 귀중한 시간을 쓰고 싶지 않기 때문이다.

- 상황이 어떻게 될지 미리 예상하고, 어떤 장애물이 등장할지도 예상한다. 그리고 그 문제를 어떻게 해결할지도 미리 생각한다.

- 관리자에게 무언가를 질문하기 전에 스스로 대답을 찾아본다. 문제를 스스로 해결하는 습관을 들이게 되면 솔선하는 태도의 기본은 갖추게 되는 것이다.

- 자신이 맡고 있는 소수의 일에 대해서만 책임을 지는 소극적인 태도를 버린다.

- 머릿속으로 업무의 연관성을 파악한다. 조직 전체가 어떻게 돌아가는지, 자신이 하는 일은 그 중 어디에 위치하는지 등을 이해하도록 한다. 그렇게 하면 더욱 빈틈없이 업무를 처리할 수 있을 것이다.

- 사람들과 관계를 맺는다. 협조적인 관계를 맺으면 대부분의 업무에서 이익을 얻을 수 있을 것이다. 솔선하는 태도를 지닌 사람들은 다른 사람들의 힘을 빌어서 일을 하는 것이 자신의 힘을 증가시킬 뿐 아니라 전체 그룹의 힘도 증가시킨다는 것을 안다.

- 일의 시작부터 끝까지를 책임진다. 아이디어를 내놓기는 하나 곧 흥미를 잃어버리거나, 그 아이디어를 실행에 옮길 능력이 부족한, 절반만 솔선하는 사람들이 있다. 진정 솔선하는 태도는 무언가를 시작

하고 마는 것이 아니라 완전히 끝내는 것이다.

- 근성이 있어야 한다. 당신에게 항상 No라고 말하는 사람이 있을 것이다. 그 사람들의 의견을 바꿔놓을 수 있어야 한다.
- 창의적으로 생각한다. 다른 사람들이 "하지만 항상 이 방식으로 해왔잖아요"라고 말할 때 당신은 "더 좋은 방법이 없을까?"라고 말할 수 있어야 한다.
- 상사에게 자신의 업무 능력을 보여주어서 승진을 시킬 수 있게 한다. 관리자들은 자신의 팀에 합류시킬 만한 유능한 직원을 찾고 있다는 것을 잊지 말자.

∷ 솔선하는 사람이 되지 않으려면

- 누군가가 일을 시킬 때까지 기다린다.
- "하지만 이해를 못했어요"와 같이 말함으로써 실수에 대해 변명을 한다. 이해하려고 애썼지만 아직도 이해하지 못한다면 입을 열고 질문을 해야 한다.
- 다른 사람은 아무도 참여시키지 말고 혼자서 계획을 추진한다. 이것은 솔선하는 자세가 아니라 망하는 지름길이다. 업무를 하면서는 관련된 사람들과 아이디어를 공유해야 한다.

일을 하려면 다른 사람들이 필요하다는 것을 누구보다도 잘 이해하는 사람들이 혼자서도 일을 잘한다. 성공적인 프리랜서들은 아이디어나 정보를 교환하고, 서로 부탁도 하고 격려도 할 수 있는 '지원

시스템’을 금방 개발한다.

그런 사람들은 솔선하는 태도가 부족한 것 아니냐고 반문할 수도 있다. 절대 아니다. 그들은 자신의 한계를 깨닫고 다른 사람들과 협조하는 것이 얼마나 중요한지를 잘 알고서 필요할 때마다 도움을 주고받는 것이다.

- 일을 하면서 만나는 모든 사람들과 부딪친다. 공격적인 태도나 비뚤어진 성격을 솔선하는 태도로 혼동해서는 안 된다.

- 상황을 가정한다. 큰 사건이 일어난 직후 다음과 같이 말하는 사람들이 있다. “난 당신이 처리할 줄 알았다구요!”

솔선하는 태도를 지닌 사람은 그렇게 상황을 가정하지 않는다. 모든 것을 재차 확인한다. 다른 사람들을 믿지 못해서가 아니다. 업무의 일부만이 아니라 과정 전체에 관심이 있기 때문이다.

우세한 사람이 되자

당신은 우세한가? 우세하다는 것은 무엇인가?

우세한 사람들에게는 여러 가지 공통된 특징이 있다. 그들은 성공을 한다. 하지만 다른 사람을 희생시키고서 성공을 하지는 않는다. 그들은 길게 볼 때 비즈니스 세계에서 살아남는 사람들이다. 그들은 우정을 지키고 충성심을 유지하기 때문에 살아남는다. 그들은 친구들에게 충절을 지키기 때문에 친구 관계를 유지한다. 그들의 친구들은 그들에 대해 한

결같이 이렇게 표현한다. 어떤 일에 대해서든 믿을 수 있는 사람이라고.

　아래에서 소개하는 우세한 사람들의 특성을 참고하면 당신도 그런 사람이 될 수 있을지 모른다.

약속을 지킨다 | 하겠다고 말한 일은 반드시 해야 한다. 이것은 쉽지 않을 수 있다. 자기 인식과 자기 관리를 할 수 있어야 하기 때문이다. 금요일 오전 9시까지 한 가지 업무를 마무리해서 제출하겠다고 말했다면, 그 일을 처리하는 데 얼마나 걸릴지를 미리 알고 있어야 한다. 시도해보기도 전에 "못 하겠는데요"라고 말하거나, 지키지 못할 약속을 해서는 안 된다.

신뢰할 수 있다 | 소문을 들었다고 해서 남들에게 전할 필요는 없다. 비밀을 지켜라. 신중하다는 평판을 얻으면 모두가 당신을 신뢰할 것이고, 그러면 사람들은 사내에서 벌어지는 모든 일을 당신에게 전해줄 것이다.

책임감이 강하다 | 우세한 사람들은 책임지는 것을 당연히 해야 할 일로 받아들인다. 어떤 일을 책임지고 해냈다고 해서 으스대지도 않고, 책임지고 해내지 못했다고 해서 남의 탓으로 돌리지도 않는다. 함께 일한 사람들의 공으로 돌릴 줄도 안다. 그리고 자신이 틀렸을 때는 사과할 줄도 안다.

의사소통 능력이 뛰어나다 | 받지 못한 전화에는 반드시 응답전화를 걸어

준다. 사람들에게 짤막한 안부 편지를 보내는 것을 습관으로 한다. 동료들, 거래처 사람들과 좋은 관계를 유지하려고 애쓴다.

관대하다 | 관대한 태도를 기르도록 한다. 대가를 바라지 않고 도움을 준다. 자원해서 일을 한다. 부탁을 들어주고, 조언도 해주고, 업무에 대한 정보도 준다. 그런 행동들은 당신에게 돌아올 것이다.

사람들이 서로 알고 지낼 수 있게 해주는 기회를 찾아라. 만일 친구 한 사람을 어떤 일자리에 추천한다면 당신은 그 친구에게 엄청난 선물을 하는 것이고, 그 친구는 당신의 오랜 친구로 남게 될 것이다.

때로 누군가의 요청을 거절해야 하더라도 완곡하게 해야 한다. 완곡하게 거절하는 방법이 한 가지 있다. 어떤 일을 할 수 없다고 판단했을 때는 믿을 만한 이유를 대고 다른 방식으로 도움을 주겠다고 하는 것이다. ("이 프로젝트는 할 수 없을 것 같아요. 지금 다른 일을 하는 중이거든요. 하지만 한 시간쯤 시간을 내서 같이 검토할 수는 있겠네요.")

친절하고 예의 바르다 | 사람들에 대해서는 늘 좋은 이야기를 하고, 그렇지 않으면 아예 말을 하지 않는다. 당신을 해고한 사람이나 당신을 부당하게 취급한 사람, 당신에 대해 험담을 한 사람도 모두 그 대상에 들어간다.

악의를 품는 파괴적인 습관을 갖지 않도록 조심하고, 주변에 그런 사람이 있다면 그렇게 하지 못하도록 하라. 그런 사람들에게도 항상 긍정적으로 대답한다면, 혹은 애매하게 미소만 짓는다면, 그들은 머지않아 당신에게 불평을 털어놓는 데 지치게 될 것이다.

항상 예의 바르게 행동하라. 특히 당신에게 반대하는 사람에게는 반드시 예의 바르게 행동해야 한다. 그러면 그 사람은 약이 올라서 어쩔 줄 모를 것이다. 그렇다면 기 싸움에서 이미 당신이 이기는 것이다.

도덕 기준이 있다 | 자신이 살면서 지켜야 할 행동 기준을 만들어라. 어려운 결정을 내려야 할 때, 비록 괴로운 결정이라 하더라도 옳은 일을 한다고 느낄 수 있어야 한다는 뜻이다.

때로 당신은 대부분의 사람들이 믿는 생각에 반대할 수 있는 용기를 지닐 필요가 있을 것이다. 누군가가 잘못된 길로 가고 있다고 느낀다면 그렇게 말해줘야 한다. 그로 인해 우정에 위기가 오더라도.

삶을 대하는 태도에 여유가 있다 | 자신에게 발생하는 일을 유머 감각을 가지고, 그리고 겸손하게 받아들이도록 노력해야 한다. 아무리 끔찍한 경험을 하더라도, 웃음 지을 수 있는 방법을 찾아야 한다. 다른 어떤 방법으로도 극복하지 못하겠으면 내가 쓰는 방법을 써도 좋다. 다음을 명심하는 것이다. 우리의 신체는 약 80퍼센트가 물로 이루어져 있다. 따라서 우리가 가진 문제들도 80퍼센트는 물이라는 얘기다. 그렇게 생각하고 웃어넘길 수 있도록 하자.

목적이 있다 | 일을 잘해야 하는 이유를 찾아보자. 자기만족을 얻기 위해서일 수도 있고, 무언가 옳은 일을 한다는 즐거움 때문일 수도 있다. 무엇

이든 좋다.

계속 노력한다 | 대부분의 사람들이 좋은 아이디어 하나쯤은 생각해내고, 한 번쯤은 열심히 노력을 하며, 한 번쯤은 추진력을 발휘한다. 우세한 사람들은 해마다 그렇게 하면서 자신의 존재를 입증한다.

이상의 특성들이 보이스카우트나 걸스카우트 소책자에서 발췌한 것처럼 들리는가? 맞다. 다음과 같은 말을 암기했던 기억이 있는 사람들이 많을 것이다. "스카우트는 신뢰할 수 있고, 충성심이 있고, 남을 도울 줄 알며, 친절하고, 예의 바르고, 명령에 순종하고, 명랑하고, 검소하고, 용감하고, 청결하고, 겸손하다."

우세한 사람들로 하여금 성공적인 커리어를 이어가도록 해주는 것은 위와 같은 가치들이다. 진부하다고? 그럴지도 모른다. 하지만 데이비드 브라운의 경우를 보자. 〈코쿤(Cocoon)〉과 〈조스(Jaws)〉, 〈스팅(Sting)〉 등을 제작한 성공적인 프로듀서 데이비드 브라운은 그렇게 성공하기까지 캘리포니아에서 뉴욕에 이르는 미국 전역에 적을 만들어놓았을 것이다. 과연 그럴까? 그 정반대이다. 〈배너티 페어(Vanity Fair)〉의 최근 기사에서는 데이비드 브라운에 대해 나쁘게 이야기하는 사람을 단 한 명도 찾을 수 없었다고 적고 있다. 사실, 그의 동료들은 그를 구식 덕목을 지닌 사람이라고 묘사했다. 다른 사람들에 대해서는 항상 좋은 말만 하고, 감사의 편지를 즐겨 보낸다는 것이다. 그 기사는 브라운이 설립한 새로운 프로덕션이 분명 성공할 것이라고 결론을 맺고 있다. 그를 지지하는 사람들이 수없이 많이 있기 때문이다.

하룻밤 사이에 그런 사람이 될 수는 없다. 시간이 필요하다. 그러니 지금 당장 시작하도록 하라. 비즈니스의 세계에서는 인간관계를 잘 맺고 잘 관리해야 성공할 수 있다.

싱크대 여과기의 우화

문제가 생겼을 때 사람들이 반응하는 유형을 알고 싶다면, 직원 휴게실 구석에 가만히 앉아서 지켜보면 된다.

휴게실에는 싱크대가 있는데, 그것은 대개 음식을 담았던 그릇을 씻는 데 사용된다. 점심시간에 사람들은 싱크대에서 그릇에 남아 있는 음식물 찌꺼기를 씻어낸다. 그 음식은 스파게티이거나 닭고기, 혹은 참치 샐러드일 수도 있다. 곧 싱크대의 여과기는 고약한 냄새가 나는 음식 찌꺼기로 가득 차게 된다. 그리고 그때 당신은 다음과 같은 말들을 들을 수 있을 것이다.

- 우웩! 토할 것 같아!
- 이렇게 찌꺼기가 가득 차게 해놓다니, 누구 짓이야!
- 누가 이것 좀 어떻게 좀 해봐!

개중에는 이런 말을 하면서도 계속 여과기에 쓰레기를 버리는 사람들도 있을 것이다. 그러는 사이 여과기는 찌꺼기로 꽉 차서 물이 빠지지 않게 될 것이고, 따라서 싱크대로 음식 찌꺼기가 물에 섞여서 올라올 것이다. 그렇게 오랫동안 놔두면 하수구는 막히고 만다.

(여기서 잠시 멈춰서 위의 세 가지 반응 중에 자신이 보였을 것 같은 반응을 골라보자. 그리고 잠시 후에 그것에 대해 토론을 해보자.)

조금만 더 기다리면 당신은 놀라운 광경을 목격하게 될 것이다. 누군가가 와서 싱크대에서 그릇을 씻은 후 놀랍게도 여과기를 쓰레기통에 비우는 것이다.

당신이 일하는 곳에서 그 대상은 싱크대 여과기가 아닐 수도 있다. 음식이 여기저기 묻어 있지만 아무도 닦지 않는 전자렌지일 수도 있다. 문제가 무엇이든 간에, 사람들이 그 문제에 대해 반응하는 방식을 보면 그들이 일을 하면서 겪게 되는 문제에 반응하는 방식도 알 수 있다.

꽉 찬 싱크대의 여과기이든, 더러운 전자렌지이든, 아니면 채우지 못한 업무 할당량이든, 모두가 문젯거리들이다. 모두가 함께 일으킨 문제라고 해도, 사람들은 모두 그 문제를 해결해야 하는 책임에서 회피하는 방법을 갖고 있다. 마치 문제 해결 부서가 따로 있어서 그 부서에서 다른 사람들이 일으킨 문제들을 해결한다고 생각하는 듯하다.

그런가 하면 남을 탓하지 않고 나서서 문제를 해결하는 사람들이 있다. 그런 사람들은 자신이 해야 할 일만 하는 사람들이 아니다. 그들은 이렇게 말하지 않는다. "여기 싱크대 여과기에 내가 버린 것은 내가 치울게. 하지만 완두콩 두 알은 놔둘 거야. 내가 버린 게 아니거든. 그러니까 내가 치우지 않아도 되지."

당신이 보일 반응은 위의 세 가지 반응 가운데 들어 있지 않을 수도 있다. 당신은 다른 대답을 하고 싶을 수도 있다. 누군가가 행동을 해야 하는데 그 누군가가 자신이라고 생각할 수 있는 것이다. 그렇다면 당신은 책임감 있는 직원이다.

책임의 정의를 찾고 있다면 여기 그 답이 있다.

직장에서 무슨 일이 생기면, 그리고 그 일이 당신에게 영향을 미친다면, 그것은 당신의 문제이다. 다른 사람들이 모두 무시하는 문제를 떠맡음으로써 커리어를 발전시켜야 한다는 뜻이 아니다. 문제를 혼자서 해결하고자 한다면 곧 지치고 말 것이다. 하지만 솔선해서 행동을 하거나, 큰소리로 문제의 해결책을 얘기하거나, 문제를 해결함에 있어서 다른 사람들의 도움을 청할 수는 있다. 즉, 당신의 몫을 해낼 수 있는 것이다.

그리고 원한다면 당신은 문제를 좀더 실용적인 측면에서 바라볼 수 있을 것이다. 문제가 커진 뒤에 해결하려 하는 것보다는 아직 작은 문제일 때 처리하는 것이 더 쉽고, 시간도 덜 들고, 덜 짜증나는 일인 것이다.

자, 어디서부터 시작할 것인가? '싱크대 여과기의 천사'처럼 남들에게 모범이 됨으로써 시작할 수 있다. 또한 추가로 누군가 해야 하는 작은 업무를 솔선해서 맡음으로써 "여기서는 이런 식으로 일하는 거야"라는 윤리적 기준을 만들어갈 수도 있다. 물론 그러자면 인간 본성에 대한 믿음은 물론이고 많은 인내심이 필요할 것이다.

또한 당신은 문제의 해결방법에 대해 큰소리로 말할 수도 있을 것이다. 다음에 누군가가 문젯거리에 대해 불평을 하면서 다른 누군가가 나타나서 일을 해결해주기를 기다린다면, 다음과 같이 큰소리로 말해라.

"좋은 생각이 있어. 이렇게 하면 어떨까?" 그리고 불평한 사람을 문제를 해결하는 데 끌어들이는 것이다.

그리고 불평을 하는 사람에게 문제를 해결할 방안을 요청하라. 그러면 당신은, 그리고 그 사람 자신조차도 그가 좋은 아이디어를 많이 갖고 있다는 사실에 놀라게 될 것이다. 그리고 다른 사람들을 더 모아서 하나의 팀을 만들 수도 있다. 그리고 당신들은 이렇게 말하게 될 것이다. "이젠 문제없어!"

이미지를 개조함으로써 가장 멋진 일은 과거의 실수와 경솔한 언동을 만회할 수 있다는 점이다. 당신은 자신을 새롭게 만들어낼 수 있다. 과거의 행동을 돌아보고—이는 고통스런 일일 것이다—자신을 실패자로 만들었던 습관들을 바꿀 수 있다. 이미지를 개조하느니 회사를 옮겨버릴 수도 있을 것이다. 하지만 그러면 문제가 해결되지 않는다. 나쁜 습관들은 당신이 어디로 가든 당신을 따라다닐 것이고, 그 습관들이 당신을 해치는 것은 시간문제일 뿐이다.

내가 나를 너무 지치게 했나?

Chapter 8

스트레스 효과적으로 관리하기

스트레스와 만성 피로는 마치 감기와도 같이 때때로 당신을 덮쳐온다는 사실을 깨닫고 나면, 그것들과 좀더 잘 싸울 수 있을 것이다. 일하는 것이 괴롭고 사기는 바닥으로 떨어졌다면, 가장 먼저 스스로에게 질문해야 할 것은 바로 이것이다. "내가 나를 너무 지치게 했나?" 최선의 방어란, 우선순위를 기억하고서 자신이 해야 하는 가장 중요한 일을 방해하는 일에 대해서는 "No"라고 말하는 것이다.

극도의 신체적, 정신적 피로를 느끼는 사람들은 하루에 담배를 두 갑씩 피워대는 사람들과 무척 비슷하다. 하루에 담배를 두 갑씩 피워대면서도 자신들은 괜찮다고 믿어 의심치 않는 골초들이나 마찬가지인 것이다. 불면증과 이혼, 음주, 고혈압은 어떨까? 역시 자신의 건강과는 아무 관계가 없다고 생각한다.

간단히 말해서, 피로에 찌든 사람들은 자신의 몸에 주의를 기울이지 않는다. 자신에게 신경써주는 사람들의 말도 귀담아 듣지 않는다. 따라서 만성 피로 상태를 극복하는 첫 번째 단계는 하루 빨리 자신의 건강 상태가 어떤지를 돌아보는 것이다. 그럴 필요가 뭐가 있냐고 물을지 모른다. 하지만 스트레스와 만성 피로는 심장마비와도 같이 갑작스럽게 사람의 목숨을 앗아갈 수도 있고, 알코올중독이나 우울증처럼 천천히 목숨을 앗아갈 수도 있다. 분명한 것은 스트레스와 만성 피로는 당신이 하는 일과 당신이 사랑하는 사람들에 대한 기쁨과 열정, 즐거움을 앗아간다는 사실이다.

직업병에 대해 공부하라

모른다고 해서 병에 걸리지 않는 것은 아니다. 위험을 인식하는 것은 직장 생활을 하면서 자신의 안전과 건강을 지키는 데 무척 중요하다.

자신의 직업이 지닌 위험성에 대해 알고 있어야 한다. 자신이 몸담고 있는 분야에 종사하는 사람들이 허리를 잘 다치지는 않는지, 잘 걸리는 암이 있지는 않은지, 두통이 심하지는 않은지, 눈이 심하게 피로하지는 않은지, 혹은 유산할 확률이 높지는 않은지를 알고 있어야 자신의 몸을 보호할 수 있다.

일이나 스트레스와 관련한 행동장애는 질병보다는 눈에 덜 띄지만, 마찬가지로 치명적일 수 있다. 당신이 가진 직업이 약물 남용이나 알코올 중독, 이혼, 우울증 등의 발생률이 높은가? 당신이 속한 분야의 사람들은 야근을 밥 먹듯 하면서 죽어라 일을 하다가 결국 그런 페이스를 견디지 못하고 그만두는 일이 잦은가?

회사의 인력 관리 부서나 노동조합을 통해서, 혹은 업계의 신문이나 잡지, 일간지나 텔레비전 등을 통해서 당신의 직업과 관련한 질병에 대해 구체적인 정보를 얻을 수 있을 것이다.

주위 사람들을 둘러보라

주위 사람들을 둘러보는 것은 내가 생각하기에 자신이 일하는 곳을 균형 있게 바라볼 수 있게 해주는 가장 좋은 방법이다. (과연 그곳이 일할 만한 곳인지를 확인하기에 좋은 방법이기도 하다.)

당신이 함께 일하는 사람들은 당신의 신체적, 정신적 건강의 거울이기도 하다. 지금도 그렇고, 나중에도 그러할 것이다. 동료들의 눈빛, 자세, 피부를 잘 보라. 그들이 어떤 이야기를 하는지, 자신들의 일에 대해 뭐라고 말하는지를 귀 기울여 들어보아라. 그들은 무엇에 대해 불평을 하는가? 무엇이 그들을 기쁘게 하는가?

자세히 관찰해보면, 많은 사람들이 불면증으로 고생하고, 아스피린이나 제산제를 상용하고, 툭하면 이렇게 말할 것이다. "난 내 일이 싫어." 이런 현상은 경고로 받아들여야 한다. 특히 대부분의 사람들이 그런 경우에는 심각한 경고로 받아들여야 한다.

자신이 하고 있는 일을 10년 이상 해오고 있는 사람들을 주의 깊게 보라. 지금으로부터 10년 뒤에 당신은 그 사람들과 같은 모습을 갖고 싶은가? 그렇지 않다면 당신은 지금 당장 업무 습관과 생활 습관을 바꿔야 할 것이다. 그래야 미래의 자신을 보호할 수 있을 것이고, 오랫동안 만족스럽게 일을 할 수 있을 것이다.

물론 자기 자신도 관찰해야 한다. 나는 어떤 자세로 일을 하는가? 일을 할 때 어떤 생각과 걱정들이 머릿속을 스치는가? 월요일 아침에 출근을 할 때의 기분은 어떠한가? 퇴근을 할 때의 기분은 어떠한가? 정신적·육체적인 만성 피로가 자신을 덮쳐오고 있다는 사실을 알아야만 피로와의 싸움을 시작할 수 있다.

안전 장비를 사용하라

회사에서 헬멧이나 보안경, 무전기, 귀마개, 허리 보호대 등 안전 장비를 제공하면 반드시 사용하도록 한다. 이런 장비들을 사용하는 것이 귀찮을 수도 있지만, 청력을 잃거나 외상을 당하는 등 질병이나 사고로 일을 할 수 없게 되는 것보다는 훨씬 낫다.

업무 환경을 잘 관리하라

물건을 들어올리거나 몸을 굽히거나 늘릴 때의 적절한 자세를 배워야 한다. 올바른 도구를 사용하고, 자주 사용하는 도구들은 가까운 곳에 두어서 그것들을 집느라 몸을 무리하게 움직이지 않도록 한다. 일하는 공간을 깨끗하게 유지하고, 물건들은 잘 정돈해두어야 한다. 업무에 사용하는 물질들과 화학제품들은 반드시 안전 수칙을 읽은 후에 사용해야 한다. 장비들이 일하기 좋게 잘 정리되어 있으며, 몸에 맞게 조정되어 있는지도 수시로 확인해야 한다.

휴식을 취하라

같은 자리에 계속 앉아서 일을 하는 직업이라면 적어도 한 시간에 한 번씩은 일어나서 몸을 움직여줘야 한다. 하루 중 대부분의 시간 동안 집중하며 일을 해야 할지도 모른다. 이런 경우에는 중간 중간 긴장을 풀고 쉴 필요가 있다. 극도의 집중과 근심, 스트레스는 당신의 몸으로 하여금 부자연스러운 상태에 있게 만든다. 자신의 몸의 어느 부분이 아프고 어느 부분이 긴장하고 있는지를 알아야 한다.

극도의 더위와 추위를 조심하라

야외에서 일을 한다면 극도의 더위나 추위, 태양과 바람에 노출되기 쉽다. 날씨에 맞게 복장을 갖춰야 한다. 태양광선 아래에서 오랫동안 일을 해야 할 때는 적절한 복장을 하고 모자를 쓰며 자외선 차단 크림을 항상 발라야 한다.

영하의 기온에서 일을 해야 하는 사람들은 동상에 걸리지 않도록 조심해야 한다. 그리고 따뜻한 실내에서 자주 자주 쉬어가며 일해야 한다.

극도의 추위나 더위 속에서 일하지 않는 사람이라도, 동료들과 함께 건강과 안전 문제에 대해 관심을 가져야 한다. 자신의 업종에 있는 사람들이 직면하기 쉬운 위험이 무엇인지 알아보고, 서로를 그 위험으로부터 보호해야 한다.

규칙적으로 운동을 하라

적당한 운동을 규칙적으로 하는 것은 업무 중에 경련을 일으킬 수 있는 근육을 풀어주는 데 도움을 준다. 또한 걷기나 달리기, 수영, 혹은 자전거 타기 등의 운동을 통해 직장에서 쌓인 긴장과 스트레스를 풀 수도 있다. 의사로부터 자신에게 맞는 운동을 처방받아서 규칙적으로 운동을 하도록 하자.

스트레스를 어떻게 관리할까?

당신은 담배를 피우거나, 과식을 하거나, 식사를 거르거나, 진통제나 진정제, 수면제를 복용하거나, 혹은 과음을 하는 등 건강에 나쁜 방법으로 스트레스를 풀고 있지는 않은가? 운동은 그런 나쁜 습관을 없애거나 조절하려는 사람들에게 도움이 될 수 있다. 그런 좋지 않은 방법은 버리고 건강에 좋은 방법으로 스트레스를 관리해야 한다.

나는 담배를 끊기 전에 매일 아침 수영을 하기 시작했다. 처음에 나는 8백 미터 정도 수영을 하고 나서 담배를 피우곤 했다. 그러나 얼마 후부터는 담배가 수영에 방해가 되기 시작했다. 담배를 끊는 데는 그 후로도 오랜 시간이 걸렸지만, 수영은 분명 내 자신의 이미지를 바꾸는 데 도움이 되었다.

슈퍼우먼(맨) 콤플렉스

스트레스와 피로가 외부로부터 온다고 생각하면 편하다. 실제로 일부는 그렇기도 하다. 살아갈수록 책임질 일은 점점 더 많아지고, 사람들은 당신에게서 점점 더 많은 것을 요구하며, 사는 것은 점점 바빠진다. 그것은 단순한 사회적 통념이 아니라 현실이다.

하지만 스트레스에는 그 이상이 있다. 자신이 모든 일을 해내는 슈퍼우먼이나 슈퍼맨이 될 수 있다는 통념을 믿음으로써 자신의 삶에 스트레스를 더하고 있다는 사실을 깨닫기 전까지는 외부에서 주어지는 스트레스는 걱정하지 않아도 된다.

그런 통념을 담고 있던 TV 광고가 기억이 난다. 그 광고에서는 한 여성이 이렇게 노래를 부른다. "나는 퇴근을 하고 베이컨을 사가지고 집으로 가요. 베이컨을 프라이팬에 구워요. 그리고 남편이 남자라는 사실을 잊지 않게 해줘요. 나는 여자이니까…" 그때는 그것이 가능한 것처럼 보였다. 그래서 여자들은 아이를 낳은 뒤에도 계속해서 많은 시간을 일했고, 재정적인 책임을 더 많이 떠안았다. 더 큰 집을 사기 위해, 새 차를 사기 위해, 더 호화로운 휴가를 떠나기 위해.

그러다 보면 어느 날 갑자기 당신은 당신 삶의 매 순간이 계획되어 있다는 사실을 깨닫게 된다. 그리고 당신은 늘 피곤하다. 모든 것을 해내야 하고 모든 것을 가져야 한다는 사실이 당신을 지치게 만든다. 그리고 정작 당신은 자신이 지닌 것을 거의 즐기지 못하고 있다.

지금 당장 그런 태도를 버리고 자신이 떠맡고 있는 짐 가운데 어떤 것을 버릴지 결정해야 한다.

우선 솔직하게 따져보자. 당신은 그 모든 일들을 해야 하기 때문에 하는가, 아니면 하고 싶어서 하는가? 그리고 그 일들이 자신이 선택한 일이라면, 진심으로 선택한 것인가, 아니면 어쩔 수 없어서 선택한 것인가? 즉, 그렇게 많은 일을 하지 않는 길을 선택할 수도 있었는데 그것을 거절한 것은 아닌가? 모든 일을 할 수 있는 사람이라는 '불가능한' 이미지에 매달리느라 그런 선택을 거절한 것은 아닌가?

우리 모두는 스스로에 대해 이미지를 갖고 있다. 단도직입적으로 말하자면, 그런 이미지는 환상이다. 이미지는 우리의 부모님들이나 학교 친구들이 우리에게 이야기한 것들과 TV 광고에서 받아들인 생각들을 한데 엮어서 만들어낸 것일 뿐이다.

:: 이미지의 허상

한 가지 예를 들어보겠다. 립스틱을 보자. 잡지나 TV 광고를 보면 여자는 항상 립스틱을 발라야 하고, 그것도 완벽하게 발라야 한다는 인상을 받게 된다. 광고에는 젊고 아름다운 여성들만이 등장하지만, 그 광고에서 우리는 우리도 립스틱을 바르면 아름답고 매력 있어질 거라는 이미지(환상!)를 받아들이는 것이다.

립스틱을 발라본 사람은 알겠지만, 립스틱을 바른 입술을 광고 모델들처럼 완벽한 모습으로 유지하려면 끊임없이 고쳐 발라야 하고 물을 한 잔 마실 때도 신경을 써야 한다. 그리고 사실 나는 그렇게 미끈거리는 입술에 키스하고 싶어하는 남자를 본 적이 없다. 립스틱을 바른 입술이 남자들로 하여금 키스하고 싶게 만들 거라는 생각은 환상일 뿐이다.

자신이 스스로에 대해 가지고 있는 이미지의 빈 곳을 채워가야 하고, 이미지를 바로잡아야 한다. 한 가지 이미지를 임의로 만들어 토론을 해보자. 다음의 이야기가 익숙하게 들리지는 않는지 들어보라.

당신은 육체적으로 매력적이어야 한다. 당신은 성공해야 한다. 가족이 있다면 행복해야 하고, 모든 면이 만족스러워야 한다. 자녀들도 역시 육체적으로 매력 있고 성공해야 한다….

평생 이미지를 좇기만 하고 절대 손에 넣을 수는 없다는 것을 이제 알겠는가? 평생 손에 넣을 수 없는 이미지를 좇으며 살아가는 것이 당신의 실제 삶이다. 그 이미지 안에서 당신은 외모도 남들 앞에 내세울 만하고, 꽤 괜찮은 직업을 갖고 있으며, 가정은 무척 화목해야 한다.

당신이 그런 이미지─당신의 머릿속에만 존재하는─를 달성하려는 데만 매달리고 실제 삶에서 이룬 것은 인정하지 않을 때, 스트레스와 피로가 찾아온다는 것을 알 수 있을 것이다. 자신의 이미지를 믿는다면, 하지만 그 이미지에 맞게 살지 못한다면 (그럴 수 있는 사람이 있기는 할까?) 당신은 자신의 가치를 낮게 평가할 수밖에 없다.

그렇다면 자신이 실제로 이룬 것들도 퇴색하고 말 거라는 얘기다. 자신이 생각하는 이미지에 맞지 않기 때문에 당신은 그 가치를 인정하지 않는 것이다. 당신을 피하기만 하는 어떤 허상을 계속해서 추구한다면 당신은 정말로 불쌍한 사람이 될 것이고, 지치고 말 것이다.

:: 이미지가 아닌 실제 삶을 따라 선택을 하자

한편, 당신이 실제 삶에 기초하여 선택을 하기 시작한다면 어떤 일이 벌어질까? 역시 당신은 자신이 놓인 환경을 가지고 빈칸을 채우는 선택을 해야 할 것이다.

"나는 일을 하면서 아이도 길러야 하는 바쁘고 피곤한 사람이야. 그러니까 오늘은 밤늦게까지 파티에서 쓸 음식을 준비하지 말고 일찍 밤 10시쯤 잠자리에 들어야겠어."

그리고 정말로 중요한 선택을 잊으면 안 된다. "나는 일찍 잠자리에 드는 것에 대해 내 자신이나 다른 누구에게 미안해하지 않을 거야." (꼭 파티 음식을 준비하는 것이 아니어도, 자신이 만들어놓은 이미지에 맞춰 살기 위해 밤늦게까지 엉뚱한 일을 한 경우가 허다할 것이다.)

:: 이미지가 아니라 '나 자신'에게 중요한 일을 하자

스트레스를 받을 때마다 당신은 선택을 해야 한다. 스스로에게 질문을 하라. "나는 정말로 어떤 사람이며, 나에게 정말로 중요한 것은 무엇일까?" 그 질문에 답을 해본 후에 선택을 하도록 한다.

자신이 지금까지 지녀온 이미지를 벗는 가장 좋은 방법은, 선택에 직면할 때마다 지금까지와는 다른 새로운 선택을 해서 이미지를 조금씩 바꿔가는 것이다. 과거에 저질렀던 실수들이 얼마나 불합리했는지를 곰곰이 생각해보고, 다시는 그런 실수를 하지 않도록 맹세해야 한다.

선택을 한다는 것은 자신의 이미지를 포기해야 하는 것을 뜻한다. 선택하기를 거부한다면 당신은 이미지가 자기 자신보다 중요하다고 말하는 것밖에 안 된다.

이 모든 것에서 중요한 점은 '자신의 이미지'가 아닌 '자신'에게 중요한 일을 해야 한다는 것이다. 이미지는 아무리 노력해도 만족시킬 수 없는 것이다. 자신에게 중요한 일은 자신에게 에너지를 불어넣어준다. 자신에게 중요한 일을 하기 시작하면 모든 것이 제자리에 놓이게 될 것이다.

부정적인 사고를 버려라

많은 사람들이 실패를 운이 나빴던 탓으로 돌리고 불평을 한다. 마치 만화 〈곰돌이 푸우〉에 나오는 의기소침한 당나귀 '이요르'처럼. 이요르를 보면서 자기 자신을 보는 것 같은 느낌이 드는 사람들이 많을 것이다.

문제는, 만일 당신이 실패를 (큰 실패이든 작은 실패이든) 할 때마다 낙담을 하거나, 실패하는 것이 어쩔 수 없는 운명이라고 생각하고 체념한다면, 자신감과 에너지를 크게 손상시키게 된다는 점이다. 자신감과 에너지는 스트레스를 없애줄 수 있는 것으로, 손상시켜서는 안 되고 활성화시켜야 한다.

우리는 스트레스를 일으키는 외부의 문제들에 대해서는 이미 잘 인식하고 있다. 과다한 업무, 동료들과의 갈등, 가정 내의 문제, 쌓여 있는 갖가지 청구서들.

또한 우리들 대부분은 스트레스를 받을 때 상황을 더욱 좋지 않게 만드는 부정적으로 사고하는 습관에 대해 알고 있다. 그런 습관들은 과연 무엇인가? 어떻게 그 습관의 정체를 밝힐 수 있을까? 그리고 어떻게 그 습관들을 조절할 수 있을까?

부정적인 사고의 가장 나쁜 점은 모르는 사이에 스며든다는 점이다. 대부분의 경우 우리는 부정적으로 사고함으로써 자신을 쇠락시킨다는 사실을 깨닫지 못한다. 따라서 그런 태도를 버리기 위한 첫 번째 단계는 부정적인 사고를 수면 위로 끌어올리는 것이다. 다음에 소개하는 연습을 해보자.

:: "왜 하필 나야?"

승용차에 탄 채 화물 열차가 철로를 지나가기를 기다리고 있는데, 자신의 승용차 앞에 자동차들이 십여 대가 줄지어 있는 경우에 처한다면, 혹은 신호가 네 번이나 바뀌었는데도 아직 좌회전을 하지 못하고 있는 경우에 처한다면, 자신이 다음 중 어떤 반응을 보일지 생각해보자.

- 안 그래도 늦었는데 왜 이런 일이 생기는 거야?
- 나는 항상 이렇다니까.
- 왜 난 이렇게 재수가 없지?
- 제시간에 출발을 안 해서 이렇게 된 거야.
- 좀더 일찍 출발했더라면 이렇지 않았을 텐데…

자동차가 다시 움직이기 시작할 때까지 자신이 어떤 생각을 하는지 귀 기울여 들어보자. 자신이 어떻게 스스로를 탓하는지, 혹은 다른 사람이나 운명을 탓하는지, 아니면 흔히 일어날 수 있는 일이라고 생각하며 별로 괴로워하지 않는지 본다.

사실 당신은 단지 화물 열차 때문에 화를 내면서 스스로를 괴롭히고 있는 것이다. 그런 부정적인 사고방식을 갖기 시작하면 인생에서 최악의 상황에서도 부정적인 생각을 하기 마련이다.

당신이 무척 어려운 프로젝트를 진행하고 있다고 해보자. 그 프로젝트를 해내느라 노력하는 것 외에도, 당신은 실패를 할 것이라는 부정적인 메시지를 스스로에게 보내느라 바쁘다. 그런 부정적인 메시지는 일에 집중하는 것을 방해할 뿐더러 일을 더 어렵게 느끼게 만든다.

"처음부터 예상을 했어야 했어…" "난 정말 바보 같아…" "다들 날 비웃고 있을 거야…" "난 왜 이렇게 일하는 게 느릴까?" "이번 일을 제대로 해내지 못하면 다시는 기회를 얻지 못할 텐데…" 등등. 그런 부정적인 생각을 하면서도 아예 일을 포기해버리거나 더 많은 실수를 하지 않는 것은 참으로 신기한 일이다.

: : 부정적인 메시지에 도전하라

그런 부정적인 메시지들은 당신 자신을 쇠약하게 만드는 특성들이 보내는 신호이다. 완벽주의, 융통성 없는 태도, 비현실적인 기대, 강한 자의식, 피해의식 등이 그것이다. 그 모든 것들을 한꺼번에 바꿀 수는 없다.

하지만 그것들을 있는 그대로 볼 수는 있다. 즉, 그런 특성들이 자신을 파괴하는 것임을 알아야 한다.

자신이 스스로를 얼마나 괴롭히고 있으며 심하게는 실패하도록 만들고 있는지를 깨달았으면, 그런 부정적인 신호들에 도전해야 한다. 나쁜 습관을 없애려고 노력할 때는 인내심과 끊임없는 각성이 필요하다. 그리고 자신이 저지른 실수를 용서하는 노력을 할 필요가 있다.

:: 부정적인 메시지를 긍정적인 메시지로 바꾸어라

이제는 내면에서 들려오는 부정적인 메시지를 긍정적인 메시지로 바꿔야 한다. 그러기 위해서는 상황에 따라 논리나 유머, 혹은 고무적인 말들을 사용해야 한다. 때로는 그 세 가지를 모두 동원해야 하는 경우도 있다. 연습 차원에서 부정적인 생각을 비합리적일 정도로 극단적인 정도까지 끌고 갈 수도 있다. 예를 들어 이렇게 생각할 수도 있다. "좋은 쪽으로 생각해보자. 만일 내가 화물열차 때문에 멈춰 서 있지 않았다면 다음 교차로에서 신호를 무시하고 달려오던 버스와 충돌했을 수도 있어. 그러니 그렇게 서 있었던 게 다행이지 뭐야."

부정적인 생각의 고리를 끊을 수 있는 모든 수단을 동원해야 한다. 그리고 자신을 고문하는 것에 지나지 않는 행위를 절대 계속하지 않겠다는 각오를 단단히 해야 한다.

우리에게 일어나는 일들 중 많은 것들은 그저 우연히 일어나는 일일 뿐이다. 그렇게 우연히 발생한 일에 불필요한 의미를 부여할 때 문제가 생기는 것이다.

밀리는 길 한가운데에 한 시간도 넘게 서 있다. 새로운 상사가 왔다. 어려운 일 때문에 고생하고 있다. 이 모든 일들은 사실이다. 그런 사실들을 가지고 자신을 약하게 만들 수도 있고, 아니면 있는 그대로 받아들이면서 앞으로 나아갈 수도 있다.

내 일을 올바로 지배하자

일 때문에 스트레스를 받고 있다면, 당신이 관찰해야 할 가장 중요한 요소들 중 하나는 '지배력'이다. 누가 상황을 지배하고 있는가? 당신도 지배력을 가질 수 있는가? 당신은 올바른 것들을 지배하고 있는가, 아니면 잘못된 것들을 지배하고 있는가? 당신은 지배력을 놓아버릴 수 있는가?

:: 스스로를 지배하지 못한다는 느낌

스트레스의 증상들 중 하나는 자신이 아무것도 지배하지 못하고 있다는 느낌이다. 다른 사람들(상사나 배우자, 혹은 가족)의 요구가 자신의 삶을 지배하고 있는 듯 느껴지는 것이다. 남들로부터 지배받지 않는 것은 잠자는 행위뿐인 듯하다. 그러나 알고 보면 잠마저도 일에 대한 악몽에 지배받고 있을지 모른다.

:: 남들이 요구한 일들을 지배하자

당신은 스트레스를 받고 있는 삶을 다음과 같이 묘사할지 모른다. "우리 상사는 내가 …하기를 바란다." 아니면 "회사에서 쫓겨나지 않으려면 …" 그런 말들은 다른 사람들에게 지배받고 있다는 불안한 기분을 부채질할 뿐이다. 대학에 다닐 때 다섯 과목의 숙제가 마감일이 똑같았던 경우, 이와 비슷한 기분을 느꼈을지 모른다.

상황을 똑바로 직면하라. 다른 사람들이 당신에게 기대하는 모든 것을 해낼 수는 없을지 모른다. 하지만 이제 당신은 성인이므로 학생 시절에는 알지 못했던 방식으로 상황을 지배할 수 있을 것이다. 스케줄을 조정하거나, 다른 사람에게 대신 시키거나, 일을 간소하게 해서 짧게 끝내거나, 아니면 현실적인 마감일을 새로 정해서 일을 추진하거나.

다른 사람들이 요구한 것들 중 일부는 무리한 것이 아니라 진정한 요구일 것이다. 그런 일들은 리스트를 만들어서 관리해야 한다. 물론 그 일을 하는 데 시간이 얼마나 걸릴 것이며 언제까지 끝내야 하는지도 기록해야 한다. 그리고 위에서 언급한 기본적인 수단들—스케줄을 조정한다, 다른 사람을 시킨다, 일을 간소하게 해서 짧게 끝낸다, 현실적인 마감일을 새롭게 정해서 일을 추진한다—을 이용해서 다른 사람들의 요구를 스스로 지배하기 시작할 수 있을 것이다.

처리해야 할 일들이 너무 많아서 갑갑하고 우울할 수도 있다. 그렇다면, 마감일을 연기할 수 있거나, 다른 사람에게 시킬 수 있거나, 간소하게 만들 수 있는 일을 추려내고, 그 외의 일들을 먼저 하는 식으로 상황을 지배할 수 있다.

:: 스스로에게 부여한 일들을 지배하자

또한 스스로에게 부과한 요구 사항들이나 완벽주의적인 요구 사항을 구별하여 두 번째 리스트인 '내가 해야 하는 일들' 리스트에 올려놓아야 한다. 이 리스트에 있는 항목들 중에는 중요한 일들도 있다. 하지만 당신이 그 일들을 행하지 않고 있기 때문에 그것들은 당신 마음속에서 잔소리가 되었고, 결과적으로 당신은 기분이 좋지 않은 것이다.

인생에 긍정적인 변화를 가져오는 일들은 무시하거나 피하거나 미루어서는 안 된다. 인생의 목표들을 잃어버리면 자신의 인생을 지배할 수 있는 가장 중요한 수단을 잃어버리게 되고, 아울러 자신의 삶을 변화시킬 수 있는 능력을 잃어버리게 된다.

그러는 대신 장기적으로 자신의 인생을 향상시켜줄 목표를 달성할 수 있도록 단기적인 조치들—재교육을 받거나, 다른 부서에 배치를 받거나, 더 나은 직장으로 옮기거나—을 취하는 습관을 길러야 한다.

이 리스트에 있는 다른 항목들, 즉 운동이나 레크리에이션과 같은 것들은 자신의 스케줄에 포함시켜야 한다. 그런 일들은 잘 살아가고 있다는, 즉 '웰빙'을 구가하고 있다는 기분을 느끼는 데 도움을 줄 것이다. 그런 기분 또한 자신의 삶을 스스로 지배한다고 느끼는 데 있어 아주 중요한 부분이다.

:: 죄의식 리스트를 지배하자

이제 리스트에는 무엇이 남아 있는가? 죄의식의 짐만이 남아 있을 것이다. 그것은 희생시킬 수 있는 것이다.

모두가 이런 '죄의식 리스트'를 가지고 있다. 그 내용이 다르기는 하지만, 죄의식을 느끼게 하는 항목들은 모호하고, 달성할 수 없는 것들이기 때문에 알아볼 수 있다.

당신의 죄의식 리스트에는 당신 스스로가 부여한 중요하지 않은 요구사항들만이 남아 있어야 한다. 이렇게 생각해보자. 그 요구 사항들은 당신 스스로 만든 것이기 때문에 당신 스스로 없앨 수 있다. 자신에게 가장 알맞은 방법을 이용해서 없애면 된다. 요구 사항들을 말도 안 되는 것으로 만들어버릴 수도 있다. 예를 들어, 만일 당신이 날카로운 연필을 가지고 일하는 것을 좋아한다면, 사무실에 있는 연필을 모두 깎아서 날카롭게 만들고, 나아가 이 세상의 연필들을 모두 깎아서 날카롭게 만들자는 항목을 만드는 것이다. 아니면 죄의식 리스트를 가지고 다니면서 시간이 날 때마다 꺼내보고 웃어주는 것이다. 그 리스트에 적힌 일들을 모두 해내는 코미디의 주인공 같은 사람을 상상해보는 것이다. 아니면 그 리스트를 그냥 쓰레기통에 던져버려라. 그리고 이렇게 말하는 것이다. "이제 내가 지배할 수 없는 일들의 지배를 받지 않을 거야."

:: 가끔은 지배를 하지 말자

해야 할 일은 너무 많은데 시간은 너무 없는 경우, 당신의 삶은 무척 엄격하게 통제받게 된다. 따라서 자신의 삶을 지배하기 시작한 뒤에도 노는 것마저 리스트에 있는 해야 할 일처럼, 즉 정확한 일정에 따라 추진해야 하는 의무처럼 느끼게 된다.

이런 현상을 치유하는 유일한 방법은 조금 정신 나간 듯한 일을 하는 것이다. 주말에 라스베이거스에서 도박을 하느라 일주일을 보냄으로써 인생을 망치거나, 중요한 회의 시간에 늦게 도착하는 계획을 세우자는 게 아니다. 판에 박힌 일상을 조금이나마 변화시킬 수 있는 일을 하자는 얘기다. 예를 들어, 양치질을 한 번 덜 하는 대신 그 시간에 평소에 다니지 않던 경치가 좋은 길을 따라 출근을 하는 것이다.

별로 해가 되지 않는 방법으로 상황을 제어하지 않고 놔두는 것이다. 그렇게 이따금 지배력을 놓아버림으로써 상황을 관리하고 있다는 기분을 강화시킬 수 있다.

No라고 말하는 방법

감당하지 못할 정도로 많은 일을 떠맡고 있지는 않은가? 다음에서 그 몇 가지 증상을 소개하겠다. 혹시 무척 익숙한 이야기들은 아닌가?

- 당신이 모든 일을 다 해야 한다. 그리고 그 일들 때문에 당신은 죽을

지경이다.

- 모든 사람들이 당신이 엄청나게 많은 일들을 해낸다는 사실에 감탄한다. 당신을 제외한 모든 사람들이.
- 당신은 일을 많이 하지만, 무엇 하나 제대로 되는 일은 없어 보인다.
- 일을 많이 달성하면 할수록 자신은 표류하고 있다는 느낌이 든다.
- 다른 사람들이 부탁을 해올 때 절대 거절하지 못한다.
- 무언가 일을 하고 있을 때만 자신이 쓸모 있는 사람처럼 느껴진다.
- 인생을 즐겨야 한다고 생각하는 만큼 즐기지는 못한다.

감당하지 못할 정도로 많은 일을 하는 것은 무엇이 문제일까? 정신없이 재촉당하면서 일을 하긴 하는데 상황을 직접 컨트롤하지 못하고 있다는 느낌이 든다는 것이 문제이다. 일을 하기는 하는데 만족을 못한다는 사실이 문제이다. 또한 자신의 목표가 아니라 다른 사람의 목표를 이뤄주고 있다는 점이 문제이다.

일을 줄이기로 결심했다고 하자. 어디서부터 그 결심을 실행해야 할까? 자신이 하는 일들 중에서 가장 중요한 일을 가려낼 수 있을 때까지 한 달간은 새로운 일을 하겠다고 자원하지 않기로 결심할 수 있을 것이다.

감당하지 못할 정도로 일을 많이 떠맡는 게 습관이 된 사람이라면, 일을 하겠다고 자원하지 않는 것이 거의 불가능하다는 사실을 알게 될 것이다. 머릿속에서 경보음이 울리며 다음과 같은 소리가 들려올 것이다. "내가 없으면 일을 못할 거란 말이야!" 그런 경우 당신은 자신이 없으면 일이 돌아가지 않을 거라는 착각에 빠져 있는 것이다.

누군가 자신을 원한다는 느낌을 갖는 것은 좋다. 하지만 자신이 중요한 사람이라고 느끼기 위해서는 남들이 자신을 원한다는 느낌을 받아야 한다면, 그것은 문제이다.

"내가 없으면 저 사람들은 일을 제대로 하지 못할 거야." 혹은 "다른 사람이 하게 놔두면 분명 내가 다 다시 해야 할 거야. 그러니 그냥 내가 하는 게 낫지." 이런 생각은 모두 자신이 없으면 안 될 거라는 잘못된 통념에서 기인한 것이다. 이런 생각이 심해지면 자신을 제외한 다른 모든 사람들―상사들, 동료들, 가족들―이 지닌 중요한 권리, 즉 스스로 생각하고, 판단하고, 실수도 하고, 문제를 해결하기도 하는 권리를 부정하는 것이다.

또한 그런 태도는 상황을 컨트롤하지 못하면 행복하지 못하다는 것을 암시하기도 한다. 컨트롤하는 것은 그 자체로는 나쁘지 않다. 하지만 항상 무언가를 컨트롤해야 한다는 것은 문제가 될 수 있다. 다른 사람들의 일을 대신해주거나 너무 세세한 부분까지 감독하면 상대방으로 하여금 당신에게 지나치게 의존하게 만들 수 있다. 그리고 장기적으로 볼 때 그들의 생산성과 성장에 부정적인 영향을 미치게 된다.

당신이 결근이라도 한 날은 분명 일처리가 당신 성에 차지 않게 되어 있을 것이다. 그러면 잠깐 동안은 "역시 내가 없으면 안 된다니까." 하며 기분이 좋을 것이다. 하지만 당신은 자신의 역할을 잘못 이해하고 있는 것이다. 당신의 역할은 모든 일을 다 하는 것이 아니다. 당신의 진정한 역할은 자신이 맡은 일을 잘 해내고 다른 사람들도 그들이 맡은 일을 잘할 수 있도록 해주는 것이다.

한 달 동안이라도 자동적으로 나서서 일을 하는 버릇을 억제할 수 있게 된다면, 당신은 일의 양을 줄여가는 쪽으로 크게 한 발 나아간 것이다. 그러나 자원해서 일을 하지 않는 것으로는 부족하다. 다른 사람들이 부탁을 해올 때 거절할 준비도 되어 있어야 한다. 이것은 다른 사람들이 당신에 대해 어떻게 생각할지에 기초해서 자신의 이미지를 만들어왔다면 거의 불가능할 것이다.

다른 사람들이 당신에 대해 어떻게 생각하는지에 의존하는 것은 그것이 당신의 행동에 영향을 미칠 때는 문제가 된다. 당신이 "No"라고 말할 경우 상대가 당신에 대해 어떻게 생각할지가 두려워서 "Yes"라고 답한다면 당신은 심각한 문제에 처하게 될 것이다.

한 달간의 시험이 잘 진행되어간다면 일정표에는 빈 자리가 생기기 시작할 것이다. 그런 자유 시간은 중요한 질문들에 대해 생각하는 데 사용할 수 있을 것이다. 그런 것이 너무 어색하게 느껴진다면, 더욱 그렇게 할 필요가 있다. 그리고 깨어 있는 시간 동안 내내 바쁘지 않은 경우 마음이 불안하다면, 당신은 뭔가 중요한 일을 미루고 있다는 신호일 수 있다.

자, 중요한 질문들이란 무엇일까? "내 일에서, 내 인생에서 내가 성취하고 싶은 것은 무엇일까?" "내가 하는 이 모든 일들은 무슨 의미를 지니는 것일까?" "내가 하는 일 중에서 누군가가 해야 한다고 해서가 아니라 나 자신을 위해서 하는 일은 얼마나 될까?" "나는 행복한가?" 이런 것들이 중요한 질문들이다. 이런 질문들은 대답하기 쉽지 않다. 이 질문에 답하는 것보다는 오히려 일을 하나 더 맡는 것이 쉽게 느껴질 것이다. 그래도 이런 질문들에 대해서는 반드시 고민하고 대답을 찾아보아야 한다.

이런 모든 노력을 하는 목적은 이기적이 되기 위해서가 아니라 스스로 삶의 방향을 정할 수 있기 위해서이다. 당신은 자신의 것이지 다른 사람들의 것이 아니라는 사실을 깨닫는다면 불필요한 일에 대해 "No"라고 말하는 것이 조금은 쉬워질 것이다.

길게 보면, 당신이 해내는 일의 양과 다른 사람들에게 헌신하는 태도를 줄이거나 버릴 필요는 없다. 단, 방향을 바꿀 필요는 있다.

예를 들어, 가족들의 뒤치다꺼리를 해주는 대신 그들 스스로가 뒤처리를 할 수 있도록 가르칠 수 있을 것이다. 아니면, 가족들을 위해 밥을 하지 않았다는 사실에 죄의식을 느끼는 대신 그들에게 밥 하는 법을 가르쳐줄 수 있는 것이다.

일에서도 똑같은 원칙을 적용할 수 있다. 사무실에 있는 사람들 모두가 컴퓨터에 문제가 생길 때마다 당신에게 고쳐달라고 한다면, 매번 그들의 컴퓨터를 고쳐주는 대신 그들에게 문제를 직접 해결하는 방법을 가르쳐줄 수 있을 것이다.

당신에게 의지하는 사람들의 부탁을 거절하는 것이 그들을 배신하는 것처럼 느껴진다면, 당신은 그들을 자기 일은 자기가 알아서 할 수 있는 사람이 되도록 가르쳐주고 있다는 사실을 기억하라. 그리고 스트레스를 가져다주는 큰 요소로부터 자신을 자유롭게 해주고 있다는 사실도 기억하라.

　　스트레스와 만성 피로는 마치 감기와도 같이 때때로 당신을 덮쳐온다는 사실을 깨닫고 나면, 그것들과 좀더 잘 싸울 수 있을 것이다. 일하는 것이 괴롭고 사기는 바닥으로 떨어졌다면, 가장 먼저 스스로에게 질문해야 할 것은 바로 이것이다. "내가 나를 너무 지치게 했나?" 최선의 방어란, 우선순위를 기억하고서 자신이 해야 하는 가장 중요한 일을 방해하는 일에 대해서는 "No"라고 말하는 것이다.

내가 지금 여기서 뭐 하는 거지?

Chapter 9

정체기를 도약의 계기로 삼기

정체기는 당신이 극도의 피로 상태를 개선하기 위한 조치를 취하지 않을 때 찾아온다. 피로를 제때에 적절하게 관리하지 못하면 만성 피로가 된다. 정체기는 또한 성장하려는 건강한 충동을 무시하고 앞으로 나아가야 할 때임을 알면서도 가만히 있을 때 찾아온다. 대부분의 사람들과 비슷하다면, 당신은 지금 이 순간 정체기를 겪고 있을 가능성이 높다. 주위를 둘러보고 도전할 것을 찾아보자.

자신의 커리어가 어느 정도 위치에 와 있는지를 아는 것은 무척 어려운 일이다. 당신은 대부분의 시간을 그저 일만 하면서 보낸다. 자신이 행복한지, 슬픈지 자문해보지도 않을 것이고, 자신이 할 수 있는 일이 더 있지는 않은지도 생각해보지 않을 것이다.

하지만 당신은 분명 어딘가에 정체되어 있다는 느낌을 받고 있을 것이다. 개인에 따라 그런 기분을 평생 한두 번만 느끼는 경우도 있을 것이고, 2년에 한 번씩은 느끼는 경우도 있을 것이다. 장기간의 직장 생활을 성공으로 이끄는 요인 중의 하나는 정체기를 알아보고 극복하는 방법을 배우는 것이다.

장기적이고 넓은 시야를 갖자

당신은 지금 하는 일에 비해서 너무 늙지는 않았는가? 신체적인 나이를 얘기하는 것이 아니다. 우리 모두는 전통적인 정년퇴직 연령이 지나도 여러 해 동안 일할 수 있는 정신적, 신체적 잠재력을 지니고 있다. 하지만 30대밖에 안 되었는데도—혹은 그보다 더 젊은데도—자신의 일과 회사에 대해서, 그리고 자신이 몸담고 있는 업계에 대해서 아는 것이 없다면 당신은 시대에 뒤진 사람인 것이다.

이제 자신의 일을 할 줄 아는 것만으로는 부족하다. 정보와 기술이 놀라운 속도로 발전하는 요즘, 잘못하다가는 업계의 다른 사람들에 비해 한참 뒤떨어져 있는 자신을 발견할지 모른다. 자신이 하고 있는 일이 그 업계에서 어느 지점에 위치하고 있는지를 모르고 있다가, 그 직업이 곧 사라질 운명이라는 것을 알고 깜짝 놀라는 경우도 있다. 그렇게 된다면 당신은 자신이 너무나 늙고 무능력한 사람으로 느껴질 것이다.

업계의 속도를 따라가기 위해서 밤을 새워가며 표와 그래프를 들여다보면서 업계의 경향을 연구할 필요는 없다. 그렇지만 정기적으로 노력을 할 필요는 분명 있다.

자신이 하고 있는 일에 대해서 큰 그림을 그려본 적이 있는가? 자신이 하는 일이 어떤 의미를 갖는지, 어떤 가치가 있는지, 회사에서는 어떤 위치를 차지하며 전체 업계에서는 어떤 위치를 차지하는지를 말이다. 우리는 항상 자신이, 그리고 자신의 일이 큰 그림 안에서 어느 자리를 차지하고 있는지를 알려는 노력을 해야 한다. 다음에서 그런 습관을 들일 수 있는 쉬운 방법을 소개하겠다.

무엇을 읽든, 무엇을 듣든, 무엇을 보든, 거기서 얻는 정보를 보면서 스스로에게 이렇게 질문하는 것이다. "이것이 나에게 어떤 영향을 미칠 수 있을까? 이 뉴스를 어떻게 활용할 수 있을까?" 그러다 보면 수많은 뉴스와 새로운 경향과 새롭게 개발되는 기술이 자신에게 영향을 미칠 가능성이 있다는 사실을 알게 될 것이다. 혹은, 자신이 읽고 들은 것에 관심은 느껴지지만 자신이 하고 있는 일과 연관성은 없어 보이는 경우도 있을 것이다. 그럴 때 당신은 자신의 안에 있는 창의성을 일깨우며 이렇게 말해야 한다. "여기서 관심을 느꼈다면 내가 하고 있는 일에 연관시킬 수 있는 방법이 분명 있을 거야." 이런 식으로 생각하는 것이 처음에는 낯설게 느껴질 수도 있다. 하지만 계속해서 그런 생각을 하다 보면 어느 샌가 습관이 되어 있을 것이다.

당신은 또한 방어적으로 일하는 방법을 배워야 한다. 예전에는 고개를 숙인 채 주변에서 벌어지는 일에는 신경 쓰지 않으며 일할 수 있었을지 모른다. 하지만 지금과 같이 끝없이 변화하는 시대에는 그런 태도는 대단히 위험하다. 당신이 하는 일이 컴퓨터에 의해 대체되기 일보 직전인데도 본인만 모르고 있다면 큰일 아닌가? 그런 발표가 나기 전에 새로운 일을 찾아야 하지 않겠는가?

당신은 또한 공격적으로 일해야 한다. 오늘날에는 한 가지 직업을 25년에서 30년씩 유지하는 사람은 거의 없다. 대부분의 사람들이 평생 몇 번씩은 회사나 일하는 장소나 일의 종류를 바꾼다. 변화를 겪을 때마다 자신이 속한 조직이 어떻게 운영되는지를 알아두는 것이 좋다. 비공식적인 조직의 권력 구조를 알아두면 도움이 될 것이다. 누가 실제로 일이 돌아가게 만드는지, 누가 실권을 쥐고 있는지, 누가 누구와 친한지 등등.

뉴스에 밝아지자

당신이 몸담고 있는 업계에서 어떤 일이 벌어지고 있는지 알고 있는 가? 모르고 있다면 오늘 당장 알아보도록 하라. 다행히도 업계에 어떤 경향이 형성되는 데에는 대개 몇 년이 걸리므로, 아직까지 모르고 있었더라도 따라잡기에 너무 늦지는 않다. 당신이 종사하는 분야에서 중요한 변화가 일어나고 있다면 전문가들이 그 현상을 분석하고 예측해왔을 것이다. 그들의 이야기를 참고하여 교육이나 훈련을 다시 받거나, 새로운 조직으로 옮기거나, 아니면 아예 분야를 바꿀 수도 있을 것이다.

〈월스트리트저널(Wall Street Journal)〉 등의 경제 전문지와 시사 주간지, 그리고 업계의 전문지를 구독하도록 하라. 단, 계획성 없이 되는 대로 읽어서는 안 된다. 새로운 기술에 대한 기사나 고용 추세 등 자신에게 영향을 미칠 수 있는 정보들을 찾아가며 읽어야 한다. 또한 자신의 업계가 팽창하고 있는지, 수축하고 있는지도 알고 있어야 한다.

예를 들어 만일 당신이 의류 체인점의 바이어라면, 격변하는 소매업계의 동향을 계속해서 파악하고 있어야 한다. 내년에 당신의 회사가 다른 곳으로 매각될 수도 있고, 파산할 수도 있다. 지금 그런 사실을 미리 알 수 있다면 당신은 자신의 일자리를 지킬 수도 있을 것이고, 다른 직업으로 바꿀 수도 있을 것이다.

일주일에 한 번씩 TV 프로그램 가이드를 보면서 과학이나 미래에 대한 다큐멘터리 프로그램이 없는지 확인한다. 그런 프로그램들을 통해서 이 세상에 어떤 일들이 벌어지고 있는지를 공부해야 한다. 그런 일들은 바로 당신에게도 일어날 수 있기 때문이다.

또한 자신의 분야와 관련한 책을 꾸준히 읽어야 한다.

현실 도피 성향을 극복하자

‘아무것도 몰라요’ 하는 태도에서 벗어나서 끊임없이 질문하는 습관을 들이자. 일정 기간 비즈니스 신문이나 잡지, 책을 읽고 나면, 모든 업계에서 전세계적으로 일어나고 있는 급격한 변화에 대해 알 수 있게 될 것이다. 그런 변화가 당신이 일하고 있는 업계에서도 일어날 수 있다.

당신이 은행에서 일하고 있다고 하자. 은행들의 합병이 당신의 회사에는 어떤 영향을 미칠까? 인원 감축이나 업무 조정이 있을 수 있다. 컴퓨터나 온라인 뱅킹, 그리고 기타 기술적 변화들은 은행 업무에 어떤 영향을 미칠까? 만일 당신이 여성인데, 은행에서 여성 직원은 승진이 늦는다면, 다른 분야로 옮기는 게 나을까? 당신의 회사는 재정적으로 건전한가? 회사의 주식을 조금 사서 운용해보면서 공부를 하는 것도 좋을 것이다.

업계의 모임에서 활동하자

당신은 업계의 전문가 모임 회원인가? 그런 모임의 회원이 된다면, 연회비를 내는 만큼 (연회비는 아마도 회사에서 내줄 것이다) 업계의 ‘핫

라인’이나 홍보 담당자들을 통해, 그리고 이미 떠돌고 있던 소문을 통해 최신 소식을 들을 수 있을 것이고, 다양한 궁금증들을 풀 수 있을 것이다.

협회의 모임에 참가하여 사람들이 하는 이야기를 귀 기울여 들어라. 모임의 분위기가 낙관적인가, 비관적인가? 일자리는 풍부한가? 일을 찾기 위해서 사람들이 어느 쪽으로 움직이는가?

가장 많은 지식을 갖고 있는 것 같은 사람들을 골라서 그들과 연락을 지속하라. 그들은 다양한 정보와 조언을 줄 수 있고, 업무적으로 본보기가 되어줄 수도 있을 것이다. 그리고 당신도 지식을 더 많이 쌓게 되면 그들에게 보답을 할 수 있을 것이다.

건강을 유지하자

당신은 나이가 많아 보이는가? 외모 때문이 아니라 다른 이유 때문에 당신은 시대에 뒤진 사람으로 보일 수 있다.

어떤 사람들은 동료들보다 나이 들어 보이는 것에 무척 스트레스를 받아서 성형수술을 받기도 한다. 그것은 그다지 바람직한 방법은 아니다. 어쨌든 젊어 보이고 스스로도 젊게 느끼는 것은 심리적으로 도움이 된다.

정기적으로 적당한 운동을 하는 것이 건강을 유지하는 지름길이다. 운동을 하면 두뇌 회전 또한 빨라질 수 있다.

비만이라면, 서서히 체중을 줄이는 것이 질병의 예방에도 도움이 될 뿐 아니라, 사람들이 당신에 대해 갖고 있을지 모를 편견을 없애는 데도 도움이 될 것이다.

바쁘게 살자

세상이 어떻게 돌아가고 있는지 알았으니, 이제 어떻게 하겠는가? 이제는 개인적인 행동 계획을 세워볼 때이다. 교육이나 훈련을 다시 받아야 할 필요를 느끼는가? 대학 공부를 더 해야 할 필요가 있는가? 그렇게 공부할 시간은 얼마나 있는가?

당신의 직업이 지금 당장 위험한 상황에 처해 있지는 않다 하더라도, 능력을 향상시키고 일을 더 재미있게 해줄 새로운 기술을 배우는 것은 좋은 일이다. 그렇게 하면 그야말로 '젊은' 기분으로 일할 수 있을 것이다.

직업을 커리어로 발전시키자

당신은 단순히 직업을 가지고 있는가, 아니면 커리어를 만들어가고 있는가? 한동안 정체기를 겪었다면, 당신은 위의 질문에 대한 대답을 알고 있을 것이다. 직업과 커리어를 구별하는 방법은 다음과 같다.

직업은 먹고 살기 위해 하는 일이다. 직업에 있어서 기술을 발달시키는 것이나 개인적인 만족도는 먹고 사는 것에 비하면 부차적인 문제이다. 한편, 커리어는 사명감과 지배력, 숙련도 등의 차원에서 얘기된다. 직업과 달리 커리어에서는 개인적이고 직업적인 성취도를 계속해서 늘려가는 것이 중요하다.

하지만 가장 현저한 차이점은 '장래성 없는 직업'이라는 표현에서 찾을 수 있을 것이다. '장래성 없는 커리어'라는 말은 별로 들어보지 못했을 것이다. 대개 커리어는 계속해서 발전하는 것을 전제로 한다.

한 가지 직업이 항상 그 사람의 커리어의 일부가 되지는 않는다. 일이라는 것은 가족이나 친구들, 다른 사람들에 대한 서비스 등과 함께 우리가 이 세상에서 존재 가치를 느끼는 많은 방법들 중 한 가지에 불과하다. 그리고 우리는 직업(경제적 측면)과 만족도(커리어 측면) 사이에서 균형을 맞춰야 한다.

한편으로 당신은 대단히 훌륭한 커리어가 될 수 있는 것을 단순한 직업으로 취급하고 있을지도 모른다. 자신의 일을 바라보는 시각을 조금만 바꾼다면 당신은 커리어를 발전시켜갈 수 있을 것이다.

이렇게 생각해보자. 당신은 반드시 일을 해야 한다. 그러니 스스로에게 이렇게 물어볼 수 있다. "어떻게 하면 이 일을 나 자신에게 좋은 것으로 만들 수 있을까?" 이것이 직업을 커리어로 발전시키는 첫 단계이다. 그러기 위해서 고려해야 할 요소들을 살펴보도록 하자.

: : 사명감

일에 대해 사명감을 갖는다는 것은, 일이 당신에게 중요하기 때문에, 당신을 가치 있는 사람으로 느끼게 만들기 때문에, 그리고 성취감을 가져다주기 때문에 계속한다는 뜻이다. 일을 할 때는 사명감을 가져야 한다. 사명감이 없다면 당신은 스스로를 로봇처럼 느낄 것이다. 하지만 사명감을 갖고 있다면 당신은 커리어를 쌓아가는 과정에 있는 것이다.

당신이 만일 큰 액수의 복권에 당첨된다면, 뒤돌아 볼 것도 없이 지금 하고 있는 일을 그만두겠는가? 그리고 일을 그만둔 뒤에는 무엇을 하겠는가?(세계 일주까지도 마치고 난 뒤에 말이다.)

평생 빈둥거리며 살겠다고 말하지는 마라. 그런 말은 믿지 않는다. 나는 정년퇴임을 하고 6개월 정도밖에 지나지 않아서 컨설턴트가 되거나, 새로운 사업을 시작하거나, 자원봉사를 하는 등 새로운 일을 다시 시작하는 사람들을 너무도 많이 보아왔다. 건강한 정신을 가진 사람이라면 일을 하기를 원하고, 일을 통해 성취감을 느끼기를 원하는 것이 당연하다.

자유롭게 상상의 나래를 펼쳐보자. 잠시 동안이라도 자신이 지닌 한계들은 잊고 당신이 원해왔던 것에 대해 생각해보자. (사실, 자신이 지닌 한계에 대해 잊으면 잊을수록 그 이상을 성취할 가능성은 높아진다.) 그런 환상을 당신 일의 일부로 만들기 위해 계속해서 노력하자. 예를 들어, 당신이 어떤 숙련된 기술을 요하지 않는 일을 계속하기로 결심한다 해도, 당신 직장의 근무 조건을 향상시키기 위한 위원회에서 일할 수도 있고, 주말에는 스카우트를 인솔할 수도 있을 것이다.

:: 지배력

자신이 하는 일이나 자신의 상황에 대해 지배력이 부족하면 쉽게 피로와 분노를 느끼게 되고, 일도 더 잘하지 못하게 된다. 그리고 그 모든 것은 스트레스로 이어진다. 자신의 일을 스스로 지배하고 관리할 수 있게 되면 일은 단순히 돈을 벌기 위한 직업이라기보다는 커리어의 일부로 느껴질 것이다. 당신이 하는 일의 모든 면을 지배할 수는 없을 것이다. 그것은 현실적으로 가능하지 않다.

당신의 직업이 감독자나 반복되는 절차 등 외부의 지배를 많이 받는 일이라 해도, 당신이 지배할 수 있는 부분이 분명 있을 것이다. 만일 당신이 감옥에 있다거나 기타 불가능한 상황에 있다면, 어떻게 제정신을 유지할 것인가? 그 상황에 대해 농담을 하면서 견디거나, 그곳에서 경험한 것을 기록하거나, 탈출 계획을 세우거나, 아니면 이 모든 일들을 다 할 것이다. 그와 같은 상황 대처 전략들이 절망적인 수단으로 보일지 몰라도, 실제로 일정 정도는 정신을 컨트롤할 수 있게 해주고, 궁극적으로는 실제적인 해결책을 이끌어낼 수 있게 해준다.

:: 숙달

업무에 대한 숙달은 사명감과 지배력이 결합되어야 얻어질 수 있다. 업무에 숙달하다는 것은 일을 점점 더 잘하게 되고, 성장할 수 있는 새로운 영역을 계속해서 만들어간다는 것을 의미한다. 다른 사람들은 일을 따분하게 여기며 더 이상은 나아갈 수 없을 거라고 확신하고 있는 동안에 말이다.

더 이상 나아갈 수 없는 종착점에 다다랐다고 생각하는 것은 큰 실수이다. 키가 더 크거나 나이가 어려지는 것은 불가능할지 몰라도, 당신의 내면은 계속해서 성장할 필요가 있고, 성장할 수 있다. 이것이 바로 숙달하고 발전하려는 충동이다. 그 충동을 무시한다면 당신은 막다른 골목에 놓여 더 이상 나아갈 수 없을 것이다.

변화를 관리하자

진부해지는 것은 대단히 쉬운 일이다. 잠깐만 편안하게 지내다 보면 금방 시대에 뒤지게 된다.

당신의 주변 모든 곳에서 변화가 일어나고 있다. 당신이 동의하든 동의하지 않든 간에 말이다. 그러니 변화를 관리하는 방법을 배운다면 좀 더 즐거운 마음으로 변화에 동참할 수 있을 것이고, 변화에 뒤지고 정체될 위험을 줄일 수 있을 것이다. 인간의 뇌는 판에 박힌 일을 좋아하는 경향이 있다. 그래서 대부분 우리는 변화를 무시하거나, 피하거나, 아니면 변화에 맞서 싸운다.

그렇다면 변화의 좋은 점은 무엇일까?

1. 변화는 당신의 두뇌가 계속해서 활발하게 움직이도록 해준다.
2. 변화를 관리하면 시대에 뒤지지 않고 살아남을 수 있다.

3. 변화는 기회를 제공하기도 한다. 기회를 알아볼 수만 있다면.

:: 두뇌를 대청소하자

판에 박힌 일을 고수하다 보면 배울 수 있는 게 별로 없다. 똑같은 과정만을 반복할 뿐이다. 하지만 변화가 일어나면 당신의 두뇌는 깨어나서 좀더 민활하게 움직일 것이다. 변화의 시기에 당신의 두뇌는 예상치 못한 문제들을 해결하고자 움직일 것이고, 따라서 당신은 아이디어가 샘솟는 것을 느낄 것이다.

변화를 귀찮은 것이라 생각하는 대신, 성장할 수 있는 시기이자, 기회이자, 즐거움이라고 생각하자.

:: 시류를 놓치지 말자

당신이 55세이든, 25세이든 간에, "나는 이 새로운 방식을 절대 배우지 못할 거야"라고 말하는 순간 당신은 자신을 시대에 뒤떨어진 인간으로 규명하는 것이다. 변화의 시기에 발전하는 사람들은 새로운 기술과 방법을 기꺼이 받아들이고 배우는 사람들이다. 그렇지 못한 사람들은 거미줄이나 붙들고 있게 될 것이고, 어쩌면 일자리를 아예 잃을 수도 있다.

새로운 컴퓨터 재고 관리 시스템은 분명 복잡할 것이다. 예전의 방식이 당연히 더 쉬울 것이다. 하지만 그 예전 방식도 한때는 과연 배울 수 있을까 싶었던 새로운 방식이었다. 그럼에도 잘 배워서 사용해오지 않았던가.

정신적 스승, 즉 멘토에는 여러 유형이 있다. 그러니 '기술 분야의 멘토'를 한 사람 찾도록 하라. 새로운 시스템에 대해 가장 잘 알고 있는 사람에게 도움을 청하라. 유능할 뿐 아니라 열정적인 사람에게서라면 더 빨리 배울 수 있을 것이다.

기회를 잡자

새로운 책임을 갖고 일해야 하는 다른 자리로 옮겨달라고 상사를 몇 달째 괴롭혀왔다고 해보자. 그런데 아무 소용이 없었다. 그러던 중 새로운 상사가 부임해왔다. 당신이 가장 먼저 해야 할 일은 무엇이겠는가? 새로운 상사와 동맹관계를 맺는 것이다. 물론 그 일자리를 얻어야겠다는 목표를 갖고서 말이다. 아니면 새 상사가 당신을 위해 더 좋은 자리를 생각해줄 수도 있다.

새로운 상사가 오면 예전의 상사 밑에서 일하던 사람들은 한물가는 거라고 말하는 사람들이 있을지 모른다. 물론 새 상사가 자신이 믿는 사람들을 데리고 오거나 새로운 사람들을 뽑을 수도 있다. 덕분에 남아 있던 직원들은 옆으로 밀려날 수도 있다. 그러나 그런 일이 발생한다 하더라도, 가장 먼저 옆으로 밀려날 사람들은 어떤 사람이겠는가? 변화할 생각이 추호도 없으며 새로운 상사에게 협조할 생각도 전혀 없음을 드러내는 사람일 것이다.

새로운 상사가 제공하는 기회와 새로운 사고방식을 받아들여라. 자신은 부서와 회사를 발전시키는 데 열심히 참여하고자 하는 사람임을 명확히 밝혀라. 그러면 새로운 상사의 신임을 얻을 수 있을 것이고, 지각 변동이 있어도 좋은 위치를 점할 수 있을 것이다. 어떻게 하면 그렇게 할 수 있을까?

:: 새로운 상사를 찾아가 대화를 나누자

새로운 상사가 부임하면, 곧바로 찾아가서 자신을 소개하고 자신이 하는 일을 간단히 설명하도록 한다. 첫 대면에서는 말을 너무 많이 하거나 위협적인 느낌을 주는 것은 좋지 않다.

상사를 환영하며, 함께 잘 지내고 싶다는 것을 표현한다. 다음과 같은 말로 대화를 시작하는 것도 좋을 것이다. "혹시 제가 도와드릴 게 있다면…"

상사가 질문을 해오면 특정한 문제점들을 몇 가지 지적하면서 해결책도 동시에 제시하도록 한다. "최근에 생산부서에서 실수가 많았어요. 교대 시간이 끝날 때마다 감독자가 간단한 보고서를 작성한다면, 다음 시간의 감독자가 어떤 점을 주의해야 할지 알 수 있을 테니 좋을 것 같습니다."

남을 비난하거나 아첨을 해서는 안 된다. 새로운 상사에게 특정한 문제를 제시하는 까닭은 부서 내에서 일이 어떻게 돌아가고 있는지를 자신이 잘 이해하고 있음을 나타내기 위한 것이고 상황을 개선시킬 능력을 지니고 있음을 나타내기 위한 것이다.

자신을 고자질장이처럼 보이게 하고 싶은 사람은 없을 것이다. 특정인의 잘못을 거론하는 등의 행동을 삼갈수록 상사가 당신을 신뢰할 가능성은 더 높아진다. 따라서 "심야에 일하는 감독자가 점심시간을 두 시간이나 쓰기 때문에 실수가 자꾸 일어나는 겁니다"라고 일러바칠 필요는 없다. 굳이 당신이 이야기하지 않아도 상사는 그런 사실을 금방 알아낼 수 있을 터이니.

당신이 원하던 주제가 떠오르면, 즉 상사가 당신이 하는 일에 대해서 좀더 이야기해보라고 한다면, 당신이 원하는 것을 말하라. 이는 단순한 일임에도 불구하고, 대부분의 사람들은 그렇게 하려 들지 않는다. 너무 뻔뻔하거나 이기적인 일이라고 생각하기 때문이다. 그럴 수도 있다. 하지만 상사가 어떤 사람이며 어떻게 반응할지에 대해서 추측만 할 수는 없지 않은가? 그러지 말고 상사에게 당신이 원하는 것을 이야기하고, 당신이 그 일을 해낼 수 있다고 생각하는 이유를 밝히고, 그렇게 되면 회사에 어떤 이득이 되는지를 말하라. "저는 구매 업무를 할 준비가 되어 있다고 생각합니다. 새로운 재고 관리 프로그램의 사용법도 배웠고, 업무에 변화를 가져옴으로써 비용을 절약할 수 있을 것으로 생각합니다."

:: 조급해하지 말자

변화의 시기는 힘들고 초조할 수 있다는 사실을 기억해야 한다. 따라서 속도를 잘 조절해야 하고, 자신과 상사와 동료들에 대해 인내심을 갖는 것이 중요하다. 변화의 시기에는 실수를 할 수 있음을 예상해야 하고, 그로부터 배우겠다는 마음을 가져야 한다.

조급해하지 말고 기다리면 상황은 분명 개선될 것이다. 당신이 생각했던 것보다 더 빨리 혼돈 상태로부터 새로운 절차와 일상이 생겨날 것이다. 그러면 그 다음에는 새로운 변화가 일어나기 전에 변화에 대비할 시간을 충분히 확보할 수 있을 것이다.

안정기를 최대한 활용하자

때로 당신은 자신이 정체되어 있는 듯 느낄 수도 있다. 하지만 사실은 정체되어 있는 것이 아니라 변화의 속도를 견디지 못하는 것일 수도 있다. 스스로가 실패자처럼 느껴지는가? 계획했던 것만큼 빨리 발전하지 못하고 있는가? 때로 우리는 너무 쉽게 스스로를 실패자라고 규명해버린다. 그것도 잘못된 이유를 가지고. 우리는 단지 커리어의 안정기에 놓여 있는 것일 수도 있는 것이다.

안정기는 누구든 일을 하면서 겪기 마련인 정상적인 부분이다. 우리는 우리에게 도움이 되는 기술을 배우느라 시간과 노력을 들인다. 그리고 그 기술을 숙달하면 안정기에 도달하는 것이다. 안정기 동안에 우리는 배웠던 것을 실천하고 완벽하게 만든다. 일생 동안 우리는 이런 안정기를 몇 번은 맞이하게 된다. 그러므로 안정기를 알아보고 다루는 방법을 알아야 한다.

가장 헌신적인 일중독자라도 안정기를 피할 수는 없다. 물론 일중독자는 안정기를 불편하게 느끼고 어서 계속해서 앞으로 나아가고 싶어할 것이다. 그에게 있어 앞으로 나아가지 않는 것은 성공하지 못하는 것이나 마찬가지이다. 하지만 그런 태도는 근시안적인 태도이고, 일찌감치 지쳐버리는 지름길이다.

능력 이상의 성과를 올리려고 애쓰지 않는 사람들조차도 '전진하지 않는 상태'에 대해서는 죄의식을 느끼며 자신을 채찍질하는 경향이 있고, 불가능할 정도로 높은 기준에 의해 자신을 판단하는 경향이 있다. 이는 커리어에 있어서 시간이 하는 역할을 무시하는 태도이다. 간단히 말해서, 우리는 우리가 이루어온 것들을 전체적으로 보지 못하고 우리가 하지 못한 일에 대해서만 집중하는 것이다.

안정기에 이르면 잠시 숨을 고르고 쉴 수 있다. 기억하라. 변화—성장과 학습—는 스트레스를 주는 일이다. 잠깐 쉰다고 해서 문제될 것은 없다. 당신은 그럴 만한 자격이 있다.

∷ 일을 즐길 줄도 알아야 한다

자신이 하는 일을 '즐긴다'는 것은 불가능해 보일 수도 있다. 주변의 모든 것들은 우리에게 계속해서 노력하고, 또 노력하라고 말한다. 하지만 잠시 시간을 내서 자신이 성취한 것들을 즐긴다면 우리는 더 큰 힘을 얻을 수 있을 것이다.

:: 지금 나는 어디쯤 와 있나?

안정기에 있으면서는 스스로에게 몇 가지 질문을 할 수 있다. 가장 중요한 질문은 바로 이것이다. "지금 여기서 내 상태는 어떠한가?" 안정기에 들어섰을 때 자신의 상태를 다시 평가해보면, 자신이 실제로 하고 있는 일과 자신의 가치 및 장기적인 목표를 비교해볼 수 있을 것이다. 그런 기회를 무시한다면, 당신은 미로에 놓인 쥐와 다름이 없을 것이다.

:: 안정기인가, 극도의 피로기인가?

심신의 피로는 위험한 것이다. 비즈니스에서 일정 정도 성공하기 위해 있는 힘을 다해 노력한 뒤에 느끼는 피로감은 특히 위험하다. 안정기와 극도의 피로 사이의 결정적인 차이는 기분의 차이이다. 아침에 일어나기가 싫다면 당신은 극도의 피로를 느끼고 있는 것이다. 다행인 것은 안정기를 피로를 회복하는 기간으로 활용할 수 있다는 것이다.

일을 가지고 놀아보자. 일을 뒤집어서 생각해보자. 그렇게 해보면 판에 박힌 방식이나 사고에서 벗어날 수 있을 것이다. 예를 들어, 하루 동안 일을 하는 순서를 반대로 해본다면 어떨까? (반드시 이렇게 하라는 이야기는 아니다. 이렇게 해보는 목적은 사고에 생기를 불어넣기 위한 것이다.)

다시 불안해지기 시작한다면, 새로운 도전을 하고 새로운 목표를 세울 때이다. 안정기에 너무 오랫동안 머물러 있으면 기술도 무뎌질 것이고, 태도 또한 나빠질 수 있다.

:: 당신에게 성공이란 무엇인가?

또 다른 안정기에 온 것인지, 성공을 한 것인지를 구별하는 것은 성공을 어떻게 정의하느냐에 달려 있다. 당신에게 있어 성공을 구성하는 것은 무엇인가? 당신에게 있어 성공의 정의는 얼마나 넓은가, 혹은 얼마나 좁은가? 당신은 위험 부담을 거의 안지 않았고, 따라서 실패를 거의 하지 않았기 때문에 성공적인 것인가? 이런 질문들에 대한 대답은 개인적인 가치에 따라 다를 것이다.

성공을 단지 자신의 분야에 종사하는 다른 사람들보다 일을 잘하거나 연봉을 더 받는 것으로 정의한다면, 당신은 그 정의에 따라 원하는 것을 얻을 때까지 노력해야 할 것이다.

하지만 성공을 일을 잘해서 자신의 일에 대해 자부심을 느끼고 남부럽지 않은 생활을 꾸려가는 것으로 정의한다면? 그렇다면 당신은 이미 성공한 사람일지 모른다.

:: 실패를 했다고 실패자는 아니다

실패란 무언가를 해내기 위해 노력했으나 해내지 못한 것이다. 혹은 무언가를 해내기는 했으나 그것이 자신에게 적합한 일이 아니었음을 깨닫는 것일 수도 있다.

중요한 것은 실패가 과정의 일부라는 사실을 기억하는 것이다. 실패를 할 수는 있다. 그러나 실패를 했다고 해서 그 사람이 실패자라는 뜻은 아니다.

여기서 또 한 번 안정기를 통해 치유를 받을 수 있다. 안정기를 실패 이후에 얻은 상처를 치유할 수 있는 시간으로 활용할 수 있는 것이다. 기운을 회복했다고 느끼기 시작하면, 그때 다음의 성공을 위해서 계획을 세우면 된다.

다가올 변화에 대비하자

직장 생활을 하면서 정체되지 않을 수 있는 쉬운 방법 중 하나는 그 일 말고도 할 일이 많다고 생각하는 것이다. 따라서 현재 위치에서 일을 아주 잘하고 있더라도, 다음 직업을 위해 계획을 세우고 있어야 한다. 운전을 할 때면 몇 미터 앞을 보면서 동시에 저 멀리 지평선도 바라보듯이, 항상 다가올 변화에 대해 준비를 하고 있어야 한다. 이는 일을 하면서도 마찬가지이다.

그런 생각을 하는 데에는 두 가지 이유가 있다. 하나는 방어적인 이유이고, 다른 하나는 공격적인 이유이다. 하지만 이 경우에는 방어적이라고 해서 불안정한 것은 아니고, 공격적이라고 해서 지나치게 야심적인 것은 아니다.

:: 방어

당신이 하는 일, 당신의 회사, 당신이 몸담고 있는 업계는 계속해서 변화하고 있다. 이윤이 폭락하고 시장이 급격히 축소된다면, 더 많은 변화가 일어나리라 예상할 수 있다. 더 많은 인원이 감축될 것이고, 더 많은 회사가 붕괴될 것이다.

이제 더 이상 '안정'을 생각할 수 없는 이 비즈니스 세계에서 가장 위험한 가정 중 하나는 자신이 언제까지나 똑같은 회사에서 똑같은 상사 아래에서 똑같은 일을 똑같은 방식으로 하리라는 가정이다. 일의 종류, 장소, 상사, 업무 방식, 이 모두가 하룻밤 사이에 바뀔 수 있으며, 실제로 그런 일은 흔히 발생하고 있다. 따라서 무슨 일이 일어나기 전에 미리 계획을 하고 있어야 한다. 사건이 발생한 뒤에 대응하려면 몇 달이 걸릴 수도 있다. 어떻게 해야 할지 몰라서 당황하고 풀이 죽은 채 귀한 시간과 추진력, 사기를 잃어버리는 것이다.

그동안 자신이 지닌 업무 기술을 정체되도록 놔두고, 신기술에 뒤지고, 전문적 지식을 넓히지 않는다면, 당신은 직업을 찾으려고 애쓰는 수많은 사람들 중 한 사람이 되고 말 것이며, 심한 경우 당신보다 더 유능한 사람들과 경쟁을 해야 할 것이다.

:: 공격

현재 자신의 커리어에서 자기만족도가 낮다면, 미래를 앞서서 준비하면서 변화의 물결을 앞서 나갈 수도 있다. 다른 사람들에게는 당신이 성공적인 부서나 회사의 더 나은 일자리로 별 노력을 들이지 않고 옮겨가는 것으로 보일 수도 있다. 하지만 사실 그것은 당신이 열심히 일을 하고, 계획을 잘 세우고, 준비를 잘해왔기에 가능한 일이다.

그러기 위해서 당신이 해야 할 일과 해서는 안 되는 일은 정확히 무엇일까? 다음에서 각각 몇 가지씩 살펴보도록 하자.

해야 할 일

1. 당신의 타고난 호기심을 가지고 변화의 중심에 서도록 하라. 새 장비가 어디에 설치되고 있는가? 어느 곳에 직원이 추가되고 있는가? 지켜보라. 질문을 하라.

2. 기초를 탄탄히 쌓아라. 자신이 지닌 전문적 지식의 범위를 더욱 넓히고, 새로운 기술을 습득하도록 하라.

3. 새로운 업무 방식에 뒤떨어지지 않도록 하라. 새로운 방식은 다른 사람들로부터 배울 수도 있고, 업계 전문지를 통해서도 배울 수 있다.

4. 변화를 통해 성장하고 변화를 이끌어온 사람들과 대화를 나누어라. 종이를 컴퓨터로 바꿔놓은 주인공이 바로 그런 사람들이다. 그들은 많은 정보를 가지고 있는데, 그 정보들은 대개 진가를 정당하게 인정받지 못한 것들이다. 그들은 자신이 알고 있는 것을 사람들에게

이야기하는 것을 좋아한다. 그들과 대화하라.

5. 당신 옆자리에서부터 회장실에 이르기까지 무슨 일이 벌어지고 있는지를 파악하고 있도록 하라. 사무실에 오가는 이야기를 듣고, 신문과 업계 전문지를 읽어라. 그러면 사내에 급격한 변화가 일어나도 놀라지 않을 것이다.

해서는 안 될 일

1. 모든 것이 늘 똑같을 것으로 기대하지 마라. 당신의 부서는 지금까지 예산 감축이나 인원 감축으로부터 면제되어왔을지 모른다. 하지만 이제는 당신의 부서도 그로부터 자유롭지 못할 수 있다.

2. 커리어를 급격하게 변화시켜야 한다고 생각하지 마라. 많은 경우 그런 생각은 비현실적이다.

3. "지금껏 이런 방식으로 해왔는데, 이제 와서 왜 바꿔야 하지?"라고 생각해서는 안 된다. 변화에 저항하지 마라.

4. "난 내 할 일을 하고 집에 가면 그만이야"라고 말하지 마라. 일을 하는 것에는 자신이 종사하는 분야의 전체적인 그림을 보면서 자신의 미래를 준비하고 보호하는 것도 포함된다. 일에 대해 좁은 시야를 갖다 보면 자신에게 어떤 일이 일어날지 예상할 수 없게 된다.

5. 변화를 두려워하지 마라. 변화를 위협적인 존재로 보지 않고 재산으로 본다면 그것은 직업적으로 성장하는 것을 의미할 수 있다.

행복한 직원이란 어떤 직원을 말하는가? 좋은 평가를 받고 잘 훈련받은 팀원을 가리킨다. 일을 시작한 첫 날, 우리들 대부분은 넘치는 열정과 최선을 다하겠다는 열망을 가지고 있다. 그런데 언제부터인가 그 열정이 식기 시작한다. 그때 정체기가 시작된다. 하지만 그 열정의 샘을 다시 채우기 전에 무엇이 문제인지 알 필요가 있다.

버지니아 주 리치몬드의 그레이터 리치몬드 파트너십 주식회사에서 제공한 다음의 퀴즈를 풀어보고 자신이 직장에서 얼마나 행복한지, 혹은 불행한지 확인해보도록 하자. 다음의 질문들은 직원들이 느끼는 만족 중에서 가장 중요한 항목들을 뽑은 것이다. 어떤 부분에서 불행하게 느끼는지 알아낸다면, 그 상황을 변화시킬 수 있는 조치를 취할 수 있을 것이고, 정체기가 당신을 덮쳐오기 전에 피할 수 있을 것이다.

나는 행복한 직원인가?

예 아니오

1. 나는 내 임무를 이해하고 있는가? □ □

   내가 해야 하는 일이 무엇인지 이해하고 있을

   때만 일을 잘 해낼 수 있다.

2. 나는 적절한 훈련을 받았는가? □ □

   훈련을 제대로 받지 못했다면 좌절할 가능성이 높고,

   일을 잘하려는 동기를 잃어버리기 쉽다.

3. 우리 회사에서는 연수 과정을 제공하는가?

   계속해서 교육을 받으면 일을 더 잘하는 데 도움이

   될 것이다.

4. 내가 하는 일에는 성장할 여지가 있는가?

   따분하고 반복적이며 도전할 것은 거의 없는 일은

   나를 곧 비참하게 만들 것이다.

5. 일을 하면서 스스로 판단하고 일을 처리할 수 있는가?

   회사가 내 스스로 문제를 해결할 수 있게 해줄 때 나는

   독창성과 자부심을 발달시킬 수 있을 것이다.

6. 내가 하는 일 외에 다른 일을 훈련받은 적이 있는가?

   크로스 트레이닝은 더 큰 성취감을 느낄 수 있게 해줄

   것이고, 전체적인 업무 처리 과정을 더 잘 이해할 수

   있게 해줄 것이다.

7. 이 회사에는 내 미래가 있는가?

   현명한 상사라면 이 회사의 승진 시스템에 대해 설명

   해줄 것이고, 내가 어떻게 하면 연봉을 올려 받고 승진을

   할 수 있을지 알려줄 것이다.

8. 내 근무 조건은 안전하고 편안한가?

   어느 누구도 음습하고, 지저분하고, 조명 상태도

   좋지 않은, 관리가 잘 되지 않는 사무실에서 즐겁게

   일하기는 힘들 것이다.

9. 나의 상사는 합리적인 사람인가?

상사가 나에게 불합리한 일을 시키거나, 변덕스럽거나,
나를 비롯한 직원들에게 공정하지 않다면, 나는 분노할
것이고, 업무를 부주의하고 무심하게 처리하게 될
것이다.

10. 나의 상사는 나에게 일을 잘했다고 말해주는가? □ □
    좋은 상사는 비판을 잘하는 만큼 칭찬도 잘한다.

11. 내가 받는 연봉과 복지 혜택을 제대로 이해하고 있는가? □ □
    보수가 어떻게 책정되는지 이해할 수 있어야 적절한
    보수를 받고 있다고 느낄 수 있을 것이다.

여덟 개 이상의 질문에 '예'라고 대답했다면, 당신은 직업에 대해 만족하고 있는 것이다. 6개월 뒤에 이 문제를 다시 풀어보도록 하라. 시간이 지나면 상황은 달라질 수 있는 것이다.

물론, '아니오'라고 대답한 질문에 대해서도 주목해야 한다. 당신이 만족하지 못하고 있는 부분이기 때문이다. 이 문제들에 대해서는 상사와 함께 의논을 하고 변화를 줄 수 있는 방법을 함께 모색해야 한다.

이 퀴즈는 당신의 근무 조건 가운데 만족하는 부분과 만족하지 못하는 부분을 가려내는 것에 불과하다. 이제 대화를 나누면서 함께 문제를 해결해나가야 한다.

다음은 미시건 주의 포트 휴런에 사는 한 독자가 보내온 일에서 느끼는 행복에 대한 질문이다.

“자신이 좋아하는 일을 할 경우, 별로 즐겁지 않은 일을 할 때보다 돈을 적게 번다면, 일을 함에 있어서 즐거움이라는 요소는 얼마 정도의 가치를 지닐까요?”

일을 하면서 즐거우냐 즐겁지 못하냐는 백만 달러를 더 벌거나 덜 버는 것에 비유할 수 있다. 일이 기분 좋게 잘 된다면 백만 달러는 더 번 기분일 것이고, 엉망인 기분으로 일을 한다면 백만 달러는 덜 번 기분일 것이다. 물론 사람에 따라 그 가치는 다를 것이다.

당신이라면 위의 질문에 뭐라고 대답할지 생각해보는 데 도움을 주기 위해서 위의 문장을 몇 가지로 나누어 살펴보도록 하겠다.

1. 자신이 어떤 일을 좋아한다는 것을 어떻게 알 수 있는가?

그 대상이 사람이든, 일이든, 어떤 대상을 좋아한다는 사실은 저절로 알 수 있다. 그뿐이다. 자신이 어떤 대상을 좋아하는지 몰라서 물어야 한다면, 당신은 좋은 일을 하고 있으면서도 그 사실을 깨닫지 못하는 애처로운 영혼 중 하나일 것이다. 아니면, 아마도 당신은 그 일을 그다지 좋아하지 않는 것이리라.

당신이 자신의 일을 좋아하며, 그 사실을 알고 있다면, 당신은 무척 운이 좋은 사람이다. 그리고 대부분의 경우 당신은 돈을 많이 벌지 못하는 것을 아쉽게 생각하지 않을 것이다. 당신이 또한 운 좋게도 일을 잘한다면, 결국에는 큰 돈을 벌 수 있을 것이다.

2. 평생의 타율을 계산해보라

앞서 말했듯이, 일에서 얻는 행복감의 가치는 좌절감과 만족감의 사이클에 따라 크게 달라질 수 있다. 그런 변수들을 모두 염두에 두고 있다면, 특정 기간에 자신이 어떻게 일을 하는지를 더 잘 평가할 수 있을 것이다.

유용한 팁 : 너무 기분이 좋은 날이나 너무 기분이 좋지 않은 날에는 커리어와 관련한 중요한 결정을 내리지 마라. 그럴 때는 좋지 않은, 혹은 현명하지 않은 결정을 내리기 쉽다. 기다리면서 상황을 지켜보아야 한다.

3. 당신의 영웅은 누구인가?

당신은 도널드 트럼프를 부러워하는가, 아니면 버몬트 주의 농장에서 사슬톱으로 조각품을 만드는 사람을 부러워하는가? 이 질문에 대해 틀린 대답이란 건 없다. 당신에게 알맞은 대답이 있을 뿐이다. 자신이 갖고 있는 진정한 포부나 꿈을 명쾌하게 설명하지 못하겠다면, 당신의 영웅들의 이야기를 통해 당신이 나아가고 싶은 길을 나타낼 수 있을 것이다.

4. 당신은 마음을 바꿀 수 있다

당신이 환상을 버리고 사슬톱으로 조각품을 만들면서 살기로 결정했다고 치자. 일단 시작하고 나면 당신이 예상치 못했던 놀라운 일들이 많이 벌어질 것이다. 그 가운데에는 창작의 자유, 그리고 자연과 더불어 일을 한다는 매력 등 기분 좋은 놀라움도 있을 것이다.

그러나 당신은 휘발유 냄새와 사슬톱 소리에, 그리고 불규칙적인 수입에 지칠 수도 있다. 그러면 조금 쉬었다가 예전의 일로 돌아갈 수도 있다.

혹은 전혀 다른 일을 새롭게 시도해볼 수도 있다.

비록 일이 잘 되지 않더라도, 당신은 이제 자신에게 동기를 부여하는 것의 의미에 대해 조금은 더 알게 되었다. 이는 미래를 위한 유용한 교훈으로 삼도록 하자.

그리고 이제 당신은 그 누구도 앗아갈 수 없는 값진 선물을 얻었다. 다른 일을 시도해봄으로써, 비록 그 일이 잘 되지 않았더라도, 자신이 단지 월급봉투의 노예는 아니라는 사실을 알게 된 것이다. 이것은 스스로에게 줄 수 있는 엄청난 선물이다.

5. 소망을 이룬 뒤의 허탈감에 놀라지 마라

때로 사람들은 막상 자신이 정말로 좋아하는 일을 하게 되면 허탈감을 느끼기도 한다. 위에서 얘기한 예상치 못한 놀라움 때문일 수도 있고, "이게 다야?" 하는 기분 때문일 수도 있다. 그런 증상이 나타나더라도 놀랄 것 없다. 일시적인 반응일 테니까.

6. 때로는 목표 달성을 위해 현실과 타협하라

유감스럽게도 당신은 모든 것을 당신 뜻대로 할 수는 없을 것이다. 당신이 좋아하지만 돈은 덜 되는 일을 나머지 6개월 동안 하기 위해서는 앞서 6개월 동안 싫어하는 일을 해야 할 수도 있다. 그 정도라면 완벽하지는 않아도 해볼 만한 흥정이다. 당신이 변화를 기회로 볼 수 있다면, 그리고 자신의 목표를 위해서 기꺼이 희생을 할 수 있다면, 자신에게 알맞은 방법을 찾아낼 수 있을 것이다.

가족이 있다면 더 많은 부분을 타협해야 할지도 모른다. 하지만 개인적인 목표를 묻어버리지는 마라. 당신이 내리는 결정은 가족의 영향을 받겠지만, 스스로를 속이지는 마라. 당신이 원하는 것을 정직하게 이야기한다면, 가족과 함께 더 효과적인 해결책을 찾아낼 수 있을 것이다.

정체기는 당신이 극도의 피로 상태를 개선하기 위한 조치를 취하지 않을 때 찾아온다. 피로를 제때에 적절하게 관리하지 못하면 만성 피로가 된다. 정체기는 또한 성장하려는 건강한 충동을 무시하고 앞으로 나아가야 할 때임을 알면서도 가만히 있을 때 찾아온다. 대부분의 사람들과 비슷하다면, 당신은 지금 이 순간 정체기를 겪고 있을 가능성이 높다. 주위를 둘러보고 도전할 것을 찾아보자.

꿈은, 이루어진다! 정말?

Chapter 10

내 꿈에 이름 붙이기

토머스 알바 에디슨이 천재에 대해 한 명언을 들어보았을 것이다. "천재는 1퍼센트의 영감과 99퍼센트의 땀으로 이루어진다"라는 말을. 이 장에서는 천재를 만드는 세 번째 요소인 '꿈'에 대해 이야기하겠다. 동기를 부여받으려면 영감과 땀과 아울러 '꿈'이 필요하다.

꿈은, 극복해야 할 결점들에 주목하기보다는 한계를 뛰어넘어 최선의 능력을 발휘할 수 있게 해준다. 꿈은 우리를 놀라게 하고 우리를 기쁘게 한다.

당신은 토머스 알바 에디슨이 천재에 대해 한 명언을 들어보았을 것이다. "천재는 1퍼센트의 영감과 99퍼센트의 땀으로 이루어진다"라는 말을. 이 장에서는 천재를 만드는 세 번째 요소인 '꿈'에 대해 이야기하겠다. 동기를 부여받으려면 영감과 땀과 아울러 '꿈'이 필요하다.

우선 꿈을 이루는 데 방해가 되는 변명들을 제거해보자. 당신이 지닌 비밀스런 꿈을 이루지 못하는 이유를 당신은 다음과 같이 말하고 있을지도 모른다.

- 나는 너무 바빠.
- 너무 두려워.
- 그 꿈을 이루려면 해야 할 일이 너무 많을 거야.
- 그런 꿈을 꾼 건 너무 어리석었어.
- 그 꿈은 절대 이룰 수 없을 거야.

모두 익숙하게 들리는 변명일 것이다. 이 말들은 전체 인구의 95퍼센트, 달리 말해서 자신의 꿈을 이루기 위해 위험을 무릅쓰고 노력하지 않는 대부분의 사람들이 하는 변명이다. 당신도 그 중 한 사람인가? 그러나 당신은 꿈을 되찾고 싶은가?

최근에 나는 자신의 발명품을 마케팅함에 있어 도움을 받고 싶어하는 한 남자로부터 전화를 받았다. 그는 자신의 발명품 한 가지는 특허를 받기도 했는데, 아직까지 별 재미를 보지 못하고 있었다. 그는 그 특허품으로 돈을 벌어서 배를 사고 싶어했다. "매일 낚시를 하러 가고 싶어요." 그의 말이었다.

그의 나이는 83세였다.

처음에 그는 조금 딱해 보였다. 하지만 곧 다음과 같은 생각이 들었다. 그는 그 꿈을 쉽게 포기해버릴 수도 있었을 것이다. "잊어버리자. 그 발명품 하나로 배를 살 수는 없을 거야." 이렇게 말하고 포기해버렸다면 어떻게 되었을까? 그의 나이는 83세이고, 꿈도 없고 희망도 없을 것이다. 어쩌면 그의 꿈은 그리 대단한 게 아니었을지 모른다. 하지만 그는 그 꿈을 이루기 위해 노력했다.

아무튼, 그가 자신의 꿈을 이루지 못한다 하더라도 비극은 아닐 것이다. 진정한 비극은 그가 아예 아무런 꿈도 갖지 않는 것일 테니까.

자, 당신은 그런 비극에 처해서는 안 된다. 당신의 꿈은 어떤가? 꿈에 대해 기억해야 할 중요한 사실 한 가지는 꿈에는 한계를 두어서는 안 된다는 것이다. 꿈을 꾸기 시작했다면 크게 꾸어야 하고, 점점 더 크게 꾸어야 한다. 뿐만 아니라, 일과 관계없는 꿈도 꾸어야 한다.

이 책은 당신의 커리어를 향상시키는 데 목표를 두고 있는 책이긴 하지만, 당신의 커리어는 당신 인생의 일부가 되었을 때 더욱 의미가 있다는 사실을 지금쯤이면 깨달았을 것이라 믿는다. 사실 당신의 일을 당신

삶의 나머지 부분과 성공적으로 연관 짓는 것은 훌륭한 목표이다. 당신은 지금 꿈을 찾고 있는가? 그렇다면 바로 저기에 당신을 위한 꿈이 있다.

지금 나는 목표(제한적이고, 구체적이다)와 꿈(크고, 복잡하다) 사이에는 차이가 있다는 이야기를 하려는 것이다. 당신이 여러 가지 꿈들을 한데 모으고 있다면, 한 걸음 물러서서 큰 그림을 보도록 하라. 거기에는 "5년, 10년, 20년 뒤에 나는 무엇을 하며 살고 있을까?"와 같은 문제들이 들어 있을 것이다.

당신이 꿈을 이루는 데 늑장을 부리고 있다고 해보자. 혹은 꿈이 무엇인지 명료하게 표현하는 데 어려움을 겪고 있다고 해보자. 그런데 앞으로 살아갈 날이 일 년밖에 남지 않았다면 어떡하겠는가?

삶이 얼마 남지 않은 환자들을 치료하는 뉴멕시코의 치료 전문가 스티븐 레빈에 따르면, 죽음을 앞둔 사람들이 꼽은 가장 후회되는 일 다섯 가지는 다음과 같다.

- 목표나 꿈을 이루지 못했다는 사실이 아쉽다.
- 돈이나 명성을 위해서보다는 개인적인 만족을 위해서 일을 했더라면, 혹은 사회적으로 도움이 되는 일을 했더라면 좋았을 것이다.
- 어울리지 않는 배우자와 억지로 살지 말고 이혼했더라면 좋았을 것이다.
- (일부, 특히 30대와 50대 사이의 사람들) 좀더 즐기며 살지 못한 것이 아쉽다.
- (부나 지위를 가진 사람들의 경우) 살면서 즐거운 일이 별로 없었다.

위와 같이 후회되는 일을 잔뜩 안은 채 삶을 마감할 수는 없지 않은가? 그렇다면 당신이 해야 할 일은 위와 같은 후회들을 당신의 삶에 맞는 소망으로 바꾸는 것이다. 그러면 당신은 꿈을 이루기 위해 노력할 준비가 되는 것이다.

그것은 쉬운 일은 아니다. 스티븐 레빈은 〈내 삶이 일 년밖에 남지 않았다면: 올해를 당신의 마지막 해인 것처럼 살아가는 방법(One Year to Live: How to Live This Year as if It were Your Last)〉이라는 책을 썼다. 그는 그것은 어려운 일이라고 말한다. 그래도 시작은 해야 한다. 인생은 짧으니까.

나는 새해를 맞아서 하는 결심들과 10년 단위로 삶을 되돌아보게 하는 글들을 무척 좋아한다. 내가 어떻게, 무엇을 하며 살아오고 있으며, 내 삶의 자세에 대해 어떻게 느끼는지를 점검할 수 있는 기회를 주기 때문이다. 나는 '당신이 30세가 되기 전에 이루어야 할 30가지 일들'이나 '당신이 40세가 되기 전에 이루어야 할 일들' 등과 같은 제목을 가진 기사들을 모은다. 그렇다. 10년이라는 시간은 그렇게 빨리 지나가버리는 것이다. 그러니 어서 꿈을 이루려는 노력을 시작해야 한다.

나는 또한 오랫동안 아무도 알아주지 않는 일을 해오다가 마침내 성공한 사람들에 대한 이야기를 듣는 것을 좋아한다. 매사추세츠 주에 사는 두 젊은이가 '닌자 거북이(Teenage Mutant Ninja Turtles)'라는 만화의 등장인물들을 탄생시켰다. 그리고 그 인물들을 가지고 무척 인기 있는 장난감과 텔레비전 프로그램을 만들어냈다. 두 사람은 크게 성공을 하고 큰 돈을 벌었을 뿐만 아니라, 그들의 만화는 장난감 제작과 마케팅,

애니메이션 등 새로운 커리어의 세계와 새로운 꿈을 열었다.

한때 그들은 거북이를 만화로 그리는 괴짜에 불과했지만, 다음 순간 그들은 세계에서 최고로 성공한 사람들이 되었다. 그 사이에 무슨 일이 일어난 것일까? 사실, 달라진 것은 없다. 그들은 사람들이 알아줄 때까지 묵묵히 노력을 한 것뿐이고, 어느 순간 그들에게 유리한 일이 일어나기 시작한 것이다.

당신은 아마도 직장을 그만두고 빵집을 열겠다거나 하는, 지금 하고 있는 일과는 완전히 다른 일을 하겠다는 꿈을 주기적으로 꾸고 있을지도 모른다.

꿈을 이루는 데 있어서 중요한 규칙 하나

당신은 꿈을 이룰 수 있다. 하지만 한 가지는 기억해야 한다. 토대를 마련하기 전까지는 지금 하는 일을 그만두어서는 안 된다는 것이다. 이 말은 꿈을 다듬어가고 있는 당신에게는 너무 현실적인 이야기로 들릴지 모른다. 하지만 제대로 도약을 하려면 안정된 발판이 있어야 하는 것이 현실이다.

때로 우리는 너무 두려워서 변화를 할 용기를 갖지 못한다. 한 걸음을 내딛기까지 너무 오랫동안 기다려왔기 때문이다. 그리고 나서 갑작스럽게 극적인 변화를 가져오려 한다. 그렇게 해야만 중도에 돌아서지 않을 수 있을 것 같아서이다. 그러나 그렇게 하다가는 금방 좌절하거나 환상에서 깨어나게 된다. 그런 태도는 진정 계획을 세우는 것이 아니라 허세를 부리는 것이기 때문이다. 더 이상 물러날 곳이 없도록 배수의 진을 치는 것이 옳은 일처럼 보일 수도 있다. 하지만 현실에 눈을 뜬 채 꿈을 이루는 과정에 착수하는 것이 성공할 가능성이 더 높다.

계산된 위험을 무릅쓴다는 것은, 좋은 것이든 나쁜 것이든 가능한 모든 결과들을 비교해본다는 뜻이다. 앞으로 일어날 변화가 당신 가족과 당신 자신에게 미칠 영향을 생각해보라. 커리어에 변화를 가져오려면 돈이 얼마나 들지, 시간은 얼마나 걸릴지, 스트레스는 얼마나 받게 될지 등 여러 요인들을 현실적으로 판단해보라. 구체적인 계획을 세우고, 모든 단계를 예상해보고 난 후, 그때 가서 일을 그만두도록 하라. 그리고 그 기분을 만끽하라.

변화는 모험이 아니라 성장이다

자신은 모험을 좋아하는 유형이 아니라고 생각하기 때문에 변화하려 들지 않는지도 모른다. 우선, 대중 심리학 기사들이 주장하는 것에도 불구하고 사람들에게 있어 어떤 정해진 '유형'이라는 것은 없다. 둘째, 변화를 모험이라고 생각하지 마라. 변화는 모험에 비해서 훨씬 덜 위협적이고 훨씬 더 건강한 '성장'이라고 생각하라.

모두가 당신을 미쳤다고 생각한다면?

어쩌면 당신이 하고 싶어하는 일을 주변 사람들은 좋지 않은 생각이라고 여기며 하지 못하게 설득할지 모른다. 그러나 그 모든 사람이 당신이 내린 결정에 따라 살 필요는 없는 것이다. 당신은 당신의 친구들이 아니고 당신의 부모님이 아니다. 당신을 염려해주는 사람들의 이야기에 귀를 기울일 필요는 있다. 하지만 당신 삶에 대한 결정은 당신 자신이 내리는 것이다.

꿈에 대해 연구하고 조사하라

우리가 변화하는 것을 방해하는 것들 중 하나는 미지의 것들에 대한 두려움이다. 어떤 주제에 대해 철저히 조사를 한다면 그 주제는 더 이상 미지의 것이 아니다. 당신이 하고 싶어하는 일을 해온 사람들과 이야기를 해보라.

자신의 꿈에 따라 일 년간 파리에서 살았던 내 친구는 세상에서 가장 매력적인 도시도 더럽고, 우울하고, 외로울 수 있음을 알았다고 말했다. 그 친구는 파리에서 길고 우울한 겨울을 보내야 했다. 당신도 파리에서 한 해를 보낼 생각을 하고 있다면, 이제 당신은 내 친구보다는 준비를 더 잘할 수 있을 것이다. 다른 사람이 들려주는 현실적인 경험담이 좀더 현명하게 판단하는 데 도움이 되는 것이다. 여전히 파리에서 살겠다고 결정한다면, 당신은 길고 외로운 겨울을 잘 이겨낼 수 있도록 철저히 준비를 해야 할 것이다.

실패가 두렵다면, 성공할 경우에 어떻게 될지를 집중적으로 생각해보라. 그리고 사실, 시도를 했다가 실패한다 해도, 그게 뭐 대수인가? 이번엔 일을 망쳤더라도, 다음에 다른 무언가를 시도할 때는 좀더 쉬워질 것이다. 실패를 할 때마다 무언가를 배우고 스스로를 탓하지 않기만 한다면 말이다.

당신이 지금 하고 있는 일로 만족하고 행복하다면, 뭔가 다른 것을 시도할 필요가 없을 수도 있다. 그리고 지금 당장은 행복하지 않을지 모른다. 하지만 일을 하면서 마지막으로 행복했던 때를 떠올려보라. 그 행복감은 얼마나 지속되었는가? 그 후 무엇이 달라졌는가? 불안해지기까지 시간이 얼마나 걸렸는가?

지금 불만을 느낀다면 불만의 씨앗이 무엇인지 찾아보라. 일이 쉬워지기 시작했는가? 불안감을 느끼기 시작했는가? 이렇게 항상 다음 단계를 준비할 수 있도록 마음을 열어두어야 한다.

꿈을 찾는 방법

당신이 지금 하는 일 외에 다른 일을 하는 것을 상상하기가 어려워서 모험을 하지 못할지도 모른다.

당신이 중학교, 고등학교, 혹은 대학교에 다니던 시절을 떠올려보라.

그때 당신은 무엇이든 될 수 있다고 생각했을 것이다. 그 당시 당신이 품었던 환상 중 일부가 당신이 가졌던 최고의 소망이었을 것이다. 그때의 소망을 기억함으로써 실현되지 못한 당신의 재능을 기억해낼 수도 있다.

이제 미래를 생각해보자. 우리들 중에는 좀더 느리게 진화하는 사람들이 있다. 그들은 어떤 일이 성취감을 느끼게 하는지를 깨닫는 데에도 남들보다 더 오랜 시간이 걸린다. 당신은 처음에는 돈을 더 많이 벌게 해주고 여행을 더 많이 할 수 있게 하는 일을 하고 싶다고 생각했을 수도 있다. 하지만 지금은 다른 사람을 위해 무언가를 할 수 있는 일을 하고 싶어 할 수도 있다.

당신이 잡을 수 있는 기회는 많이 있다. 그 기회들은 당신을 변화시킬 수 있기 때문에 당신이 평생 지녀온 꿈에도 영향을 미칠 것이다. 당신이 두려워하는 것이 있다면 그것을 정복하라. 물이 두렵다면 수영을 배워라. 그러고 나면 항해법을 배울 수 있을 것이고, 수상 스키나 스쿠버 다이빙을 배울 수 있을 것이다. 혹은 수영을 하지 못할 장애를 지닌 아이들을 가르칠 수도 있다. 그 과정에서 몸무게를 줄이거나 3개월간의 항해 여행을 한다면, 그 경험을 가지고 체중 감량 센터의 관리자로 일할 수도 있고, 항해 잡지에 기사를 쓸 수도 있다.

당신이 붙잡는 기회가 더 많은 돈을 벌게 해주거나 승진을 시켜주는 것일 필요는 없다. 하지만 당신의 시야를 넓혀줄 수는 있어야 한다. 새로운 것을 시도하고 난 뒤에는 자신이 어떻게 달라졌는지를 확인하는 습관을 들여라. 새로운 일을 시도하는 것만큼이나 중요한 것은 그 시도가 당신을 어떻게 변화시켰는지를 확인하는 것이다.

우리들 대부분은 커리어를 쌓아오는 동안 많은 선택의 여지들을 거부한 채 좁은 길 위를 달려왔다. 그런 일을 해서는 먹고 살기 힘들 거라는 부모님의 말씀 때문에 댄스 강습이나 미술 수업은 받지도 않았다.

스스로 집세를 낼 만큼 나이를 먹었다면, 예전에 부모님들이 하지 말라고 하셨던 일들을 시도해볼 만한 나이가 된 것이다. 이제 요리를 배우거나 피아노를 배워보자. 이런 활동을 하다 보면 새로운 친구들을 사귈 수 있을 것이고, 새로운 관심사를 찾을 수 있을 것이며, 생계를 꾸려가는 새로운 방법도 찾을 수 있을 것이다. 그것이 더 큰 꿈을 향해 똑바로 나아가는 지름길은 아닐지 몰라도, 더 큰 꿈을 향해 가는 길인 것만은 분명하다.

꿈을 키워주는 파일을 만들자

꿈을 크게 꾸지 못하는 것이 당신의 문제라면, '영감'을 키우고 지속시켜주는 파일을 만들어 관리해보자. 그곳에서 당신의 꿈을 키울 수 있을 것이다. 나 자신 그런 파일을 관리하고 있는데, 당신도 그렇게 해보기를 적극 권한다. 꿈이 한 가지가 넘는다면 몇 개의 파일을 만들면 된다.

나는 그 파일에 실용적인 것에서부터 공상적인 것에 이르기까지 내 정신을 고양시켜줄 수 있는 것들을 모아두었다. 중요한 업적을 이룬 사람들에 대한 신문 기사, 위대한 사람들이 한 말들, 그리고 내가 유명한 저자가 된 뒤에 출연하고 싶은 TV 프로그램에 대한 생각들 등등.

그 파일 안에 당신에게 영감을 불어넣어주는 것들—말이나 특정 물건들, 사진들—을 모아놓는 것이다. 원한다면 그런 것들을 게시판에 붙여놓아도 좋고, 지갑 속에 넣고 다녀도 좋다. 아니면 흥얼거리며 노래를 부르고 다녀도 좋을 것이다. 일상 속에서 당신의 꿈을 상기시켜줄 수 있는 것이라면 어떤 방법이든 좋다.

한 가지 예를 들어보겠다. 이 이야기를 들으면 파일을 만들어 관리하는 것이 어떤 효과가 있는지 알 수 있을 것이다. 나는 내가 11년 전에 썼던 칼럼 하나를 보관해왔는데, 왜 그것을 보관하는지 내 자신도 확실한 이유를 알지 못했다. 그런데 오늘 그 칼럼을 보고 그 이유를 알았다. 그 칼럼은 '풍수지리학'이라는 다소 모호한 과목으로 학위를 받은 스티븐 베넷이라는 남자에 대한 이야기였다. 그 남자는 나중에 작가가 되었다.

그렇다! 나 역시 모호한 과목—철학—으로 학위를 받았고, 바로 그 풍수지리학자 스티븐 베넷을 인터뷰한 후 작가가 되리라는 꿈을 꾸기 시작한 것이었다.

이 일화를 소개하는 까닭은, 때로는 자신의 꿈이 무엇인지 명확히 깨닫기까지는 시간이 걸린다는 이야기를 하기 위해서이다. 하지만 당신은 파일에 새로운 항목을 추가할 때마다 잘 들여다보고 당신에게 영감을 주는 것이 무엇인지 정확히 파악하는 게 좋을 것이다. 그러면 나처럼 11년이나 기다릴 필요가 없을 테니까!

스티븐 베넷에 대한 기사를 이제 와서 다시 보면 내가 끌렸던 부분이 어디인지 명확하다. 나는 내 인생의 초점을 찾아내는 데 오랜 시간이 걸리는 사람이었고, 베넷의 이야기는 나도 그처럼 될 수 있으리라는 희망을 품게 한 것이었다.

꿈을 위한 파일에 보관되는 것이 특정한 목표나 방향에 대한 것이 아니어도 무방하다. 앞서 소개한 나의 경우처럼, 지금 당신이 있는 자리에서 당신이 가고 싶은 자리로 가는 과정에 대한 것이어도 좋다.

중요한 사실이 하나 있다. 그 파일에 대해서는 검열을 해서는 안 된다는 것이다. 그 파일 안에서 당신은 자유롭게 꿈을 꾸어야 하고, 한 가지 꿈은 다른 꿈으로 이어지고, 꿈을 이루기 위한 용기를 얻을 수 있어야 한다.

파일의 형태는 당신이 원하는 어떤 형태로 만들어도 된다. 화가나 디자이너 등 시각적인 작업을 하는 사람들은 쉽게 볼 수 있는 곳에 파일을 배치할 수도 있다. 스케치, 천 조각, 나뭇잎 등을 게시판에 붙여놓거나, 탁자에 진열해두거나, 아니면 천장에 매달아놓거나. 녹음기를 가지고 다니기를 좋아하는 사람도 있을 것이고, 줄이 그어져 있지 않은 스케치북을 가지고 다니기를 좋아하는 사람도 있을 것이다. 이렇게 파일의 형태는 어떤 것이든 좋다. 자신이 원하고 자신에게 편한 방식을 택하면 된다.

즐거운 마음으로 파일을 주의 깊게 잘 관리하고, 수시로 내용을 채워야 한다. 그 파일은 당신의 꿈의 실체를 기록하는 무척 중요한 매체이기 때문이다. 그 파일은 당신의 꿈을 공식적인 존재로 만들어준다. 나는 꿈을 '공언하는' 것의 중요성을 믿는다. 우선 자기 자신에게 공언하고, 그 다음에 온 세상을 향해 공언하는 것이다.

만일 당신이 반대되는 고민을 하고 있다면, 즉 꿈이 너무 크고 비현실적이라면, 혹은 꿈이 너무 많아서 그것들을 모두 어떻게 해야 할지 모르겠으면, 3장으로 돌아가서 목표를 세우고 실현시키는 방법에 대해 다시 읽어보도록 하라.

어쨌든 당신의 꿈을 위해 매일 매일 노력해야 한다.

꿈에게 이름을 붙이자

새해의 결심과 꿈 사이에는 큰 차이점이 있다. 우리는 종종 과거의 실수를 통해 미래를 바라봄으로써 미래를 망쳐버리는 경우가 있다. 그것이 결심의 문제점이다. 결심은 가능성보다는 잘못한 점들에 초점이 맞춰지는 경우가 많은 것이다. 한 해가 막을 내릴 때는, 자신을 찾아왔던 기회들을 놓쳐버린 것에 대해 스스로를 꾸짖고, 다른 사람들 모두가 자신보다 앞서 나간다고 초조해하면서 자기 자신을 벌주기가 쉽다.

하지만 이제는 그러는 대신 그 시간에 당신의 꿈들에게 이름을 붙여보자. 꿈은 결심보다는 멀리 있다. 꿈은, 극복해야 할 결점들에 주목하기보다는 한계를 뛰어넘어 최선의 능력을 발휘할 수 있게 해준다. 꿈은 우리를 놀라게 하고 우리를 기쁘게 한다.

나는 비밀스런 꿈을 가지고 있지 않은 사람은 거의 보지 못했다. 꿈은 역설적이고 감동적이며, 돈이나 권력보다는 만족감과 훨씬 깊은 관련이 있다. 예를 들어 성공적인 사업가는 사람들에게 영감을 줄 수 있는 책을 쓰고 싶어한다. 기자는 도시 계획 사업을 하고 싶어한다. 일하는 엄마는 질 높은 육아원을 운영하고 싶어한다.

지금 당장 자신이 어떤 꿈을 갖고 있는지 생각이 나지 않는다면, 꿈에 대해 생각할 시간이 없었기 때문일 수도 있다. 지금 하고 있는 일에서 잠시 벗어나서 유쾌하고 엉뚱한 환상을 품어보자. 자신이 좋아하는 일을 하는 상상을 해보자. 매일 여덟 시간씩 하면서 살고 싶었던 일이 무엇인가? (물론 불법적인 행동은 빼고.) 그 꿈을 따라 사는 것이 더 좋을 것 같다면, 그 꿈을 따랐을 때 얻을 수 있는 것들을 상상해보자. 발명품을 팔아서 하루 종일 낚시를 할 수 있도록 배를 사고 싶어했던 사람처럼 말이다.

'아냐. 그건 불가능할 거야' 라고 생각하지는 마라. 한 가지 생각이 다른 생각으로 이어지게 놔두어라. 이런 연습을 하는 목적은 당신이 원하는 것에 대해 생각하게 만드는 것이지, 당신이 원해야 한다고 '생각하는' 것을 생각하게 하려는 것이 아니다.

만일 당신이 지금 있는 그 자리에서 행복하다면 어떡할까? 꿈을 갖는다는 것은 반드시 현재 상황을 비판해야 하는 것을 의미하지는 않는다. 물론, 현재 상황에서 벗어나 더욱 성장한다는 것을 의미하기는 한다. 지금은 여러 가지 변수들이 당신을 행복하게 만들어줄 것이다. 당신은 당신이 속해 있는 팀을 좋아하고, 당신의 상사는 당신을 아주 좋아하고, 불안감을 느낄 정도로 지금 하는 일을 오래 하지는 않았을 수도 있다.

현재가 자신을 몹시 불행하게 만들기 전에는 미래에 대해 생각하지 않는 것이 인간의 본성이다. 그럴 때 우리는 좋지 않은 결정을 내리기 쉽다. 위에서 말한 변수들이 변화하기 시작하면서 예전만큼 행복하지 않다면 어떻게 할 텐가? 예전 상태로 돌아오기를 소망하면서 버틸 것인가(절대 예전으로 돌아오는 일은 없다), 아니면 새로운 상태를 꿈꿀 것인가?

꿈을 향해 노력하는 한, 당신은 다른 사람들에게서 부럽게 느꼈던 바로 그 에너지를 느끼게 될 것이다. 꿈을 찾지 못하고 표류하고 있을 때 당신은 모든 일을 옆으로 밀쳐놓거나 쌓아두었고, 버려두었었다. 이제 당신은 모든 행동을 평가하고 우선순위를 정할 수 있기 때문에 일을 체계화하는 것이 쉬워졌을 것이다. "이 일을 하면 내 꿈을 이루는 데 도움이 될까, 아니면 더 혼란스러워질까?"

꿈을 향해 나아가는 동안 당신은 방향을 바꿔놓을 수 있을 놀라운 발견을 하게 될지 모른다. 자신은 지금껏 돈이나 명예를 위해 일하고 있다고 확신하고 있었는데, 어느 순간 다른 사람들을 위해 일하고 싶다는 소망이 점점 커지고 있음을 깨달을 수도 있는 것이다. 중요한 지점에 도착했을 때 허탈감을 느낀다면, 예상했던 만큼 만족감을 느끼지 못하기 때문일 수 있다. 꿈은 조정해나갈 수 있어야 한다.

균형을 유지하라. 꿈을 이루기 위해 노력하느라 친구들과 가족으로부터 멀어진다면, 눈가리개를 너무 꽉 조이고 있는 것인지 모른다. 꿈을 이루기 위해서는 일정 정도의 집념은 필요하다. 그렇다고 해서 삶이 메마르면 안 된다. 당신의 꿈이 다른 사람들로부터 당신을 고립시킨다면, 그 꿈은 장기적으로는 당신을 행복하게 만들 수는 없을 것이다.

부디 행복하게 새로운 꿈들을 꾸시기를.

당신은 지혜로운 사람입니다

현재의 모습에 연연하지 않고

무한한 미래의 가능성을 향해 마음을 열고 기다릴 줄 아는 당신,

자신이 하고 싶은 말을 하기보다는

다른 사람의 이야기에 조용히 귀 기울일 줄 아는 당신,

대박의 환상, 성공한 이들의 화려함에 취하지 않고

진정한 최후의 승자가 되기 위해

다른 이들의 실패를 타산지석으로 삼을 줄 아는 당신,

당신은 진정 지혜로운 사람입니다.

여기, 당신을 위한 '실패에서 배운다' 시리즈가 있습니다.